当代中国社会变迁研究文库编委会

主　任　李培林

副主任　陈光金　张　翼

委　员　（按姓氏音序排列）
　　　　　陈婴婴　景天魁　李春玲　李银河
　　　　　罗红光　王春光　王晓毅　王延中
　　　　　王　颖　杨宜音

当代中国社会变迁研究文库

劳动光荣
农民工群体及其结构化

徐法寅 ◎ 著

Honor of Labor
Structuration of Migrant Workers

社会科学文献出版社
SOCIAL SCIENCES ACADEMIC PRESS (CHINA)

总　序
推进中国社会学的新成长

中国社会学正处于快速发展和更新换代的阶段。改革开放后第一批上大学的社会学人，已经陆续到了花甲之年。中国空前巨大的社会变迁所赋予社会学研究的使命，迫切需要推动社会学界新一代学人快速成长。

"文化大革命"结束后，百废待兴，各行各业都面临拨乱反正。1979年3月30日，邓小平同志在党的理论工作务虚会上，以紧迫的语气提出，"实现四个现代化是一项多方面的复杂繁重的任务，思想理论工作者的任务当然不能限于讨论它的一些基本原则。……政治学、法学、社会学以及世界政治的研究，我们过去多年忽视了，现在也需要赶快补课。……我们已经承认自然科学比外国落后了，现在也应该承认社会科学的研究工作（就可比的方面说）比外国落后了"。所以必须奋起直追，深入实际，调查研究，力戒空谈，"四个现代化靠空谈是化不出来的"。此后，中国社会学进入了一个通过恢复、重建而走向蓬勃发展和逐步规范、成熟的全新时期。

社会学在其恢复和重建的初期，老一辈社会学家发挥了"传帮带"的作用，并继承了社会学擅长的社会调查的优良传统。费孝通先生是我所在的中国社会科学院社会学研究所第一任所长，他带领的课题组，对实行家庭联产承包责任制后的农村进行了深入的调查，发现小城镇的发展对乡村社区的繁荣具有十分重要的意义。费孝通先生在20世纪80年代初期发表的《小城镇·大问题》和提出的乡镇企业发展的苏南模式、温州模式等议题，产生了广泛的影响，并受到当时中央领导的高度重视，发展小城镇和乡镇企业也随之成为中央的一个"战略性"的"大政策"。社会学研究所第三任所长陆学艺主持的"中国百县市经济社会调查",形成了 100 多卷本调查著作,已建立了 60 多个县(市)的基础问卷调查资料数据库,现正在组织进行"百村调查"。中国社会科学院社会学研究所的研究人员在 20 世纪 90 年代初期集体撰写了第一本《中国社会发展报告》,提出中国社会变迁的一个重要特征,就是在从计划经济走向社会主义市场经济的体制转轨的同时,也处于从农业社会向工业社会、从乡村社会向城市社会、从礼俗社会向法理社会的社会结构转型时期。在社会学研究所的主持下,从 1992 年开始出版的《中国社会形势分析与预测》年度"社会蓝皮书",至今已出版 20 本,在社会上产生了较大影响,并受到有关决策部门的关注和重视。我主持的从 2006 年开始的全国大规模社会综合状况调查,也已经进行了三次,建立起庞大的社会变迁数据库。

2004 年党的十六届四中全会提出的构建社会主义和谐社会的新理念,标志着一个新的发展时期的开始,也意味着中国社会学发展的重大机遇。2005 年 2 月 21 日,我和我的前任景天魁研究员为中央政治局第二十次集体学习做"努力构建社会主义和谐社会"的讲解后,胡锦涛总书记对我们说:"社会学过去我们重视不够,现在提出建设和谐社会,是社会学发展的一个很好的时机,也可以说是社会学的春天吧!你们应当更加深入地进行对社会结构和利益关系的调查研究,加强对社会建设和社会管理思想的研究。" 2008 年,一些专家学者给中央领导写信,建议加大对社会学建设发展的扶持力度,受到中央领导的高度重视。胡锦涛总书记批示:"专家们来信提出的问题,须深入研究。要从人才培养入手,逐步扩大社会学研究队伍,推动社会学发展,为构建社会主义和谐社会服务。"

目前,在恢复和重建 30 多年后,中国社会学已进入了蓬勃发展和日渐成熟的时期。中国社会学的一些重要研究成果,不仅受到国内其他学科的广泛重视,也引起国际学术界的关注。现在,对中国社会发展中的一些重大经济社会问题的跨学科研究,都有社会学家的参与。中国社会学已基本建立起有自身特色的研究体系。

回顾和反思 30 多年来走过的研究历程,社会学的研究中还存在不少不利于学术发展的问题。

一是缺乏创新意识,造成低水平重复。现在社会学的"研究成果"不可谓不多,但有一部分"成果",研究之前缺乏基本的理论准备,不对已有的研究成果进行综述，不找准自己在学科知识系统中的位置，没有必要的问题意识，也不确定明确的研究假设，缺少必需的方法论证，自认为只要相关的问题缺乏研究就是"开创性的""填补空白的"，因此研究的成果既没有学术积累的意义，也没有社会实践和社会政策的意义。造成的结果是，低水平重复的现象比较普遍，这是学术研究的大忌，也是目前很多研究的通病。

二是缺乏长远眼光，研究工作急功近利。由于科研资金总体上短缺，很多人的研究被经费牵着鼻子走。为了评职称，急于求成，原来几年才能完成的研究计划，粗制滥造几个月就可以出"成果"。在市场经济大潮的冲击下，有的人产生浮躁情绪，跟潮流、赶时髦，满足于个人上电视、见报纸、打社会知名度。在这种情况下，一些人不顾个人的知识背景和学科训练，不尊重他人的研究成果，不愿做艰苦细致的调查研究工作，也不考虑基本的理论和方法要求，对于课题也是以"圈"到钱为主旨，偏好于短期的见效快的课题，缺乏对中长期重大问题的深入研究。

三是背离学术发展方向，缺乏研究的专家和大家。有些学者没有自己的专门研究方向和专业学术领域，却经常对所有的问题都发表"专家"意见，"研究"跟着媒体跑，打一枪换一个地方。在这种情况下，发表的政策意见，往往离现实很远，不具有可操作性或参考性；而发表的学术意见，往往连学术的边也没沾上，仅仅是用学术语言重复了一些常识而已。这些都背离了科学研究出成果、出人才的方向，没能产生出一大批专家，更遑论大家了。

这次由中国社会科学院社会学研究所学术委员会组织的"当代中国社会变迁研究文库"，主要是由社会学研究所研究人员的成果构成，但其主旨是反映、揭示、解释我国快速而巨大的社会变迁，推动社会学研究的创新，特别是推进新一代社会学人的成长。

李培林

2011 年 10 月 20 日于北京

目 录

第一章 我国农民工群体的结构化 ··· 1
    农民工的界定 ··· 2
    农民工群体的结构化 ·· 4
    研究问题和写作结构 ··· 12

第二章 农民工群体结构化的劳动体制分析框架 ························· 18
    移民范式 ··· 19
    城市化范式 ··· 21
    阶级形成范式 ·· 23
    劳动体制范式 ·· 25
    农民工群体结构化的劳动体制分析 ···································· 27
    研究方法 ··· 32

第三章 农民工的打工动机 ·· 37
    关于农民工打工动机的争论 ··· 38
    迁移理论及其对迁移动机的理解 ······································· 40
    农民工打工动机的分层结构 ··· 44
    城市定居：目的还是手段 ·· 46
    作为家庭策略的迁移：家庭的意义 ··································· 48
    打工过程中打工动机的变化 ··· 50
    总结：打工动机的类型和变化及其因果分析 ······················ 51

第四章　农民工的生活态度 ………………………………… 54
关于农民工态度的现有研究 …………………………… 55
农民工的动机与态度 …………………………………… 58
打工的替代方案与打工生活态度 ……………………… 60
农民工对打工生活方式态度的变化 …………………… 65
总　　结 ………………………………………………… 69

第五章　生存状态和动机态度 ……………………………… 72
结构制度分析和动机态度分析的不足 ………………… 73
生活方式理论 …………………………………………… 75
农民工的生存状态 ……………………………………… 77
生存状态与动机态度的"同构性"和"互构过程" …… 79
总结：农民工群体长期存在和不断扩大的微观基础 … 84

第六章　农村生产生活方式变迁和外出打工动力 ………… 86
农村生产生活方式的变迁 ……………………………… 88
农村生产生活方式的变迁与农民工的生存状态和动机态度 … 92
总结：农村生产生活方式变迁与农民工群体的结构化 … 97

第七章　户籍制度改革和人口流动控制 …………………… 99
户籍制度的性质 ………………………………………… 100
户籍制度改革 …………………………………………… 105
户籍制度改革与农民工群体的产生 …………………… 107
人口流动的常态化 ……………………………………… 110
总　　结 ………………………………………………… 112

第八章　居民地位分化和身份认同 ………………………… 114
"不完全迁移"和居民地位分化 ………………………… 114
户籍制度改革和居民地位分化 ………………………… 117
从居民地位到公民实践 ………………………………… 121
居民地位分化和公民实践 ……………………………… 123

总　结…………………………………………………………… 129

第九章　城市非正规就业和市场文化…………………………… 131
　　农民工非正规就业及其城市生存状态…………………………… 133
　　非正规就业的本质：非正规性探源……………………………… 136
　　客观背景：国家与市场…………………………………………… 140
　　主观基础：作为意识形态的"市场文化"和居民地位的商品化 … 146

第十章　农民工群体与我国的实践性发展……………………… 150
　　农民工群体的结构化及其劳动体制……………………………… 151
　　我国的"实践性发展"：农民工群体的结构化的启示………… 155
　　我国"实践性发展"中的农民工群体…………………………… 157
　　总结：农民工群体的未来和国家政策…………………………… 164

参考文献……………………………………………………………… 168

第一章
我国农民工群体的结构化

2015年，北京的夏天十分闷热，也许是经济快速增长所产生的温室气体带来的结果吧。即使在大树下乘凉，人们也会汗流浃背。在灼热的太阳底下，老泰①正在我所住的小区里准备装修用的混凝土。他的工作是用铁锹把沙子、水、水泥和石灰搅拌均匀，然后再将准备好的混凝土运到楼上供装修地板和墙壁的同事使用。这并不是什么巨大的工程，也就是七八个人三四个月的"活儿"。因此，他们并没有什么现代化的设备，如混凝土搅拌机等；相反，他们的工作都是手工完成的。此外，由于我所住的那个小区的楼只有五层，而且是20世纪80年代建造的单位住宿楼，所以都没有电梯。也就是说，老泰必须用双手把装有混凝土的塑料桶提到楼上去。据他说，每桶混凝土大概40斤；如果提到四楼或者五楼，那也是比较困难的工作。当我认识老泰的时候，他已经在这个小区工作一个月了。结束那次调查之后，当我启程回美国写毕业论文的时候，他已经完成了那个小区的工作。当时，他的朋友将他介绍给了另外一个"老板"。新"老板"将会带他到北京西单的一个地方工作，还是七八个人一两个月的"活儿"。据老泰说，自从初中毕业以后，他已经在不同的城市、不同的行业工作二十几年了。

老泰说，来我所居住的小区工作之前，他曾经在北京的很多地方打过工，其中包括东单、西单、大望路、中关村、上地和中南海等。不过，就在到这个小区工作之前，他曾回山东老家一趟，因为他的父母、老婆和孩

---

① 老泰是作者的一个研究个案。为了保护研究对象的隐私，本研究遵循保密性原则，使用化名来称呼研究对象。

子还在山东农村居住。而且，他家还在农村承包了8亩地。他在外地工作期间，其他家庭成员还在老家从事农业生产。但是，在农忙时节，他还是要回农村，帮助收割庄稼，因为他父母年龄大了，而老婆也要花更多时间照顾孩子的学业。他的女儿在当地城市的一所高中读书，他的儿子在当地乡镇的一所小学读书。他没有能力把他的家庭带到北京，因为那将带来双重损失：他的家庭将不能得到农业收入，因为庄稼平时也需要有人照料；他还必须在城市里支付更多的费用，包括家庭生活费用和小孩上学的费用，尤其是当他的妻子在城市里找不到工作的时候。

老泰并不是一个特例；他不过是中国当时27747万名农民工（国家统计局，2016）之一。从改革开放算起，农民工现象已经在中国存在了四十多年；而且，几代农村居民都加入了这个农民工群体。本书就将在我国实践性发展的背景下考察农民工群体的产生和变化过程，描述这个群体的结构化趋势，揭示这种结构化趋势背后的劳动体制变迁，勾勒这种结构化趋势所嵌入和体现的我国实践性发展进程，展望农民工群体和我国实践性发展的未来。

当提到他的儿子的时候，老泰虽然因儿子年龄还小而倍感压力巨大，但也难以掩饰他内心的憧憬和自豪。也正是此时，他用了一个让我意外的词来形容他的工作："光荣！"虽然使用的词语不同，但是几乎所有的农民工都感觉：为父母、为妻子、为儿女甚至为自己在外打工，他们感到"光荣"。同样，在我国现代化、工业化和城市化的过程中，农民工群体也可以为他们对我国整体发展做出的贡献而感到"光荣"。

农民工的界定

改革开放以来，我国的农民工群体已经存在了四十多年，但是学界对"农民工"并没有一个清晰的界定。而且，随着农民工现象成为一个司空见惯的社会现象，随着农民工成为一个屡见不鲜的研究话题，"农民工"这个词语已经成为一个常识性词语，关于农民工的很多研究也就跳过"概念界定"环节而直奔主题了。但是，这并不能说明农民工的界定问题不重要了。恰恰相反，关于农民工性质的想当然的本体论假设是经验研究的最根本内容，因为这些假设在很大程度上限定了问题的提出和理论的选择（Bourdieu et al.，1991；Archer，1995）。

事实上，学术界对于农民工的界定并不统一。总体而言，我们可以区分出三种界定方式。首先是产业界定。比如，吴海峰（2009）认为，在从传统农业色彩浓重的农业社会向现代工业化社会转型的过程中，农民会逐步脱离乡村土地，转变为准产业工人（农民工），并进而转变为正式产业工人。何美金和郑英隆（2007）也认为，农民工是农业劳动向工业劳动转化的过程中出现的劳动者形态。其次是身份界定。沈立人（2005）认为农民工是兼有两种身份和双重角色的人群。注重农民工身份的界定方式更多地强调农民工具有农业户口，但是他们从事非农业活动、以工资收入为主要收入来源（国务院研究室课题组，2006；刘传江，2004；Cai and Chan，2009）。最后是行为界定。围绕其行为特征，关注其打工生活，农民工往往被称为"打工者"（工友之家，2013；王颖，2005）。但是，具有价值诉求的研究者往往从价值的层面上区别"农民工"、"打工者"和"新工人"等词语的社会影响，而没有将"打工"作为其行为特征来对农民工进行客观界定（比如，吕途，2012；汪勇，2007）。

由于大量的第二代农民工几乎从未从事过农业劳动（中国工运研究所，2011；刘传江、程建林、董延芳，2009），户籍制度改革使得农民工的身份界定超越了户口所界定的范围（Zhan，2011；黄锟，2011），所以产业界定和身份界定已经不足以全面描述农民工的生活状态了。为了更好地描述我国农民工的共同特征，我们可以更为客观地以其行为特征为基础，并综合身份界定和产业界定的元素而进行界定。如此，农民工可以被界定为以其特有的"打工生活方式"为特征的劳动者群体；所谓打工就是离开拥有土地使用权和房屋建筑权的农村村落，在没有接受过高等教育的情况下，来到城镇从事非农生产活动，并以劳动换取工资以满足生活需要。

更为重要的是，这种打工生活方式产生了农民工不良的（甚至是恶劣的）生活状态。他们要往返于农村和城市之间，尤其是传统节假日和农忙期间（Wang，2005），需要回农村与家庭团聚或从事短暂的农业活动；在城市中，他们集中于劳动力密集型产业中，需要在恶劣的工作条件下长时间工作，但是他们的平均工资低于城市居民（Wang et al.，2002；Hannan，2008）；他们的工作既不安全，也不稳定，甚至要频繁地变换工作（Chan，2010b）；虽然他们的工作对经济发展起到了至关重要的作用，但是他们很少有完全的劳动合同（Lee，2007；Meng and Chris，2010），没有完全享有包括医疗保险、就业保险、工伤保险、退休金等在内的福利待遇和社会服务（Zhan, 2011；Meng and Manning, 2010）；他们居住在狭小的宿舍或民房中，而且很多人必须和其他家庭成员分离（吕途, 2013）。此外，他们恶劣的生活状态还带来了诸多心理问题，比如精神衰弱（Mou et al., 2011；Qiu et al., 2011）。总而言之，农民工构成了我国社会中的一个弱势群体，尤其是没有享有与城市居民相同的待遇（Solinger, 1999；Fan, 2002；Lee and Meng, 2010；Taylor, 2011）。

农民工群体的结构化

20世纪70年代后期我国开始改革开放的时候，农民工便出现了。据统计，1978年我国进行经济改革的时候，总人口的82%都是农村人口；这些人口从事着低生产率和低收入的农业生产（Li, 2008）。1978年以前，我国实行的计划经济体制将这些农村人口组织起来，形成了从事农业生产的、"三级所有，队为基础"的公社（Unger, 2002）。更为重要的是，户籍制度对农村人口的流动进行了严格控制，他们很难从农业部门转移到非农业部门中，也很难从户籍登记地转移到其他地方（Chan, 2009）。

经济改革首先从农村开始，并逐步形成了以家庭联产承包责任制为特征的农村经济组织。这种新的制度允许家庭承包农村的土地，并享有对农业生产的自主决定权，从而打破了僵硬的公社制度。以"去集体化"（de-collectivization）为特征的农村改革为农村家庭提高生产效率提供了动力；随着农业生产效率的提高，大量的农村剩余劳动力被解放出来。20世纪70年代末期到90年代中期，农村的剩余劳动力主要为乡镇企业所吸纳；以乡镇企业为代表的农村非农产业是解决农村剩余劳动力就业问题的主要渠道（Wu, 2012；Li, 2008）。

90年代中期后，随着乡镇企业的产权改革，以乡镇企业为代表的农村城镇化进程也逐渐趋于中止（Putterman, 1997；Kung and Lin, 2007；Shen and Ma, 2005）。但是，城乡移民并没有减少。国有企业改革和外资驱动的经济发展模式取代了以县镇企业为代表的苏南模式（Wu, 2012；Li, 2008）；跨区域的城乡移民也逐渐增多，沿海发达地区的外资和合资企业吸纳了更多的农村剩余劳动力。随着工业化和城市化进程的扩展，全国大中小城市建设、制造加工工厂和服务产业取代了乡镇企业，成为农村剩余劳动力的主要去向。与此同时，政府也放松了对劳动力流动的控制，赋予地方政府因地制宜制定户籍管理政策的权力（Chan and Buckingham，2008）。进入21世纪之后，国家在很大程度上承认了农民工群体的存在，并积极地采取各种有针对性的措施，包括保障农民工的工资、为农民工提供就业培训和社会保障等。

在这个发展过程中，农民工群体出现了结构化的趋势。农民工群体的结构化主要是指：（1）农民工群体的规模越来越大；（2）作为城镇劳动力市场的组成部分，农民工群体在城镇劳动力市场组成中占据着稳定的比例；（3）农民工群体具有区别于其他劳动力的生活方式；（4）农民工群体已经存在了很长时间，而且还会存在相当长的时期。一般而言，农民工群体的结构化是指以打工生活方式为显著特征的农民工群体在城镇劳动力市场中在一定历史时期占据比较稳定的比例的过程和现象。

首先，从农民工群体的数量来看，自从20世纪70年代末我国实行改革开放以来，经济增长和制度改革使得农民工的数量已经持续增加了40多年。根据国家统计局的数据，长距离流动的农民工数量已经从2002年的1.0470亿人增加到了2018年的1.7266亿人，增长了近65%（见图1-1）。农民工

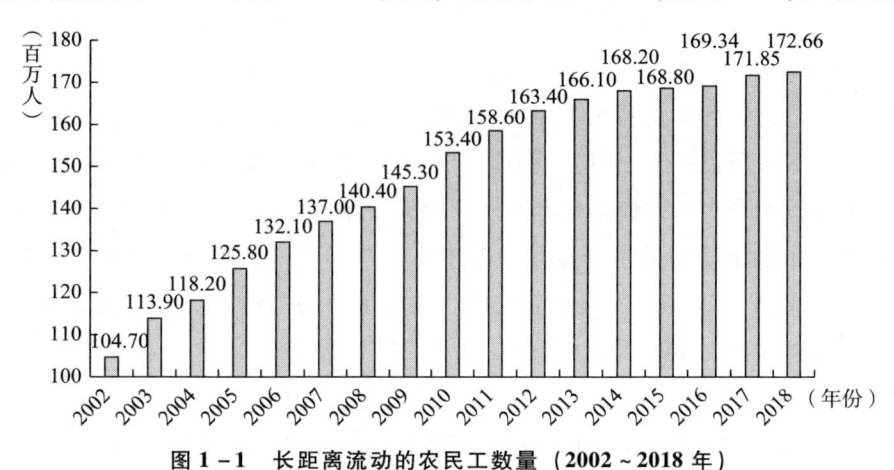

图1-1 长距离流动的农民工数量（2002~2018年）

说明：长距离流动的农民工主要是指那些在城市之间和省份之间流动因而不能经常往返于城市和农村之间的农民工。

资料来源：2002~2008年长距离流动农民工的数量来自Cai and Chan（2009）；2009~2018年长距离流动农民工的数量来自国家统计局历年的农民工监测调查报告。

劳动光荣：农民工群体及其结构化

的总体数量也从2008年的2.2542亿人增加到了2018年的2.8836亿人（见图1-2）。从改革开放算起，长距离流动的农民工数量从200万人增加到了2018年的1.7266亿人，增长了85倍多（见图1-1）。

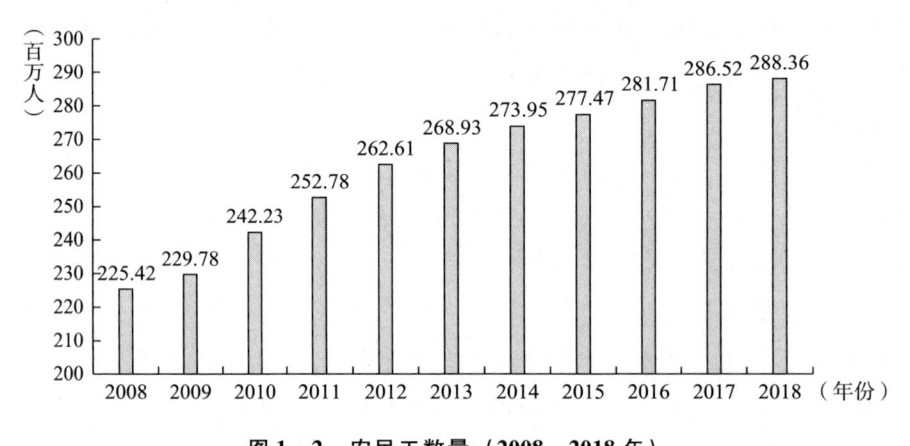

图1-2　农民工数量（2008~2018年）

说明：农民工数量包括长距离流动和短距离流动的农民工。在当地城市工作的农民工可以每天往返于城市和农村之间，但是很多农民工不会这样做。

资料来源：国家统计局历年的农民工监测调查报告。

其次，农民工群体在产业结构、劳动力市场中的比例趋于稳定。就其本质而言，农民工是一种在劳动力市场中以劳动力挣取工资的工人。因此，农民工群体的存在依赖于劳动力市场中的就业机会和物质生活资料的满足。也就是说，农民工群体的稳定存在首先依赖于他们的经济性存在。像Althusser（1971：127）所说的，"任何一种社会形态都产生于一种生产方式……生产过程在特定的生产关系中使得现有的生产力充分发挥作用"。同样，农民工群体的存在也依赖于特定的生产过程中的工作。幸运的是，20世纪70年代末以来我国的经济发展和制度改革为农民工在城市中的工作和生活提供了机会。

在我国的产业结构中，农民工主要集中在制造业、建筑业和服务业中（Wang et al.，2002；Wong et al.，2007）。而且，农民工在产业结构中的分布并没有发生很大变化。国家统计局的调查结果显示，农民工在产业结构中的比例虽然发生了细微的变化，但是总体上保持稳定（见表1-1）。这也说明，在过去的四十几年里，农民工在产业结构中的分布保持了相对稳定的比例；这尤其体现在零售业、餐饮业和社区服务业上。虽然制造业和建筑业的比例变化较大，但是整体而言，这两个产业仍然是农民工比较集中的产业；农民工在制造业中的平均比例为33.07%，在建筑业中的平均比例为18.55%，两者合计的平均比例超过一半，为51.62%。

表1-1 农民工在我国产业结构中的分布（2008~2018年）

单位：%

年份	产业结构					
	制造业	建筑业	交通运输业	零售业	餐饮业	社区服务业
2008	37.2	13.8	6.4	9.0	5.5	12.2
2009	36.1	15.2	6.8	10.0	6.0	12.7
2010	36.7	16.1	6.9	10.0	6.0	12.7
2011	36.0	17.7	6.6	10.1	5.3	12.2
2012	35.7	18.4	6.6	9.8	5.2	12.2
2013	31.4	22.2	6.3	11.3	5.9	10.6
2014	31.3	22.3	6.5	11.4	6.0	10.2
2015	31.1	21.1	6.4	11.9	5.8	10.6
2016	30.5	19.7	6.4	12.3	5.9	11.1
2017	29.9	18.9	6.6	12.3	6.2	11.3
2018	27.9	18.6	6.6	12.1	6.7	12.2

资料来源：国家统计局历年的农民工监测调查报告。

制造业、建筑业、交通运输业、零售业、餐饮业和社区服务业的发展为我国劳动力提供了就业机会，也吸引了农村剩余劳动力进城务工。这个过程导致了我国过去三十多年的高速城市化，其中包括农村人口向城市的迁移；但是，与此同时，农民工的数量也在不断增加。尤其需要注意的是，虽然很多农村居民实现了到城市的"永久迁移"或"定居"，但是这个城市化过程与农民工数量的增加是同时进行的。而且，农民工在城镇劳动力市场中所占的比例趋于稳定。表1-2显示了农民工在城镇劳动力市场中所占的比例。表1-2表明，虽然农民工的数量在不断增加，在城镇就业的数量也在不断增加，但是农民工在城镇劳动力市场中的比例呈现先升高、后稳定的趋势。表1-2按照年份给出了农民工的数量和城镇劳动力的总数，然后计算出了农民工在城镇劳动力市场中的比例。表1-2显示，自20世纪90年代中期开始（大概是从1994年开始），农民工在城镇劳动力市场中的比例就稳定在40%左右；2000年农民工在城镇劳动力市场中所占的比例最高，为45.79%；其后，农民工在城镇劳动力市场中的比例虽然有所起伏，但也大都在40%以上。

表1-2 农民工在城镇劳动力市场中的比例

单位：万人，%

年份	城镇就业状况 A	B	A/B	年份	城镇就业状况 A	B	A/B
1978	200	9514	2.10	2002	10200	25159	40.54
1980	250	10525	2.38	2003	11000	26230	41.94
1985	2500	12808	19.52	2004	11800	27290	43.24
1987	2800	13783	20.31	2005	12600	28390	44.38
1988	2600	14267	18.22	2006	13000	29630	43.87
1989	3000	14390	20.85	2007	13500	30950	43.62
1990	2160	16616	13.00	2008	14040	32100	43.74
1991	4200	16977	24.74	2009	14530	33320	43.61
1992	5100	17241	29.58	2010	15340	34690	44.22
1993	6200	17589	35.25	2011	15860	35910	44.17
1994	7000	18413	38.02	2012	16340	37100	44.04
1995	7500	19040	39.39	2013	16610	38240	43.44
1996	8000	19922	40.16	2014	16820	39310	42.79
1997	8600	20781	41.38	2015	16880	40410	41.77
1998	9500	21616	43.95	2016	16934	41428	40.87
1999	10200	22412	45.51	2017	171.85	424.62	40.47
2000	10600	23151	45.79	2018	172.66	434.19	39.77
2001	9000	24123	37.31				

注：1. A列为外出农民工的数量；B列为城镇劳动力总量；A/B列为农民工在城镇劳动力市场中的比例。2. 为了保持数据的一致性和连续性，本表只包括外出农民工的数量。一方面，外出农民工数量的统计比较全面，界定也比较清晰一致；另一方面，外出农民工是稳定存在的农民工，是城镇劳动力的主要构成部分。

资料来源：(1) 历年《中国统计年鉴》；(2) 国家统计局历年的农民工监测调查报告；(3) Cai and Chan, 2009；(4) 杨聪敏, 2009。

农民工群体的结构化也有其社会维度。所有工人都不仅仅是劳动力，也不仅仅存在于生产过程中。Watson（2005）在批判"国家和市场研究"的基础上认为，像亚当·斯密所说的，经济行动者也是道德行动者；像托斯丹·

凡勃伦所说的,个人的习惯也会影响经济行为;像卡尔·波兰尼所说的,经济行为和经济制度都是嵌入社会体系中的。Althusser(1971)也强调劳动力是一种社会性存在,也依赖于社会性的再生产。同样,我国的农民工虽然在生产过程中和其他的劳动者一样,都是劳动力,但是他们区别于其他劳动者的鲜明特征还是要在他们的社会生活中寻找,包括他们的劳动关系、社会来源等。作为以打工生活方式为主要特征的劳动力,农民工区别于其他劳动者的特征就在于他们与农村社区的复杂关系以及他们在城市中的边缘性存在。

首先,所有的农民工都来自农村,即使他们没有在农村从事过农业生产,他们也与村落有着紧密的联系。与村落之间的联系也使得很多农民工频繁地往返于城市和农村之间,使得他们将城市中赚取的工资收入输送到农村。农民工与农村的联系具有经济性质。比如,Lee(2007)的个案研究表明,在城市工厂关闭或者产业转移的时候,经济压力会迫使很多农民工回到农村,因为农村可以为他们的生存提供基本保障。农村可以为农民工提供基本生活保障的前提是农村的土地使用制度,即20世纪70年代末我国所建立的家庭联产承包责任制使得农民工家庭拥有了在农村承包农用土地和从事农业生产的权利。此外,农民工与农村的联系也具有社会性质。比如,家庭分工和分离策略使得很多农民工将家庭成员留在农村从事农业生产。即使夫妻都在城市工作,农民工的父母和子女往往也在农村生活,因为父母和子女来城市往往会增加家庭负担。Fan和Wang(2008)区分出了三种农村家庭分工策略,包括内外分工、两人迁移和第二代农民工。所有这些策略都存在部分家庭成员在农村生活的情形,因此导致了农民工在城市和农村之间的循环流动现象(Ngai and Lu,2010)。

其次,农民工生产和生活在城市的边缘。农民工在城市中的工作是一些城市居民所不愿从事的工作。他们集中在以体力劳动为主的产业和职业中;他们工作的产业领域包括制造业、建筑业、运输业、零售业、餐饮业;他们从事的职业包括家政人员、保安、搬运工、建筑工等(Wang et al.,2002;李强,2012)。而且他们的工作非常不稳定,其中很多农民工是小时工或日时工,很多农民工每年都要换几份工作。他们的工作环境也不卫生、不安全,而且经常加班(吕途,2013;Loyalk,2013;Pai,2012;Luyn,2008)。就他们的消费行为、住宿条件和子女教育而言,他们也生活在城市的边缘。以他们的住宿为例,大部分在当地城市打工的农民工都要每天往返于城市和农村之间,一早进城打工,晚上又回到农村居住,尤其是在当地乡镇企业工作的农民工(Larus,2012;Wu,2012;Li,2008)。对于那些长距离流动的农民工而言,他们主要有两种居住模式:工厂或企业提供的宿舍、向当地居民租用的违法建筑(吕途,2013)。无论他们居住在哪里,他们的生活都是与城市主流生活相分割的。

在城市里,城乡之间的二元结构已经变成了一种新的城市内二元结构,因为在城市中存在一种分割的空间结构:农民工居住在城中村的违法建筑中;城镇居民居住在被购物中心、大型超市和写字楼所围绕的现代化公寓中(Wu,2012;Fan,2011;Madrazo and Kempen,2012;Zhang,2011)。因此,李强(2012)认为农民工群体的产生和大量存在已经导致了我国"三元社会结构"的形成。在我国的大部分历史时期,尤其是20世纪50年代户籍制度建立以来,我国社会以城乡分割的二元结构为主要特征。但是,改革开放以来,农民工的产生使我国形成了一个"三元社会结构",这个"三元社会结构"包括城镇居民、农村居民和农民工。这三个构成部分的主要区别就在于他们总体生活方式上的区别(见表1-3)。

表1-3 "三元社会结构"基本情况

	城镇居民	农民工	农村居民
就业行业	多在国有企业	多在非国有企业或自我雇佣	农业
收入来源	制度性工资与单位福利	市场性工资、无单位福利	农业、养殖业或副业
失业保障	有	无	无
劳动保障	有	无	无
养老	社会养老	家庭养老	家庭养老
住房	福利分房或在政府供购房补贴情况下购买商品房	租用、单位提供或购买商品房	自建
医疗	公费医疗	自费	自费
教育	义务教育	要交赞助费	义务教育

注:随着我国的经济发展和社会政策调整,我国社会三种人群的生活状态都发生了很大变化。本表仅仅用来说明"三元社会结构"中三种人群的基本特征。

资料来源:甘满堂,2001。

最后,农民工的结构化也有政治和政策方面的含义,因为农民工作为一种特殊的人群已经进入了国家政治和政策制定的视野,农民工已经成为很多国家政策直接服务的对象。国家对农民工群体的政策导向经过了三个阶段。这三个阶段的变化过程表明国家逐渐从解决"农民工问题"转向了解决"农民工的问题"。但是，从客观结果来看，三个阶段的政策都维持了农民工群体的存在。第一个阶段是国家政策在允许和限制之间的摇摆阶段。这个阶段的标志性文件是1984年和1985年的中央"一号文件"。两个文件都承认了农民工所发挥的积极作用，并给予了农民工合法的迁移和城市工作权利。第二个阶段是从允许到管理的转变阶段。这个阶段的起点是1985年，公安部颁布《关于城镇暂住人口管理的暂行规定》，规定暂住时间拟超过三个月的十六周岁以上的人员，可申领"暂住证"。暂住证的推出标志着公民开始拥有在非户籍所在地长期居住的合法权利，同时也标志着国家对农民工管理的加强。第三个阶段开始的标志是2001年国家计委和财政部等部门联合下发《关于全面清理整顿外出或外来务工人员收费的通知》（以下简称《通知》）。《通知》规定：取消未经国务院和省、自治区、直辖市政府及所属财政、价格主管部门批准的行政事业性收费项目，对符合规定权限和程序设立的行政事业性收费，也要重新审核。除证书工本费外，各地和有关部门针对进城务工人员设立的暂住费、暂住（流动）人口管理费、计划生育管理费、城市增容费、劳动力调节费、外地务工经商人员管理服务费、外地（外省）建筑（施工）企业管理费等收费项目一律取消；为进城务工人员提供经营性服务的收费必须符合自愿有偿原则，坚决纠正强行服务、强制收费的行为。如果说在第一个阶段，国家还对农民工群体采取怀疑态度的话，那么第二个阶段则承认了农民工群体的合法性，并力图对这个群体加强管理，第三个阶段则有意识地帮助农民工群体更好地在城市中工作和生活。

此外，农民工群体自下而上的一些抗争行为也对国家政策造成了压力，说明农民工也成为影响国家政策的社会力量。当前关于农民工抗争的研究大都从社会运动的角度进行分析，而没有从社会政策的角度对国家政策和农民工抗争的相互作用进行分析。比如，Lee（2007）所做的研究分析了农民工抗争行为产生的背景和条件，也分析了阻碍农民工抗争的制度因素，但是没有分析这些抗争对社会政策产生的影响。从社会政策的角度来看，农民工抗争行为代表着农民工群体结构化的政治维度。首先，农民工抗争说明农民工群体在他们相似的工作和生活条件中意识到了他们作为一个群体的存在，并产生了相对一致的认知、态度和行为，这也是他们能够影响社会政策的基础。Thompson（1966）也认为一个阶级群体的产生依赖于其成员能够感受到并明确表达他们的共同利益。农民工抗争也说明农民工正在意识到他们的利益，并力图影响国家政策（Ngai et al., 2009；Ngai and Lu, 2010）。其次，农民工的抗争行为可以视为向国家传递信息的方式，使得国家能够采取相应的措施来解决引起抗争的政策和制度问题。从一开始，我国的社会转型就采取了不同于东欧"休克疗法"的渐进式改革（Pei, 2006；Larus, 2012）。Ahlers and Schubert（2011）认为我国的社会转型具有"调适性"特征，不断地以问题为导向对制度和意识形态进行改革。Lee 和 Zhang（2013）也认为我国的政策制定过程具有"讨价还价"的性质。具体而言，我国政策制定的基础包括抗争性的讨价还价、法律和行政的吸纳、支持网络建构三种机制来对待抗争行为。在我国的渐进式改革过程中，国家采取相应的政策来解决农民工抗争中表现的问题，农民工也将中央政府视为他们对抗地方政府和企业的保护者。农民工和国家的互动是国家政策调整的重要机制，也使得农民工群体成为影响国家政策的一支重要社会力量。

研究问题和写作结构

从 20 世纪 70 年代末我国实行改革开放算起，农民工的数量已经持续增加了四十多年。这就是农民工群体的结构化过程，即在一定历史时期以打工生活方式为显著特征的农民工群体在城镇劳动力市场中占据比较稳定的比例的过程和现象。面对恶劣的生存条件，农民工群体为什么会长期存在而且不断扩大呢？或者说，农民工群体结构化的发生机制是什么呢？这就是本研究所要关注的核心问题。

研究农民工群体的结构化机制具有重要的理论意义和政策意义。农民工群体的结构化涉及中国特色社会主义市场经济——尤其是我国劳动力市场——的发展。在我国工业化和城市化的过程中，农民工群体的出现是我国区别于其他发展中国家（比如印度和印度尼西亚）发展道路的一个显著特征。理解农民工群体的结构化及其发生机制可以更好地理解中国特色的发展道路。而且，我国农民工劳动力市场的形成过程可以为研究劳动力市场的形成机理提供重要契机。一般而言，在计划经济体制时代，我国农村和城市的劳动力都是由国家集中组织和管理的,我国还不存在严格的劳动力市场。在市场经济改革的过程中市场在资源配置中起着越来越重要的作用,可是市场经济的建立也依赖于政治、文化和社会方面的整体变迁。研究农民工群体的结构化可以为市场经济的发展——尤其是劳动力市场的发展——提供经验基础。此外,在从计划经济体制向市场经济体制转型的过程中,我国采取了不同于苏联和东欧国家"休克疗法"的渐进式改革道路。其中,国家和市场的互动尤其重要。研究农民工群体结构化过程中国家和市场的关系,不仅为研究工人政治提供了机会,而且为研究市场经济发展过程中国家和市场的关系提供了机会。

研究农民工群体的结构化机制也具有重大的政策意义。如前所述,农民工群体产生以来,国家便制定了相关的政策来解决农民工问题、农民工面临的问题和农民工带来的社会问题。从农民工的生活状态来说,他们遇到了很多的困难,包括工资较低、家庭分离、留守儿童、住宿条件不善、工作环境恶劣等。帮助农民工提高工资、保障农民工就业、维护农民工权益、改善农民工境遇等都需要对农民工群体的结构化机制进行客观分析,从而制定出更加有效和符合农民工愿望的政策。这不仅有利于我国的经济发展,也有利于我国的社会稳定。从我国发展的总体进程来看,工业化和城市化是不可逆转的发展趋势,产业升级和扩大内需是不可避免的政策导向。在我国经济步入"新常态"之后,推进我国从"高速增长"阶段向"高质量发展"阶段转变,保障工业化和城市化有序进行,实现产业升级和改善消费方式,都需要对农民工群体采取更加合理的措施。这些措施的制定也离不开对农民工群体的结构化机制进行客观分析。

为了说明农民工群体的结构化机制,本书将分为四大部分,第一章和第二章是总论部分。第一章主要介绍农民工的界定和简史,并用"农民工群体的结构化"概念来描述当前我国农民工群体的发展现状。在此基础上,提出了本书的核心研究问题:农民工群体为什么会长期存在而且不断扩大?农民工群体结构化的机制是什么?第二章将介绍本研究的研究视角和研究方法。首先分析关于当前农民工研究的三大范式,包括移民范式、城市化范式和阶级形成范式,并认为现有的三大范式都不足以描述和解释农民工群体的结构化过程及其机制。在此基础上,认为劳动体制范式可以更加综合地对农民工现象所涉及的制度、政策、动机、态度和行为进行客观分析,从而解释农民工群体的长期存在和不断扩大，也可以为城市化问题和劳动力问题提供理论和经验基础。但是当前的劳动体制范式还不够成熟和完善，因此第二章还将对劳动体制范式进行充实和发展。在介绍了理论视角之后，还将介绍本研究所采用的方法，主要是将阐释性定性研究和批判性定性研究结合起来，从而更加综合地考察结构制度和动机态度之间的互动机制。

本书的第二部分由第三章、第四章和第五章组成，主要是从微观层次上对农民工的客观生存状态和主观动机态度进行阐释性分析。第三章主要关注农民工的打工动机，认为当前的两种主流理论——"永久迁移理论"和"家庭策略理论"——都没有全面分析农民工的打工动机。然后，在梳理"迁移理论"和"迁移动机理论"的基础上，基于经验调查提出了一个农民工打工动机的理想类型。调查表明，农民工的打工动机具有层次性特征。在这个层次性的动机结构中，农民工打工的深层动机在地理取向上分为城市取向和农村取向两种类型，在社会取向上分为个体取向和集体取向两种类型。在动机分层结构中，不同层次的动机取向存在复杂的"目的—手段"关系。但是，总体而言，根据动机的地理取向和社会取向，农民工的打工动机具有个体荣誉、个体前途、居家需求和家庭发展四种理想类型。而且，在打工过程中，农民工的打工动机也会随着生活条件的变化而变化。第四章考察农民工对待打工生活方式的态度，因为农民工的打工动机不同于他们对待打工生活的态度。农民工的打工动机和预期是他们打工的目的，而打工生活方式则是他们实现那些目的的手段。就农民工对待打工生活方式的态度而言，虽然打工生活能否满足他们的打工动机和预期是一个重要因素，但是持有相同打工动机的农民工可能发展出不同的生活态度；而且，对于各种取向的打工动机而言，这种情况都存在。造成农民工对打工生活方式持有不同态度的另外一个影响因素是他们对于替代方案的认识：当农民工有打工的替代方案而且替代方案实施的可能性很大的时候，农民工对于打工生活方式的拒绝态度会更强烈，接纳态度也就更微弱。反之，当农民工没有打工的替代方案或者实施替代方案的可能性很小的时候，他们对于打工生活方式的接纳态度会更强烈，拒绝态度也就更微弱。此外，在打工的过程中，农民工对待打工生活方式的态度也会发生变化。根据他们对待打工生活方式接纳程度的高低，农民工在打工过程中可能会经历乐观化和悲观化两种过程。乐观化的过程是农民工对打工生活方式的接纳程度升高的过程；而悲观化的过程是农民工对打工生活方式的接纳程度降低的过程。乐观化和悲观化过程背后的双重逻辑就是动机合法化机制、替代方案可能性机制和打工生活选择性机制。动机合法化机制是指动机能否为打工生活提供动力支持。替代方案可能性机制是指农民工对于替代方案是否存在和实施是否可能的认识会影响他们对打工生活方式的接纳态度。打工生活选择性机制是指打工生活内部的多样选择可能会强化他们对打工生活方式的接纳程度，因为他们会通过选择不同的行业和工作地点来满足他们的预期和需求。第五章则在生活方式理论的基础上对农民工的打工动机和对待打工生活方式的态度进行进一步解释，即用农民工最直接的客观生存状态来解释他们的主观动机态度。他们的动机态度和生存状态之间存在密切的关系：他们的动机态度是由生存状态所形塑的，而这种被形塑的动机态度又成为他们生活在那种生存状态中的主观基础。因此本研究用"同构性"来说明客观生存状态与主观动机态度之间的关系模式，并用"互构"来描述两者之间的互动过程。

本书第三部分由第六章到第九章组成，对农民工群体结构化的制度因素进行分析。第二部分主要是在微观层次上分析了农民工的主观动机态度和客观生存状态及其"同构性"和"互构过程"，如果客观的生存状态形塑了主观的动机态度，那么这些生存状态又是如何造成的呢？如果客观的生存状态和主观的动机态度之间存在"互构过程"和"同构性"，那么这种"互构"和"同构"的价值取向和认知框架又是什么呢？为了回答这些问题，第三部分致力于分析影响农民工生存状态、价值取向和认知框架的制度因素。第六章和第七章主要分析了农村居民"流动"行为的制度性影响因素。简而言之，农村生产生活的变迁、人口流动控制的放松和城镇就业机会的增加是刺激农村居民流动的三种主要制度性因素，这些制度性因素为农村居民的流动提供了"动力"、"拉力"和条件。以家庭联产承包责任制为核心的农村生产生活方式的变迁赋予了农村家庭生产和生活的自主性。农业技术的发展和农村劳动力的重组，极大地提高了农业生产率，因此农村产生了大量的剩余劳动力，为农村居民外出务工提供了客观条件。农村家庭生活消费的独立强化了农村居民的家庭意识和家庭认同；农村社会关系的变迁提高和增加了农村的消费水平和消费需求。这都为农村居民外出务工提供了内在动力。城镇集体经济和私营经济的发展、国有企业的重组改革、

劳动光荣：农民工群体及其结构化

外资企业的兴起发展，都增加了对劳动力的需求，这为农村居民的流动提供了"拉力"和客观条件。最后，户籍制度的核心内容——人口流动控制——也逐渐松动。虽然户籍制度仍然被用来对流动人口进行控制和管理，但是农村流动人口规模的扩大和城镇经济发展的需求使得对流动人口的控制和管理政策形同虚设，农村居民获得了实质上的流动权利，这也为农村居民的流动提供了客观条件。但是，农民工的打工生活方式不仅仅是"流动"，还是一种"不完全迁移"，甚至是一种"持续流动"或"循环流动"。第八章和第九章集中考察农民工"不完全迁移"或"持续流动"的制度性影响因素。户籍价值变迁及其产生的居民地位分化、城市非正规就业和市场文化是影响农民工"不完全迁移"和"持续流动"的主要制度性因素。其中户籍价值变迁及其产生的居民地位分化强化了农民工的农村认同和地域认同，而这种身份认同又使得他们能够接受打工生活方式，而没有采取激烈的反抗行为。城市非正规就业不仅影响了农民工在城市中的生产和生活条件，而且强化了农民工所持有的"市场逻辑"，使得他们认为他们是"低级工人"，而大学生和城市居民是"高级工人"，这种"市场逻辑"也使得农民工接受了他们的打工生活方式。

作为总结，第十章在我国整体的实践性发展进程中考察农民工群体的结构化过程。农民工群体的结构化是一个过程，因此必须放在我国实践性发展的历史进程中进行考察，而不能像"三元社会结构理论"那样采用静态的眼光看待农民工现象和我国的整体发展趋势。农民工群体的结构化也说明，农民工群体已经存在了四十多年，而且还将存在相当长的时间，因此带有理想色彩的"社会转型理论"也不能实践性地把握农民工结构化的现实和我国整体发展道路的特殊性。农民工群体的结构化说明我国的发展道路是一种"实践性发展"。同时，农民工群体的产生、发展和前途也必须放在我国实践性发展的历史进程中进行考察。具体而言，我国的实践性发展经历了国家总体控制、国家放权改革和国家治理现代化三个阶段。国家总体控制是农民工群体结构化的背景，国家放权改革是农民工群体结构化的过程，而国家治理现代化则是逐步解决农民工问题的愿景。在国家治理现代化的过程中，要分清轻重缓急，着重解决好乡村振兴、城乡融合和区域协调三项工作，并在这个过程中完善和发展中国特色社会主义制度。

概而言之，本研究的主要观点包括：（1）自 20 世纪 90 年代以来，我国农民工群体呈现了结构化特征，主要表现为在相当长的历史时期内，农民工在城镇劳动力市场中占据着比较稳定的比例；（2）当前关于农民工的主流研究范式——移民范式、城市化范式、阶级形成范式——都不足以回答"我国农民工群体何以结构化"这个核心问题，而尚未获得充分发展的劳动体制范式则可以综合性地对农民工现象所涉及的制度、政策、动机、态度和行为进行客观分析，从而解释农民工群体的长期存在和不断扩大，也可以为城市化问题和劳动力问题提供新视角；（3）农民工的打工动机呈现多层模式，但是不同的生产和生活状态使得他们具有不同的深层动机，包括个体荣誉、个体前途、居家需求和家庭发展等；（4）农民工对待打工生活的态度也存在差异，主要取决于打工能否满足他们的需要、打工替代方案的可能性、打工生活的选择性；（5）根据他们的打工动机和生活态度，农民工可以划分为四种类型，包括冒险型、乐观型、工具型和退出型；（6）农民工的动机态度受生活状态的影响，而他们的生活状态又受到宏观制度安排的影响，主要包括农村劳动体制的变迁和农村家庭自主性的获得、户籍制度变迁和人口流动控制的持续放松、居民地位的分化、城市劳动体制的变迁和非正规就业的发展、市场文化；（7）农民工群体的结构化是我国实践性发展进程的产物，也必将在实践性发展进程中消亡。

第二章
农民工群体结构化的劳动体制分析框架

　　正如第一章所述，统计数据和现有研究都表明，我国的农民工群体呈现了结构化的趋势，这主要表现为农民工群体的规模不断扩大，而且在相当长的时间内在城镇劳动力市场中占据比较稳定的比例。但是，如何理解农民工群体的产生呢？如何解释农民工数量的不断增加呢？如何理解农民工群体的结构化呢？现有研究虽然已经从不同的理论视角对农民工群体的产生和长期存在进行了分析，但是这些理论视角只关注农民工现象的某些侧面，因此不足以全面地分析农民工群体的结构化现象。本章将围绕农民工研究的概念界定和核心问题对农民工的研究范式进行剖析，并在此基础上介绍本书的理论视角、分析框架和研究方法。

　　根据现有研究所做出的概念界定、提出的核心问题和使用的理论框架，我们可以区分出关于农民工的四种研究范式：移民范式、城市化范式、阶级形成范式和劳动体制范式。移民范式侧重农民工的迁移行为，从而将农民工视为"移民"进行研究；城市化范式则强调农民工从农村居民向城市居民的转变，从而将农民工视为"准城镇居民"或"准市民"进行研究；阶级形成范式则集中考察农民工在生产过程中与资方之间的互动关系，从而将农民工视为"工资工人"进行研究；劳动体制范式关注农民工的生活状态和主观态度及其相互关系，从而将农民工视为"劳动力"或者"劳动者"进行研究。在对四种研究范式进行详细说明之后，本研究认为四种研究范式在研究问题和概念使用上存在互补性。尤其是，劳动体制范式虽然还没有成为一种成熟的研究范式，但是可以更综合地对农民工现象所涉及的制度、政策、动机、态度和行为进行客观分析，从而解释农民工群体的长期存在和规模的不断扩大，进而为人口迁移、城市化和阶级形成等问题提供更坚实的理论和经验基础。

在讨论四种研究范式之前，需要先做三点说明。首先，四种范式下的经验研究问题存在融合，比如户籍制度和农民工现象的关系在四种范式中都占有重要位置。但是为了说明四种范式的区别，本研究主要关注各种范式的核心问题，因为这些核心问题使得同样的概念和问题在不同的范式中具有不同的含义。其次，本研究旨在说明四种范式的区别，因此无意穷尽各种范式中的所有问题，而是关注其核心问题。最后，本研究集中讨论研究范式或者研究视角，因此并没有包括描述性的统计分析。比如社会分层研究往往将农民工视为一个类型群体，而本研究则关注这个群体的存在逻辑。

移民范式

农民工生活状态的一个显著特征是他们的迁移，甚至是频繁的迁移。他们离开农村村落，去往城镇。而且，很多农民工持续地处于流动当中，尤其是在家乡和工作地之间往返，因此他们的另外一个特点是循环流动（Wang，2005；李强，2012）。对农民工迁移行为的关注使得移民范式将他们视为"移民"进行考察。以对农民工的"移民"界定为逻辑出发点，以移民理论为基础，移民范式提出的研究也都围绕着迁移行为的相关问题展开，主要关注收益成本计算、家庭结构、土地租用状况、社会网络、土地制度改革、户籍制度改革、城乡收入差距、劳动力市场供需状况、地域不平衡发展等因素对农民工迁移行为的影响。就其核心研究问题而言，移民范式的两个主要问题是：农民工迁移的主观动机和客观背景。

首先，移民范式关注农民工的迁移动机。在众多的移民理论中，关于移民动机的理论包括微观新古典经济学理论、移民文化理论、行为主义理论、新经济学理论、相对剥夺理论等（Massey et al.，1993；Samers，2010；Boyle et al.，1998）。关于我国农民工的研究中，很多定量研究将移民理论中相关的变量纳入统计模型中，以理解农民工的迁移和回流行为（比如，

Hare, 1999; Lee and Meng, 2010)。由于强调个人理性选择的微观新古典经济学理论不足以解释各种迁移行为背后的价值取向，农民工的迁移动机研究开始转向家庭和文化因素。在关于农民工的迁移动机的研究中，两种主流的解释框架是永久迁移（permanent migration）理论和家庭策略（household strategy）理论。永久迁移理论的基本假设是农民工具有"将家庭成员带到城市并在城市定居的意愿"（Fan, 2008: 11）。需要说明的是，这里说的"城市定居意愿"是作为动机或主观意识而言的，而不是其实际的居住状况（叶鹏飞，2011）。大量的经验研究也表明，部分农民工具有城市定居意愿，而且这种意愿的强烈程度有所不同（Li, 2006; 叶鹏飞，2011; 熊波、石人炳，2009）。另外，对具有迁移意愿的农民工而言，他们在迁移过程中的不同经历会使得他们的迁移目的地可能不同于他们现在的工作城市（Zhu, 2007; Zhu and Chen, 2010）。与永久迁移理论不同，基于新经济学理论的家庭策略理论将家庭作为分析单位，并认为农民工的迁移行为是家庭增加收入和降低风险的选择，而且这种家庭策略也涉及家庭内部的性别分工策略（Fan and Wang, 2008; Fan, 2008）。与增加收入渠道和降低市场风险相关，家庭策略理论也关注家庭的相对剥夺或者家庭在社区中相对低位的变化。也就是说，农民工的迁移行为不仅与家庭结构相关，也与社会背景和社区状况相关（蔡昉、都阳，2002; 李培林，2003）。

其次，移民范式对迁移的客观背景的研究是以对迁移动机和迁移原因的区分为基础的。迁移动机是指迁移行为背后的价值导向，而迁移原因是指迁移行为发生的客观条件，即为何迁移能够成为实现其价值取向的选择。如果农民工的迁移动机研究主要是对农民工迁移行为进行解读，对农民工迁移的结构背景的研究则主要是对其进行解释。在移民理论中，解释迁移行为的理论包括推拉理论、宏观新古典经济学理论、二元劳动力市场理论、全球资本主义理论等。虽然作为经典迁移理论的推拉理论已经备受批判，甚至不再被提及，但是其后的迁移解释理论的发展在很大程度上都是对推拉理论的补充和完善。比如二元劳动力市场理论和劳动力市场分割理论对流入地劳动力需求的分析可以视为对拉力因素的一种细化。就我国农民工而言，两种主要的结构性差异影响了他们的迁移行为，而且这两种结构性差异的形成又与我国的制度安排和历史背景相关。第一种结构性差异是城乡差距。改革开放之前，我国就存在制度化了的城乡差距；改革开放之后，城乡之间的巨大差距及其制度因素并没有很大的改观。这就是所谓的城乡二元结构及其所涉及的各种社会制度,包括户籍制度、土地制度、就业制度、社会保障制度等(Whyte, 2010; 黄锟, 2011)。此外,这种城乡差距体现在基础设施、就业机会、收入水平、教育设施等多个方面(Larus, 2012; Sicular et al., 2010; Hannum et al., 2010)。无论农民工的动机是永久迁移意愿还是家庭策略,这种城乡差距都使得从农村向城镇迁移成为满足他们需求的手段。第二种结构性差异是地域之间的不平衡发展。改革开放之前,地域之间的发展是相对平等的;但是改革开放之后,允许一部分人和一部分地区先富起来的政策造成了地域之间的不平衡发展(Tsui, 1991; Gallagher, 2007; Fan and Sun, 2008)。这种地域之间的不平衡发展也导致了农民工从不发达地区向更为发达地区迁移的趋势。

城市化范式

"从农业部门向非农产业部门"的迁移和"从农村向城镇"的迁移是农民工生活状态的另外两个显著特征。如果前者是我国的工业化进程,那么后者就是与之紧密相关的农村居民转变为城镇居民的城市化进程。城市化范式就强调农民工产生的这两个背景。而且由于农民工总是在城市中生活一段时间,这种范式主要关注农民工的城市生活及其城市化的前景。需要说明的是,与移民范式不同,城市化范式具有价值倾向,即根据西方现代化进程的历史经验,工业化进程会导致农村居民变为城镇居民,因此农民工的市民化被看作解决问题的根本途径(黄锟, 2011)。在这种价值关怀之下,城市化范式将农民工界定为"准城镇居民"或者"准市民"。在这种界定之下,城市化范式对农民工现象的研究主要集中在两个问题上:通过对中国特色城市化道路的研究对农民工的产生进行解释;通过对农民工生活方式的考察对农民工的市民化过程进行探索。

在宏观层次上,这种具有价值导向的研究范式不仅描述了我国城市化进程的特征,而且对其背后的社会制度和政策进行了批判分析。农民工被视为"中国特色城市化进程"的一个显著特征:与其他国家相同,我国的工业化进程也伴随着城市化水平的提高;与其他国家不同,在城市化进程中,我国没有根除传统的农村居民,也没有发展出正式的市场机制和法律

劳动光荣：农民工群体及其结构化

框架来取代传统的社会制度，而是采取了"不完全的城市化"道路，从而降低了快速工业化过程中的城市化成本。其结果就是大量"流动人口"或农民工的出现（Chan，2010）。这种城市化水平落后于工业化水平的状态被称为"城市化不足"现象（Chan，1994；Sjoberg，1999；Chan，2010）。这种城市化现象与具有中国特色的社会制度相关。Meng和Manning（2010）比较了我国和印度尼西亚的城市化道路，并认为我国在城市化过程中形成了一种"客人体制"（guest system），印度尼西亚的城市化过程却导致了大量的城市穷人出现。这种"客人体制"是如何形成的呢？这种城市化道路涉及对居民迁移进行的控制，尤其体现在户籍制度的持续存在上。首先，这些农民工在农村仍然享有土地承包权、房屋建筑权和其他一些社会福利；其次，户籍制度改革允许农村居民在城市中工作，但是，户籍制度并没有给予这些农民工与城市居民相同的社会福利（Chan and Buckingham，2008；Chan，2009；蔡昉，2010）。从本质上讲，户籍制度是国家政策的一个组成部分，这种户籍制度在不同的历史时期都服务于我国的工业化战略。因此，国家主导的工业化进程是我国特色城市化道路的主要原因。当然这种国家主导的工业化和城市化战略也受我国人口结构、技术发展水平和劳动力市场供需状况的调整。因此，"刘易斯拐点"的到来及其对国家政策的挑战成为一个热点问题（蔡昉，2007；Kwan，2009；Knight et al.，2011）。

在微观层次上，这种范式关注农民工的城市生活状态和态度。其价值取向使得这个层次上的研究使用了具有价值判断性的词语，比如"社会融入"和"市民化"。这些词语都假定了农民工未来应该具有的生活状态。城市化范式考察了农民工在城市中的经济、社会和政治生活，从而说明他们的社会融入状态，并进而批判性地影响农民工市民化或城市融入的制度安排。所谓农民工的城市融入，就是农民工的整体生活方式（包括生产、生活、价值观念、身份认同）从传统农村类型向现代城市类型转变的过程。因而城市融入过程不仅包括生产、生活和文化上的空间转换，还包括他们主观上的身份认同的转换。城市融入的这些方面还被分成融入状态的不同层次，比如物理空间上的转换是最浅层次，而社会文化和身份认同的转换是最深层次（江立华，2003；杨瑾，2008；王兴周、张文宏，2008；梁波、王海英，2010；李强，2012）。正是这种价值判断性的"社会融入"概念，使得这种范式对农民工的生活现状进行了判断：农民工在城市中过着边缘化的生活。这种边缘化的生活状态体现在多个方面：农民工集中在劳动密集型产业中；工资收入低，工作不稳定，拖欠工资现象时有发生；劳动权益没有保障，劳动时间长，工作条件差；缺乏社会保障，包括子女在城市受教育的权利等；生活条件恶劣，往往集中在"城中村"的违法建筑中；受到城市居民的歧视和排斥（Wong et al., 2007; Zhan, 2011; 郭立场, 2011; 当前农民工工作和生活状况调查研究课题组, 2011; 吕途, 2012; Madrazo and Kempen, 2012）。

阶级形成范式

农民工的另外一个显著特征是，他们在城市中是工资工人。工资是他们收入的主要来源，也是他们赖以生存的经济基础。更为重要的是，他们的工资水平、工作条件和劳动权益都受到他们与雇佣者和政府的互动关系的影响。这也使得阶级形成范式将他们视为"产业工人"，甚至"无产者"，并考察他们的利益意识和集体行动。虽然阶级形成范式几经变化，但笔者认为这种范式的核心问题仍然没有脱离"自在阶级转向自为阶级"这个核心命题（Marx, 1963, 1995），即从客观存在的遭遇剥削和异化的工人群体，向具有阶级意识的工人群体过渡。其后的文化马克思主义者、历史马克思主义者和世界体系论者都没有脱离这个基本问题，虽然更多的社会文化因素被整合进了这个基本框架中（Lee, 2007; 陈周旺、汪仕凯, 2013）。李路路等（2012）区分出了当代社会学中阶级分析的两种分析思路：将阶级视为集体行动者的"结构—意识—行动"分析思路和将阶级视为生活条件综合信号的"结构—状况—选择"分析思路。这两种分析思路与阶级形成的核心命题相对应：前者关注自为阶级的形成过程，而后者关注自在阶级的客观存在。因此，我们有理由像古典马克思主义理论一样将阶级的形成视为一个双重的过程。同样，在分析农民工的时候，阶级形成范式也关注农民工作为自在阶级的存在和作为自为阶级的形成。值得注意的是，与城市化范式相同，阶级形成范式也具有价值取向：农民工在生产和交换过程中所遭遇的不平等待遇会导致他们的自我组织和反抗行为。

就农民工作为自在阶级而言，沈原（2006）认为我国工人阶级的再形成发生在波兰尼所说的"第一次大转变"和布洛维所说的"第二次大转变"

的交汇点上，是影响整个社会结构变迁的最为重要的一个因素。借用塞尔维尔的说法，他认为农民工的产生可以用"卡尔·马克思模式"的阶级理论进行解释，而原国有企业职工可以用"卡尔·波兰尼模式"的阶级理论进行解读。塞尔维尔本人也应用其工人运动理论分析我国工人阶级的存在和我国工人运动的兴起，认为我国将成为工人运动的中心（Silver，2003；Silver and Zhang，2009）。就自在阶级的存在而言，"无产化"、"商品化"和"剥削性"是工人阶级长期存在的三个不可或缺的特征。没有无产化，工人阶级就不会稳定存在或者很难形成阶级意识；没有商品化，无产化和剥削性就会变成奴隶制或封建制关系；没有剥削性，阶级问题就不是一个"问题"了。农民工的存在依赖于他们的商品化，也依赖于从国家社会主义体制下的社会契约向市场经济体制下的市场契约的转变（Lee，2007；Friedman and Lee，2010）。另外，农民工也经受着剥削，包括延长劳动时间、侵犯劳动权益、降低和拖欠劳动工资、降低劳动条件等（Lee，2007；Chan，2001）。但是，农民工并不是真正的"无产者"，尤其是他们在农村拥有土地使用权，因此这些农民工只是"未完成的无产化状态"（Ngai and Lu，2010；Lee，2007）。即便如此，在劳动商品化的过程中，或者在农民工成为工资工人的过程中，他们在市场和工厂中都处于不利地位。

就农民工向自为阶级的转变而言，阶级形成范式关注农民工的利益意识和集体行为。从严格意义上说，一个阶级或者一个群体的存在依赖于它的行动能力，而这种行动能力的存在又依赖于它将自己界定为一个阶级或者一个群体（Boudieu，1987）。另外，阶级意识的发展阶段和强弱程度是通过阶级行动表现出来的，因此阶级意识的研究也主要是通过分析阶级行动进行的。这也是我国农民工研究的主要策略，即通过研究农民工的集体反抗来分析他们的阶级意识。总体而言，用来测量阶级意识发展阶段和强弱程度的指标包括集体行动的诉求、形式、过程、规模、话语和密度等。由于以下某个或某几个原因，有些学者认为农民工已经开始并将继续扩展其阶级意识和阶级行动：（1）农民工集体行动的诉求已经超越了法律所限定的利益宣称并追求自己所界定的权益；（2）农民工超越了法律所规定的劳资纠纷仲裁程序而采取了游行、静坐和罢工等集体行为；（3）农民工的集体组织超越了个别的经济组织而将多个工厂的工人联合起来；（4）农民工在集体行动中（并通过借鉴各种政治话语）逐渐形成了自己的思想观念和话语体系（Lee，2007；Chan，2009，2010；Chan and Ngai，2009；Ngai and Lu，2010）。但是，也有的学者认为，虽然农民工的集体行动体现了以上特征，但是这些集体行动仅仅是特殊事件，并不能代表工人阶级作为自为阶级而存在，因为：（1）除个别案例外，几乎所有的农民工集体行动都是自发行为，而不是有计划的理性行为；（2）这些集体行动都是暂时性的，而没有形成持久稳定的、制度化的组织行为；（3）即使某些集体行动涉及了多个厂家，但是其中并没有协调组织；（4）与农民工存在的时间和数量相比，集体行动的数量仍然是相对较少的；（5）我国的渐进主义改革调整相关制度和措施，因而可以容纳这些集体行动（Ahlers and Schubert，2011；Chan and Siu，2012；Lee and Zhang，2013）。

劳动体制范式

最近的关于我国农民工的研究中，"劳动体制"（labor regime）的概念越来越受到重视。在以上提到的各种范式中，都有研究使用了"劳动体制"这个术语。比如在移民范式中，Fan（2004，2008）使用了"农民工劳动体制"（migrant labor regime）的概念；在阶级形成范式中，沈原（2006）也强调了"工厂政体"（factory regime）对我国社会阶级分析的重要性。但是笔者认为这不仅仅是一个术语的使用，还是一种研究范式的转换。按照库恩的范式理论，这种对"劳动体制"概念的引入，本身说明了关于农民工研究的三种"常规范式"已经不足以解决农民工的一些典型问题。

也就是说，一种范式的存在依赖于其典型问题的存在。劳动体制范式的典型问题是什么呢？或者说，前面提到的三种范式不足以解决的问题是什么呢？对前面提到的三种研究范式进行批判性分析可以说明劳动体制范式的必要性和含义。移民范式的主要研究问题是农民工的迁移决定和结构性原因。但是，移民范式并不能解释农民工为什么没有进行完全的迁移而是处于循环流动状态中；而且，即使不能进行完全的迁移，他们仍然在城市中辛勤劳作。城市化范式关注农民工在城市中的工作和生活状态。但是，即使在城市化水平迅速提高的情况下，大量的农民工仍然没有取得与城市居民相同的权益；而且，即使他们没有完成城市化成为城市居民或市民，他们也仍然继续在城市中工作。阶级形成范式主要考察农民工作为工资工

劳动光荣：农民工群体及其结构化

人而进行的集体行动，但是这些集体行动仍然不足以使他们成为一支独立的、持久的政治力量。因此，我们可以说，三种范式都隐含着这样一种悖论：一方面，三种范式都认为农民工现象是一个过渡现象，他们会通过迁移、城市融入或者集体行动而迅速地定居于城市、同化于城市文化或者争取到平等权益；另一方面，在三种范式已经对农民工开展了三十多年的研究之后，农民工群体依然存在，而且其数量仍然在上升。这样一种悖论可以被称为"事实的理论绑架"，即三种范式从"转型"的视角（农民工会很快消失）去研究长期存在并不断扩大的农民工群体。

无论农民工群体何时消失，这个群体存在并扩大的事实要求我们超越价值预设，从而客观地解释其存在的事实逻辑，而且要在事实逻辑的基础上对理论逻辑进行批判分析。劳动体制的概念就代表着客观地解释农民工的长期存在和不断增加的一种范式。但是，当前的研究中，劳动体制仍然没有作为一种范式而存在。在移民范式中，劳动体制往往作为农民工迁移行为的制度背景而存在（Fan，2004，2008）；在阶级形成范式中，劳动体制的概念也仅仅被看作一个具体的、以生产过程为中心的民族志研究范本（沈原，2006）。但是，作为一种综合性的范式，劳动体制范式将我国农民工视为"劳动者"或者"劳动力"，考察这些劳动者的生活方式以及他们对待这种生活状态的态度，并将他们的生活状态和主观态度放在社会制度中进行分析。因此，其核心问题是：我国农民工是否和如何接受社会制度所形塑的生活方式，从而维持这个群体的长期存在和不断增加？这种范式与布洛维的"工厂政体"理论直接相关，因为他的理论不仅关注在劳动过程中资本是如何控制劳动的，而且考察工人为什么和如何服从资本控制。布洛维还区分出以强制为基础的专制政体和以说服为基础的霸权政体，并以此建立了一个生产政治的连续谱。此外，这种生产政治的变迁也受到国家制度和政策的影响（Burawoy，1985）。

就我国农民工研究而言，李静君的研究是一个典型案例，虽然她本人并没有将劳动体制作为一种范式看待，而且她的主要研究问题是劳动纠纷和劳工运动问题。首先，李静君将劳动体制的概念应用于我国工人反抗活动的研究中，认为"对于将国家的劳动管理、劳动力的社会再生产、劳动场所的控制和工人的反抗能力联系起来而言，布洛维的劳动体制概念是一个强有力的分析工具"（Lee，2007：21 - 22）。其次，在其专著 *Against the*

Law 的第六章中,她综合考察了限制农民工发起反抗行为的因素。从另一个角度来看,她也在回答农民工为什么接受了打工的生活方式。她关注的问题超越了农民工在城市中的生产活动,考察了作为一个整体的打工生活方式。她认为,农民工的打工生活是一种双重存在,即同时生存在城市和农村中,而且这种双重存在包括经济、政治和文化等各个维度。农民工将农村的土地使用权既看作一种责任,又看成一种保障;农民工的婚姻、房屋和教育都在农村中进行,因而农村是他们进行长期投资和社会再生产的场所;而且他们的农村生活也受到农村制度和政策变迁的影响。另外一个典型研究是 20 世纪 90 年代潘毅(Pun,1999)所做的关于打工妹身份认同的研究,她认为女性农民工进入城市打工之后,在工作场所的互动中发展出了"女性""农民""农民工""打工妹"等相互重叠而又模糊不清的身份认同,但她不认为这些打工妹或者打工群体形成了一个阶级群体。此外,她也将打工妹的生活状态和身份认同与城市和农村的社会制度联系起来。虽然潘毅后来的研究更多地采用了阶级分析视角,但是这项 90 年代的研究力图从总体上分析农民工在其生活状态中所形成的主观认同。由此,我们可以发现,劳动体制范式超越了迁移决定、城市融入和阶级反抗等范畴,将农民工作为"全人"进行考察,从而将国家政策、市场制度、生活状态和主观态度结合起来。

农民工群体结构化的劳动体制分析

移民范式侧重农民工的迁移行为,从而将农民工视为"移民"进行研究;城市化范式则强调农民工从农村居民向城市居民的转变,从而将农民工视为"准城镇居民"和"准市民"进行研究;阶级形成范式则集中考察农民工在生产过程中与资方之间的互动关系,从而将农民工视为"工资工人"进行研究;劳动体制范式关注农民工的生活状态和主观态度及其相互关系,从而将农民工视为"劳动力"或者"劳动者"进行研究。四种研究范式对于我国农民工现象具有一定的解释力。对于农民工群体结构化的解释需要综合运用各种研究范式,因为四种范式具有互补性和交叉性,而且"农民工群体何以结构化"问题具有综合性。

首先,就我国农民工的事实而言,四种范式的研究问题具有互补性。

每一种范式的界定都不足以涵盖农民工的诸多特征，它们的解释也不足以全面地分析农民工现象，因此，对多种范式进行综合才能更加充分地理解农民工现象。比如，农民工的迁移是以"循环流动"为特征的。但是，仅仅关注"为什么迁移"或"迁移动机和原因"的移民范式不足以解释迁移决定做出之后的流动过程。从一定程度上说，城市化范式对于农民工在城镇里的生活状态和社会融入的分析则能解决这个问题。当前的移民分析仅仅将工业化和城市化作为一个结构背景来对待，而没有将农民工的城镇生活视为整个移民过程的内在组成部分。城市化范式主要从社区的角度对农民工的城镇生活状态进行研究，比如对北京"浙江村"的社区研究描绘了流动人口在北京所经历的权力竞争和社会网络（Zhang，2001；项飚，2000）。但是，这种城市化范式没有对具体工人的生产活动和工作场所中的社会互动给予充分重视（沈原，2006）。阶级形成范式则更加关注工资工人的生产活动及其对他们生活状态和主观态度的影响。但是，面对农民工集体行动的孤立性和暂时性问题，劳动体制范式则更加注重农民工的长期存在和不断增加现象，并力图综合分析国家政策、工作场所互动、工人生活状态和主观态度。

其次，四种范式的解释框架有很多交叉之处。比如城乡二元结构、地域不平等发展结构、国家的工业化战略的变迁、户籍制度改革、农村组织制度改革、市场经济的发展和不足以及社会网络的作用等问题经常出现在各种范式之中，只不过这些因素用来解释的问题在不同的范式中是不同的。这些因素可以用来解释农民工迁移行为的客观条件，也可以用来解释农民工的城镇生活状态，还可以用来解释农民工的阶级地位和利益意识的形成，以及农民工的生活方式和主观认同。但是研究范式之间的分化不足以全面分析这些结构或制度因素对于农民工现象的总体影响。

最后，就价值取向而言，四种范式是不同的。相对而言，城市化范式和阶级形成范式具有更加强烈的价值取向。所不同的是，城市化范式是一种现代化的价值取向，认为农民工应该融入城镇空间、经济、政治、文化和认同中；阶级形成范式则是一种马克思主义的价值取向，认为在市场转型的过程中，劳动力的商品化会使得农民工遭遇不公平待遇（甚至是剥削），而且利益意识的觉醒会使得他们采取集体反抗以争取他们的正当权益。相对而言，移民范式和劳动体制范式采取的是更加客观的研究视角。

第二章 农民工群体结构化的劳动体制分析框架

所不同的是，移民范式关注的范围更加狭窄，即仅仅关注迁移行为的动机和原因，劳动体制范式则从更综合全面的角度描述农民工的生活方式和生活态度及其与制度背景之间的关系。

四种范式在研究问题、概念框架和价值取向上既具有互补性，又具有交叉性，但是它们之间的分裂甚至对立造成了农民工研究的三个问题：第一，对农民工现象的片面性解读，即各种范式可能仅仅强调农民工现象的某一个侧面，或者说农民工的某些特征；第二，对结构或制度因素的不充分分析，即在各种范式中，同样的结构或制度因素只用来分析某一两个具体问题，而没有充分考察它们对农民工现象的整体作用；第三，理论分析和价值取向的模糊性，即某些范式（尤其是城市化范式和阶级形成范式）带着某种价值取向对农民工进行研究，使得它们不能对农民工群体的长期存在和不断增加进行解释。这些问题都对综合几种范式提出了必要性。另外，它们之间的互补性和交叉性也为它们之间的综合提出了可能性。

但是，就本研究的核心问题"农民工群体何以结构化"而言，劳动体制范式显然具有更好的适用性。与侧重考察迁移动机和原因的移民范式相比，劳动体制范式可以更加综合地考察农民工的生活方式；与具有价值取向的城市化范式和阶级形成范式相比，劳动体制范式可以提供更为客观的描述和分析，并为它们提供事实基础。也就是说，劳动体制范式可以更加综合地对农民工现象所涉及的制度、政策、动机、态度和行为进行客观分析，从而解释农民工群体的长期存在和不断增加，进而为城市化和阶级形成等问题提供更坚实的事实基础。与此同时，与其他三种范式相比，劳动体制的概念还没有形成一种成熟的研究范式，虽然劳动体制这个概念已经被用来分析农民工的迁移行为、生活状态和集体行为。因此，在未来的农民工研究中，劳动体制范式应该得到足够的重视：首先，劳动体制范式应该吸纳其他三种范式的优点，从而得以发展；其次，劳动体制范式应该坚持自身的优点，以弥补三种主流范式在解释力上的不足，进而对三种范式提出的问题进行更全面的分析。

就"农民工群体何以结构化"的问题而言，劳动体制范式的主要优点在于这种研究范式超越了"工人抗争"的分析框架，并深度考察了劳动过程中的"工厂政治"。上一部分的分析表明，以阶级形成范式为代表的"工人抗争"视角并不足以分析当前我国农民工的抗争行为。与阶级形成范式不同的是，我国农民工群体出现了结构化的趋势，这也需要关注农民工在日常生产和生活中的价值观念和动机态度。而关注"有效控制工人并且使工人服从于此种控制"问题的劳动过程理论对于解释农民工群体的结构化具有重要启示（陈周旺、汪仕凯，2013：63）。其中，布洛维的研究极具代表性，可以用来说明劳动过程理论的适用性。布洛维（Burawoy，1985）不仅研究资本是如何对劳动进行控制的，而且在资本和劳动的互动过程中考察工人为什么会服从这种控制。他认为，在生产领域——工厂中——也存在一种上层建筑，其中，生产领域的"意识形态"可以通过获得工人对生产关系的同意来保持工人的服从行为；他用"生产过程中的政治和意识形态""内部国家""生产政体"等概念来形容这些生产过程中的政治和意识形态过程。

但是，仅仅关注工厂中劳动过程的"工厂政治理论"还不足以涵盖对"劳动体制"的分析。工厂政治理论更多地关注工厂内——或工作场所中——企业和工人之间的互动过程和互动模式，但是这个理论并没有对以下这些问题进行深入分析：企业和工人的关系是存在于不同社会体制中的，社会体制如何影响企业和工人的互动关系和互动模式呢？比如，在国家社会主义体制和西方自由主义体制中，企业和工人的互动关系和互动模式是十分不同的（Walder，1986）。与此相关，国家与企业、国家与（劳动力）市场之间的关系如何影响企业与工人之间的互动关系和互动模式呢？国家与企业之间的关系直接影响国家对待企业和工人之间关系的方式，比如当国家发展需要更多投资的时候，国家往往采取有利于企业的措施，包括降低劳动成本；而且在影响国家政策方面，企业显然比工人组织具有更多的资源（Webster et al.，2008；Harvey，2010；Huang，2009）。就劳动力的产生过程而言，企业和工人关系的存在根本上还依赖于工人具有成为工资工人的动机和认知；而工人成为工资工人的动机和认知往往又依赖于他们的社会生活方式的变迁。因此，对于劳动体制的分析也需要对工人的社会生活方式进行考察。

总而言之，主流理论视角的不足要求对农民工群体的迁移、持续流动、边缘生存、吃苦耐劳、长期存在和不断增加等特征进行更为综合的解释。从这个意义上说，劳动体制理论提供了一个更好的选择，因为这个理论强调农民工的劳动力本质和社会生活特征，从而"将国家的劳动管理、劳动力的社会再生产、劳动场所的控制和工人的反抗能力联系起来"（Lee，2007：21 - 22）。主流理论视角也都假设了农民工的劳动力本质，并在此基础上考察他们的迁移行为、城市融入状况和集体行为：移民理论强调农民工的迁移行为是一种市场作用下的"劳动移民"（Fan，2008）；城市化理论强调工业化过程中传统部门和现代部门之间劳动力的分配状况（Li，2008；蔡昉，2007，2010）；阶级形成理论关注的劳资关系是以农民工作为商品化劳动力为前提的（Friedman and Lee，2010）。但是，这些理论视角没有直接考察农民工的劳动力本质及其社会生活特征和结构化机制。通过强调农民工的劳动力本质和社会生活特征，劳动体制理论能够直接考察主流理论视角的基本假设，从而更好地理解它们提出和面临的问题，说明农民工群体结构化的发生机制。

主流理论视角的不足和劳动体制理论的优势也使得"劳动体制"的概念开始应用于农民工研究中。但是，劳动体制理论及其应用仍然存在四个方面的问题，因此没有充分发挥劳动体制理论的潜力。首先，在农民工研究中，劳动体制理论还没有成为一个独立的研究视角，劳动体制的概念被移民研究、城市化研究和阶级形成研究用来解释各自提出的问题，因此没有充分阐释劳动体制的内涵。比如，在移民研究中，劳动体制被视为迁移行为的发生背景（Fan，2004，2008）；在阶级形成研究中，劳动体制被视为生产过程的控制方式（沈原，2006）。其次，劳动体制理论在价值导向上具有批判取向，因而没有充分展示其客观分析能力。比如，布洛维的"劳动体制"概念与"工厂政体"概念都强调劳动和资本之间的不平等，进而考察这种不平等秩序的存在机制（Burawoy，1985）。在应用劳动体制概念分析农民工群体的时候，李静君的关注焦点也是农民工的抗争行为及其阻碍因素，并将劳动体制视为影响工人反抗能力的因素（Lee，2007）。再次，当前对劳动体制概念的界定和应用并不明确，往往强调国家管理、社会再生产、工厂政治中的某一个方面。比如，在劳动过程研究中，"宿舍劳动体制"概念的关注点仍然停留在工厂内的劳动控制上（任焰、潘毅，2006；杨可，2016）。这个概念没有明确宿舍是劳动体制的一个组成部分，还是一种特殊的劳动体制。最后，劳动体制理论强调社会结构和社会行动的互动，比如布洛维不但考察了资本对劳动的控制方式，而且强调工人服从资本控制的理由和机制。但是，当前的劳动体制研究往往强调社会结构因素，而没有在行动层面上综合考察移民范式所强调的迁移动机和策略问题、城市化范式所强调的文化和身份认同问题、阶级形成范式所考察的认知和态度问题。

就农民工群体的结构化问题而言，劳动体制理论要求对以下因素进行分析：哪些结构性因素使得农民工从农村向城市迁移成为可能？农民工的打工动机有哪些？哪些因素影响了农民工的打工动机？农民工对待打工生活方式的态度是什么？他们在多大程度上接纳了打工的生活方式？哪些因素影响了他们对待打工生活方式的态度？农民工群体的生存状态如何？农民工群体的生存状态是否引起了他们对打工生活的不满？农民工的客观生存状态与主观动机态度是一种什么关系？客观生活状态是否会打消他们打工的动机，是否会改变他们对待打工生活方式的态度？如果说农民工的生存状态和动机态度是嵌入社会制度背景中的，那么哪些社会制度影响了他们的动机态度和生存状态？在我国从计划经济向市场经济转变的过程中，农村居民的生产和生活方式发生了什么变化，对农村居民进城打工产生了哪些影响？原来限制农村居民向城市流动的户籍制度进行了哪些改革，发生了什么变化，如何影响了农民工的生存状态、身份认同和打工的动机态度？农民工和企业之间的关系如何？企业和农民工之间的互动关系和互动模式如何影响了他们的生活状态？农民工如何看待他们与企业之间的关系？

综合起来，这些问题形成了本研究的流年分析框架，即农民工群体结构化的劳动体制分析（见图 2-1）。

研究方法

从方法论的层次上看，本研究采用了一种"批判性阐释"的方法论（critical-interpretive methodology）。这种方法结合了阐释性（interpretative）和批判性（critical）两种定性研究方法。其中阐释性定性研究方法主要用来对农民工的认知、观念和评价进行分析，批判性定性研究方法主要用来对农民工群体的现状及其制度背景进行分析。

Lather（1992）区分出了三种后实证主义研究范式：阐释性研究范式、批判性研究范式、后现代主义研究范式。在此基础上，Merriam（2002）更详细地阐释了定性研究的三种范式：阐释性定性研究关注人们在与周围世

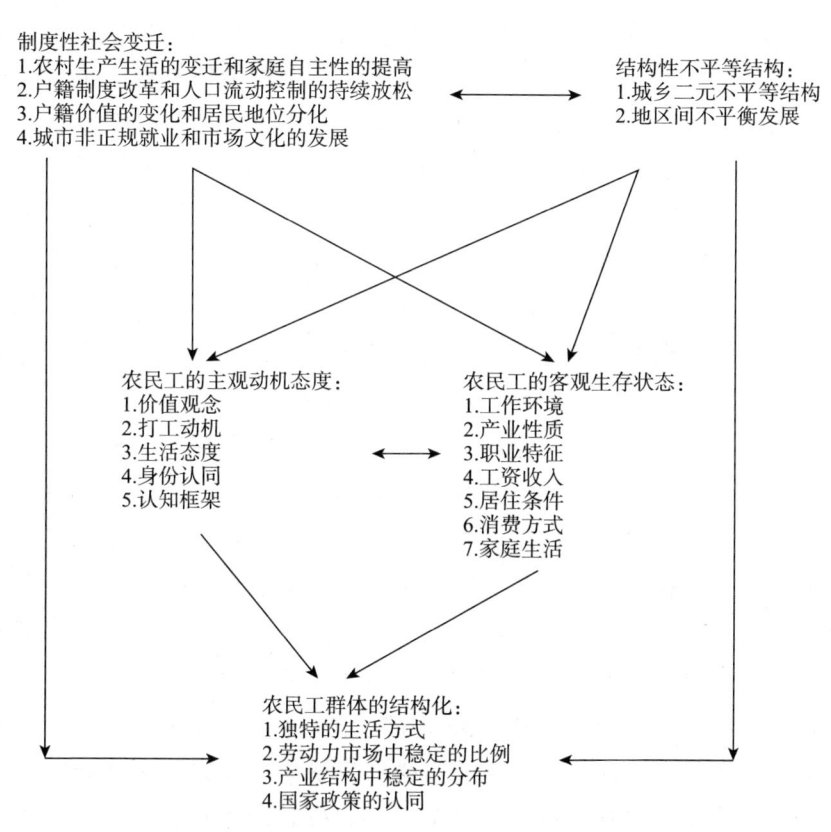

```
制度性社会变迁：                              结构性不平等结构：
1.农村生产生活的变迁和家庭自主性的提高        1.城乡二元不平等结构
2.户籍制度改革和人口流动控制的持续放松        2.地区间不平衡发展
3.户籍价值的变化和居民地位分化
4.城市非正规就业和市场文化的发展


         农民工的主观动机态度：        农民工的客观生存状态：
         1.价值观念                    1.工作环境
         2.打工动机                    2.产业性质
         3.生活态度                    3.职业特征
         4.身份认同                    4.工资收入
         5.认知框架                    5.居住条件
                                       6.消费方式
                                       7.家庭生活


                  农民工群体的结构化：
                  1.独特的生活方式
                  2.劳动力市场中稳定的比例
                  3.产业结构中稳定的分布
                  4.国家政策的认同
```

图 2-1　农民工群体结构化的劳动体制分析

界互动过程中形成的意义框架（meaning）；批判性定性研究则强调社会、文化和政治环境的作用，并考察它们如何影响人们对现实的意义建构；后现代主义定性研究则颠覆传统的科学观念，将主观建构上升为本体论层次。如此，阐释性和批判性定性研究方法更适用于本研究。首先，本研究要考察农民工对打工生活所赋予的意义，尤其是他们打工的动机和对待打工生活的态度，而阐释性定性研究方法则擅长分析行动者对周围世界所赋予的意义。其次，本研究也将考察农民工的动机态度赖以形成的结构和制度背景，包括家庭生活、国家政策、社会网络等，而批判性定性研究方法则可以更好地将动机态度和结构制度结合起来。

此外，阐释和批判在分析意义上是相互区别的，本研究所使用的"批判性阐释"则可以在具体的研究实践中将阐释和批判两种研究活动有机地结合起来。一方面，阐释是批判的内在组成部分，因为阐释可以为批判所确认，也可以为批判提供微观基础；另一方面，批判也是阐释的有机组成部分，因为批判可以为阐释所支撑，也可以为阐释提供解释。就我国农民工的批判性阐释而言，对农民工动机态度的阐释可以证明对结构制度的批判，而对结构制度的批判可以确认对农民工动机态度的阐释。总而言之，在实践中阐释和批判并不是互斥的，而是互补的。

就调查对象的选择而言，本研究采用了理论抽样和滚雪球抽样相结合的方式。为了将各种类型的农民工都纳入调查对象中，本研究在研究过程中提出了四个对调查对象进行选择的理论标准：性别、家庭结构、流动距离和产业特征。首先，产业特征包括农民工集中的三个主要产业：服务业、制造业和建筑业。其次，男性和女性具有不同的生命周期，因此本研究包括男性和女性农民工。再次，就家庭结构而言，本研究包括单身农民工、已婚和有未成年子女的农民工、有成年子女的农民工三种类型。家庭结构和家庭生命周期相一致，因此本研究所包括的家庭结构类型可以考察家庭生命周期的影响。此外，家庭结构也考虑了年龄因素，因为年龄在很大程度上也与家庭结构和家庭生命周期相一致。也就是说，这个标准同时考虑了家庭结构、家庭生命周期和年龄三个因素。最后，本研究也包括长距离流动和短距离流动的农民工。短距离流动是指向当地城镇或最近城镇的流动，而长距离流动则是跨市和跨省的、距离较长的流动。按照这四个理论标准，本研究包括36（3×3×2×2）种类型的农民工。但是，由于在具体调查对象选取过程中，难以找到在建筑业的单身女性、在制造业和建筑业中长距离流动的年长女性，本研究只包含32种类型的农民工（见表2-1），这也说明了单身和年长女性在职业选择方面存在的限制。

表2-1 访谈对象选择的理论标准

家庭结构	流动距离			
	短距离流动		长距离流动	
	性别		性别	
	男	女	男	女
单身农民工	建筑业 服务业 制造业	服务业 制造业	建筑业 服务业 制造业	服务业 制造业

续表

家庭结构	流动距离			
	短距离流动		长距离流动	
	性别		性别	
	男	女	男	女
已婚和有未成年子女的农民工	建筑业 服务业 制造业	建筑业 服务业 制造业	建筑业 服务业 制造业	建筑业 服务业 制造业
有成年子女的农民工	建筑业 服务业 制造业	建筑业 服务业 制造业	建筑业 服务业 制造业	服务业

本研究所采用的研究方法涉及与调查对象的深入互动，因此获得他们的信任就尤为关键。为了取得调查对象的信任，在理论抽样之外，本研究还采用了滚雪球抽样。"幸运"的是，笔者在农村出生和长大，因此笔者的亲戚、朋友、同学都有打工的经历，而且他们在不同的城市和产业打工。此外，他们也可以介绍大量符合理论标准的农民工。这为本研究的开展提供了很大的便利。笔者首先与亲戚、朋友和同学联系。其中，有些亲戚、朋友和同学成为直接的访谈对象，共同的经历和社会网络使得我们很容易获得信任。对于通过亲戚、朋友和同学介绍的农民工朋友而言，信任的获得也更加容易。通过社会网络的作用，这些调查对象遍布我国的各个城市，最终访谈主要在北京、济南、深圳、广州、聊城等地开展。从2012年到2016年，本研究先后对57人进行了系统访谈，保证访谈对象涵盖表2-1中列出的农民工类型。

本研究力图结合微观层面的意义分析和宏观层面的制度分析，因此利用了两种类型的材料。在微观层面上，半结构化的深度访谈被用来收集关于农民工的价值观念、打工动机、生活态度、认知框架、家庭生活、工作环境等方面的信息。农民工在打工过程中经历了工作地点和家庭生活方面的变化，因此具体的访谈通过两种方式进行组织。如果某个农民工在三个以内的城市或公司工作过，那么访谈就通过他们的家庭生活或者生活事件进行组织，比如毕业、订婚、结婚、生孩子等，然后再询问不同阶段中他们的工作状况。如果某个农民工曾经在三个以上的城市或者公司工作过，那么访谈就围绕他们的工作地点展开，进而询问他们在不同地方工作时家庭生活发生的变化。在宏观层面上，二手文献资料和国家的相关政策文件被用来分析影响农民工生活状态和主观经历的结构制度因素。政府公布的统计数据和学者的学术报告被用来分析农民工的产业分布、地区分布和城乡差异等结构因素。法律文件和政府报告等被用来分析与农民工相关的制度改革和国家政策。

资料分析工作主要是 Corbin 和 Strauss（1990）所说的三个层次的编码过程：开放性编码（open coding）、聚焦性编码（axial coding）、选择性编码（selective coding）。而编码过程中也使用了 Maxwell（2005）所指出的三种具体的分析策略：概念化（conceptualization）、类型化（categorization）、关系化（connection）。概念化主要用来描述不同访谈对象所呈现的共性，比如不同农民工在打工动机方面的共同特征。类型化则通过比较相同点和不同点对某种特征进行分类，比如对农民工的打工动机进行分类。关系化则将不同的特征联系起来，发现它们之间的关系机制，比如将家庭生活和工作环境与打工动机和生活态度联系起来，说明前者如何影响后者的不同类型和变化。

第三章
农民工的打工动机

如果说农民工的生活条件和工作环境不善（甚至恶劣）的话，农民工的数量为什么持续增加了四十多年呢？为了回答这个问题，考察农民工的打工动机是非常必要的。现有的制度分析表明，虽然国家政策对于农民工的打工生活影响一直很大，但是改革开放以来，市场是驱动我国城乡之间人口流动的主要动力（Li，2008；Cai et al.，2008；Taylor，2011）。在市场机制的作用下，农民工离开农村到城市工作很大程度上是他们的自愿选择，而不是计划安排或暴力强制的结果，这与计划经济时期发生的人口迁移明显不同（王汉生、刘亚秋，2006；Fairbank and Goldman，2006）。也就是说，在社会主义市场经济体制下，离开农村到城市工作很大程度上是农民工自主决策的结果。因此，对于解释"我国农民工群体为什么会长期存在并不断扩大"这个问题，农民工迁移决策的自主性和自愿性使得考察他们的打工动机非常重要。

围绕农民工的打工动机，本章将首先考察永久迁移理论（permanent migration paradigm）和家庭策略理论（household strategy paradigm）关于农民工打工动机的争论。两种理论的争论源于更一般的移民理论，而且迁移行为也是我国农民工的显著特征，因此本章也将在更一般的意义上对移民理论，尤其是移民动机理论，进行考察，从而为考察我国农民工的迁移动机提供理论基础。本章对经验调查资料的分析表明，农民工的打工动机呈现层次性特征，既包括直接动机，也包括深层动机。根据农民工打工动机多层结构中的终极价值目标，农民工的打工动机可以划分为四种类型：个体荣誉、个体前途、居家需求、家庭发展。这四种打工动机的区别主要体现在它们的地理取向（城市或农村）和社会取向（个体或集体）上。农民工的打工动机也会随着打工过程中工作和生活条件的变化而变化。虽然农民工的打工动机具有多样性和可塑性，但是这些动机是农民工群体长期存在和不断扩大的微观动机和动力基础。

关于农民工打工动机的争论

就农民工的打工动机而言，学术界存在两种主流视角，即永久迁移理论和家庭策略理论。而且，这两种视角对农民工打工动机的不同认识也影响了对农民工其他相关问题的研究，因为两种视角在一定程度上对农民工的性质及其行为取向进行了不同的理解，而这种理解又会影响对其他相关问题的界定。永久迁移理论认为，由于城市中较高的生活水平和现代化的生活方式，永久迁移意愿是农民工进城打工的主要动机；而家庭策略理论认为，农民工只是将打工视为满足农村家庭需要的手段，不一定是要永久地向城市迁移。

永久迁移理论的基本假设是农民工"具有将家庭带到城市并在城市中定居的意愿"（Fan，2008：11）。作为一种理论视角，这种理论除了给出这个基本假设之外，也对这个假设进行了逻辑论证，并将这个假设应用于相关的经验问题研究中。具体而言，发展经济学和移民理论都为这个基本假设提供了理论支持：农村和城市之间的结构性差异将会吸引农村剩余劳动力到城市非农业部门工作。对于农村剩余劳动力而言，到城市和更发达地区去，从而获得更高的工资、更好的社会服务、更多的就业机会、更现代化的消费方式，也是他们的合理选择（Cai et al.，2008；Li，2008；Hare，1999；Lewis，1954）。在发展经济学那里，城市中现代化工业部门的高工资对农村劳动力的吸引是工业化发展带动城市化进程的主要机制。在移民理论那里，城市和较发达地区优越的生产和生活方式是劳动力迁移的主要拉力。永久迁移理论之所以可以称为一种农民工研究的主流理论，是因为其基本假设和理论逻辑已经被直接或间接地应用于关于农民工的其他问题的研究中。比如，以这个基本假设为基础，当前的研究考察了农民工的迁移决策（Lee and Meng，2010）、农民工在城市中的社会适应（Connelly et al.，2011）、农民工在城市中的生活状态（吕途，2013）、农民工永久迁移意愿的变化（Li，2006）、工业化和城市化等结构转型（Chai and Chai，1997；Li，2006）、制度设置的批判（Chan and Buckingham，2008；Huang，2010）以及农民工的意识和抗争（Lee，2007；Lo and Jiang，2006）等问题。

但是，农民工的迁移意愿本质上是一个实证问题，需要经验研究的证明。如果这个问题得不到实证分析，基于这个假设的所有研究将会变得无根无据。因此，很多研究也对农民工的迁移意愿和定居意愿进行了实证调查和经验分析。但是，这些研究的结果不尽相同。有些研究认为，总体而言，农民工并没有强烈的在城市定居的意愿。比如，在对五个城市的农民工进行调查的基础上，黄乾（2008）认为大部分农民工没有强烈的城市定居意愿。有些研究认为，农民工的城市定居意愿正在变得越来越强烈。比如，Zhu and Chen（2010）认为，农民工在城市定居的意愿越来越强烈，目标也越来越清晰，而且城乡之间的结构性差异强化了他们的城市定居意愿。还有些研究认为，总体而言，大部分农民工具有城市定居意愿，但是目标城市有所不同。比如，Tang 和 Feng（2012）认为，很多在大城市工作的农民工计划回到当地的小城市定居，从这个意义上说，无论他们打算定居的城市是不是他们想工作的城市，农民工都具有在城市定居的意愿。更有一些研究认为，并不是所有的农民工都有城市定居意愿，或者他们的城市定居意愿的强烈程度并不相同。比如，Fan（2011）在北京城中村进行调查的基础上发现，并不是所有的农民工都具有城市定居意愿，即使举家在城市打工的农民工也没有使得这种意愿变得更强烈；但是，她也承认那些年轻的、受教育程度更高的、技术水平更高的、城市生活参与度更高的农民工则具有更为强烈的城市定居意愿。

虽然结论不尽相同，但是以上分析具有两个重要启示。首先，永久迁移理论并不足以分析农民工的打工动机问题，因为并不是所有的农民工都是为了在城市定居而进城打工的。此外，很多研究还表明，不断流动可以成为农民工对抗企业和政府的一种手段，因为流动所产生的退出效应对企业和社会的稳定都提出了挑战（Wang and Wu，2010；韩长赋，2011）。其次，如果不是所有的农民工都具有强烈的城市定居意愿，那么下面这个问题仍然需要进一步考察：面对城市更高的工资收入和更多的就业机会，为什么只有一部分农民工具有这种城市定居意愿呢？或者，城市定居意愿产生的背后逻辑是什么呢？

对永久迁移理论的直接理论挑战是家庭策略理论。家庭策略理论将农民工家庭而不是农民工个体视为分析单位，认为农民工外出打工是一种家庭策略，这种家庭策略不仅可以增加家庭收入，而且可以帮助家庭规避劳动力市场和商品市场中的各种风险（Fan and Wang, 2008；Fan, 2008；Zhang and Luo, 2013）。与收入来源多样化（income diversification）和风险最小化（risk minimization）相关，相对剥夺（relative deprivation）——家庭在农村社区中相对地位的变化——也被视为家庭策略的一个原动力。因此，农民工的家庭策略不仅与家庭结构和家庭经济条件相关，而且与社会环境相关，尤其是农村社区和社会网络（蔡昉、都阳，2002；李强，2003）。也就是说，农民工外出打工的一个重要目的，是要提高家庭在农村社区和社会网络中的相对地位。此外，与迁移行为的"性别视角"（gender-sensitive approach）相一致，家庭策略理论的另一个相关问题是性别和迁移之间的关系。对于我国农民工而言，作为家庭策略的打工生活往往伴随着家庭分割策略（split-household strategy）。受我国传统家庭文化的影响，妇女更可能留在农村从事农业生产，而男性则更可能离开农村到城市打工。无疑，这种家庭分割策略是有助于男性在城市中打工的。

并不是所有的农民工都具有强烈的城市定居意愿，同样也不是所有的农民工都将打工生活视为家庭增加收入、规避风险、提高社会地位的策略。因此家庭策略理论也不足以概括农民工的打工动机。这里的问题仍然是：面对城市中更高的收入和更多的就业机会，为什么有些农民工仅仅将打工视为一种家庭策略，而不是要在城市中定居呢？

现有研究表明，永久迁移理论和家庭策略理论虽然都不足以全面描述和解释农民工的打工动机，但是它们也都对分析农民工打工动机提供了一些重要线索。首先，两种理论指出了农民工打工动机的两种地理取向：城市定居和农村需要。其次，两种理论及其争论也指出了影响农民工打工动机的两种重要因素：家庭结构和家庭生活，以及城市工作环境和生活状态。

迁移理论及其对迁移动机的理解

为了更好地解决永久迁移理论和家庭策略理论之间的争论，以及更好地分析和解释农民工的打工动机，对迁移理论和迁移动机理论进行分析是十分必要的。首先，两种理论都不足以对农民工的打工动机进行描述和解释，这需要我们寻找更多的理论资源来回答这个问题。其次，永久迁移理论和家庭策略理论都是基于国内和国际迁移理论而发展出来的关于我国农民工打工动机的理论（Dong，2011；Lee and Meng，2010；Korcelli，1994；King et al.，2008）。因此，对迁移理论进行梳理可以使我们更好地从理论上理解这两种视角，从而更好地描述和解释我国农民工的打工动机问题。

迁移理论多种多样，因此一些学者会发表文章对这些理论进行专门分析。根据移民理论所针对的问题，Massey 等（1993）将移民理论划分为两种类型：关于初次移民（the initiation of migration）的理论和关于后续移民（the perpetuation of migration）的理论。其中，关于初次移民的理论包括微观和宏观的新古典经济学理论、新经济学理论、二元劳动力市场理论、世界体系理论等；关于后续移民的理论包括社会网络理论、制度理论、积累性因果理论、移民系统理论等。但是这种划分的缺陷是，初次移民和后续移民所提出的是两类问题，而任何一种理论都可以同时解释两种问题，比如社会网络理论也可以用来解释初次移民问题。另外一种划分方式是 Boyle 等（1998）按照理论假设和理论性质所做出的区分。他们将移民理论分为决定主义理论、人文主义理论和综合性理论三种类型：决定主义理论强调客观结构的影响，但没有充分重视移民的主观能动作用；人文主义理论强调移民的迁移决策过程，但对客观结构的关注不够充分；综合性理论则强调结构性因素和能动性因素之间的相互作用。在此基础上，Samers（2010）划分出了决定性理论和综合性理论两种类型：前者包括推拉理论、新古典经济学理论、行为主义理论、新经济学理论、二元劳动力市场理论、劳动力市场分割理论、结构主义理论；后者包括社会网络理论、跨国性理论、性别理论、结构化理论等。但是这种划分方式也只是注重理论的方法论特征，没有关注这些理论所针对的问题，因此这种划分方式因过于抽象而脱离具体问题。

一种更好的划分方式是围绕各种移民现象中存在的普遍问题对各种理论进行分类和整合。在这种分类中，某种理论可以用来解答一个或多个问题，这也可以更加充分地使用各种理论资源来回答具体的问题。第一个问题是结构可能性（structural possibility）问题，即什么样的结构和制度因素为迁移的发生提供了可能性？但是这些结构和制度因素并不是决定性因素，因为这些结构和制度因素并不保证迁移一定会发生，只是提供了迁移的可能性。相关的理论包括推拉理论、宏观新古典经济学理论、二元劳动力市场理论、劳动力市场分割理论、结构主义理论和世界体系理论等。第二个问题是资源可得性问题，即移民可以利用哪些经济、政治、社会和文化资源来帮助他们决定和实施迁移行为？如果说结构和制度仅仅为迁移提供了可能性，那么资源可得性则为迁移提供了必要的条件和手段，但两者都不必然导致迁移行为的发生。与资源可得性相关的理论包括社会网络理论、性别理论、微观新古典经济学理论、二元劳动力市场理论、劳动力市场分割理论、制度理论、积累性因果理论和移民系统理论等。第三个问题是决策过程问题，即移民进行迁移的动机是什么？有没有其他的替代方案？他们是如何进行选择的？相关的理论包括微观新古典经济学理论、新经济学理论、相对剥夺理论、社会网络理论、行为主义理论、结构化理论、性别理论和移民文化理论等。

在这个分类体系中，与迁移动机相关的理论只是分析迁移行为的一个重要方面。但是，为了理解迁移行为，迁移动机分析又是十分重要的因素。只有在迁移动机催生了迁移行为之后，我们才可能以此为基础来分析迁移行为发生的结构可能性和资源可得性。这也是本书首先分析农民工打工动机的原因。为了避免重复，本章将不再重述所有迁移理论的基本观点，而是集中讨论迁移动机理论中的一些争论，包括经济动机和社会动机之间、动机中的理性因素和非理性因素之间、动机的个体属性和集体属性之间、动机分析中共时状态与历时过程之间的争论。由于这些争论都是围绕微观新古典经济学理论展开的，下面将详细介绍强调个体属性、经济动机、理性因素和共时状态的微观新古典经济学理论，并以此为基础介绍关于迁移动机的相关争论。

在微观新古典经济学理论中，个体是迁移决策的主体；个体被视为对迁移成本和收益进行理性分析的"理性人"；而这些成本和收益很大程度上都是经济成本和经济收益；个体的迁移动机很大程度上都是静态分析，即做出迁移决策时的动机。Massey 等（1993：434-435）用下面这个公式来形容迁移涉及的成本和收益：

$$ER(0) = \int_0^N [P_1(t) P_2(t) Y_d(t) - P_3(t) Y_0(t)] E^{-rt} dt - C(0)$$

其中，$ER(0)$ 代表迁移之前的净收益预期；$P_1(t)$ 是避免被遣返的可能性；$P_2(t)$ 是在迁移目的地找到工作的可能性；$Y_d(t)$ 是在目的地工作的收入；$P_3(t)$ 是在当地找到工作的可能性；$Y_0(t)$ 代表在当地工作的收入；r 代表折扣系数；$C(0)$ 代表迁移过程中所产生的总成本。

对于微观新古典经济学理论的第一个批评是围绕经济动机和社会动机之间的关系展开的。微观新古典经济学理论强调就业可能性、工资差异等经济因素，而移民文化理论等迁移动机理论则强调移民对迁移行为所赋予的文化内涵。比如，墨西哥年轻人将迁移视为成年的一个重要标志，具有重要的文化和社会内涵（Kandel and Massey, 2002; Gil and Gang, 2010）。这说明，移民为迁移行为赋予的不同文化意义使得迁移动机超出了经济范畴。这不仅要求我们同时考察迁移行为涉及的经济动机和文化动机，而且要求我们将迁移行为和迁移动机放在具体的社会情境中进行考察。

对于微观新古典经济学理论的第二个批评涉及迁移动机中的理性因素和非理性因素之间的关系。微观新古典经济学理论认为移民是迁移收益和成本的理性计算者，但是其他一些移民动机理论则强调价值观念等非理性因素。比如，行为主义理论就指出了迁移决策过程中所涉及的价值观念和目标导向等非理性因素[①]（Samers, 2010）。虽然这种区分与经济动机和社会动机的区分紧密相关，但是，需要注意的是，经济动机和社会动机都既可能存在于理性层次上，也可能存在于非理性层次上。

对于微观新古典经济学理论的第三个批评与个体分析层次和集体分析层次相关。微观新古典经济学理论强调迁移决策是个体层次上做出的，而新经济学理论和相对剥夺理论等则强调家庭内部和家庭之间的关系。比如，新经济学理论虽然也强调迁移对于提高收入多样性和规避市场风险的经济功能，但是也强调将家庭作为分析单位。作为新经济学理论的扩展和应用，相对剥夺理论认为迁移往往被移民视为提高家庭相对地位的策略（Stark and Bloom, 1985; Katz and Stark, 1986; Lauby and Stark, 1988; Stark and Yitzhaki, 1988; Stark and Taylor, 1991a, 1991b）。这意味着家庭内部和家庭之间的社会关系也会进入移民的决策过程，尤其是会影响他们的迁移动机。

[①] 非理性价值和非理性行为应该做出明确的区分。非理性行为主要是指决策过程中对事实关系产生的错误认识；非理性价值则主要是指任何决策过程中都包含的价值理念和动机。

对于微观新古典经济学理论的第四个批评涉及共时状态和历时过程之间的争论。微观新古典经济学理论虽然也强调迁移的决策"过程",但仍然将其考察范围局限于迁移行为发生之前的决策过程,而没有考察迁移和工作过程中迁移动机所发生的变化。而社会适应理论则更多地考察迁移发生之后的迁移过程(江立华,2003;梁波、王海英,2010)。这对于我国的农民工研究非常重要,因为他们并没有在迁移发生之后很快地融入和定居于城市社会中,而是经常往返于城市和乡村之间,而且很多人也认为终有一天会回到农村(吕途,2013;Li,2008)。

总而言之,为了理解农民工的迁移动机,我们必须考察经济动机和社会动机、动机中的理性因素和非理性因素、动机的个体属性与集体属性、动机分析的共时状态与历时过程等各种因素。本章以下各部分将说明,我国农民工的迁移动机呈现多层次特征。具体而言,受家庭和社区生活的影响,经济动机和社会动机会出现在移民动机的不同层次上,经济动机往往是在理性和有意识的层次上,而社会动机则出现在非理性和潜意识的层次上;社会动机往往为经济动机提供更深刻的动力支撑;而且,农民工的迁移动机在迁移过程中会发生变化。但是,这些动机都是农民工打工生活的理由,为他们的打工生活提供了动力和支撑。

农民工打工动机的分层结构

为了获得农民工的深层打工动机,不断地询问访谈对象"为什么"的问题,从而发现访谈对象给出的打工动机背后的价值因素。研究发现,农民工的打工动机呈现多层次结构:这个结构既包括经济动机,也包括社会动机;既包括理性因素,也包括非理性因素;既有个体因素,也有集体因素。在其社会行动理论中,帕森斯(Parsons,1937)将社会规范、价值观念和目标导向区分开来。同样,如果农民工的行为选择是以直接目标为导向的,那么手段选择和目标导向都受到社会规范和价值观念的影响。吉登斯(Giddens,1984)也认为能动性存在于三个层面上:行为的反思性监控、理性化和深层动机。但是吉登斯认为反思性监控的最大特征是这个过程发生在有意识的层面上,而深层动机则很大程度上是无意识的,理性化则处于两者之间,很大程度上也是有意识的。同样农民工的打工动机也可以按照其意识程度发生在不同的层次上：深层的打工动机往往是无意识的，而直接的打工动机是有意识的。经济动机往往是直接动机，而社会动机则是深层动机。

就农民工的直接打工动机而言，"挣钱""学技术""个人成长"是三种主要的直接打工动机。大部分中年和年长的农民工是以挣钱为直接目的的。这也和他们的家庭经济生活状态相关，他们挣钱主要是"为了给父母养老""为了小孩上学的学费""为了盖房子"等。而年轻的、单身的农民工则更多的是为了学技术和个人成长。对于那些学技术的年轻农民工，他们认为"自己没有好好上学"或者"不喜欢上学"，而且"职业学校学到的东西也不一定实用"，"上了职业学校，也不一定能够找到工作"，所以必须通过打工来学习谋生技术。对于那些以个人成长为直接目标的年轻农民工，他们认为自己"还没有成熟"，尤其是"不能控制自己的情绪""不能很好地和陌生人打交道""不会交朋友""不会说话"，甚至很多年轻农民工曾经"游手好闲""打架斗殴"。但是他们也认识到"混社会"或"锻炼自己的社会技能"是至关重要的。因此他们到城里打工，"接触了更多的人"，在这个过程中让自己"成长了起来"，从而为以后的"混社会"学习更多的社会技巧，让自己变得成熟。

就打工动机的分层结构而言，在直接的、有意识的打工动机之上，存在不同层次和类型的深层动机。按照分层结构中层次的数量，农民工的打工动机分层结构可以分为简单的和复杂的分层结构。当访谈对象说出他们的直接动机——包括"挣钱"、"学技术"或"个人成长"——之后，访谈者会追问："你为什么要挣钱（学技术或者个人成长）？"这样，农民工深层的打工动机便显露出来了。这些更深层的动机包括"给父母看病""还债""供小孩上学""盖房子""给小孩娶媳妇""在城市里买房子""找更好的工作""开工厂""做生意"等。更为重要的是，有时候"为什么"的问题需要问好几次，访谈对象仍然能够找到更深层次的理由。也就是说，农民工的打工动机分层结构中层次的数量存在很大差异。有的仅有两层——由一个直接动机和一个间接动机组成。比如，有个访谈对象在说出"挣钱"的直接动机后，他的间接动机就是要"供小孩上学"，而且"供小孩上学"是"天经地义"的责任，是"没有什么理由的"。有的农民工的打工动机分层结构则更加复杂。而且，不同类型的分层结构与生活经历有关。调查中发现，同为年轻而单身的农民工，来自同一个村子，在同一个工厂里打工，"是否订婚"就让两个访谈对象的打工动机发生了深刻变化。订婚的那个访谈对象就考虑到"存钱，减轻父母的负担"以准备结婚，而没有订婚的那个访谈对象仅仅想"见识见识外面的社会"，而且说"自己还没有玩儿够，也没有准备好结婚，所以还不想结婚，也不想结婚的事儿"。

就更深层次的打工动机而言，城市定居和家庭需求出现在了分层结构的顶端。这似乎和前面介绍的永久迁移理论和家庭策略理论的结论相同。但是，如下一部分将要说明的，永久迁移理论和家庭策略理论都不足以全面地描述和解释农民工的打工动机，而城市定居和家庭需求是现实中同时存在的两种打工动机；此外，城市定居意愿和满足家庭需求的性质也比上述两个理论视角所说的内容更加复杂。

城市定居：目的还是手段

永久迁移理论的基本假设是，由于城乡和地区之间在工资收入、就业机会、生活水平等方面的结构性差异，所有的农民工都有强烈的城市定居意愿，这也是农民工打工的主要动机。但是，实证研究发现，并不是所有的农民工都具有强烈的城市定居意愿。而且对于那些具有城市定居意愿的农民工而言，城市定居所具有的意义也是不同的：有些农民工将城市定居视为一种手段，而有些农民工将城市定居视为目的。更为重要的是，是否具有城市定居意愿以及将城市定居视为手段还是目的，都受到农民工生活状态的影响，尤其是受到家庭生活状态和城市工作环境的影响。

在具有城市定居意愿的农民工中，刚开始打工生活的、年轻的、单身的农民工更倾向于将城市定居视为最终目的。这些农民工来到城市、拿到了"更高的工资"、"吃到了不同的食品"、"看了更多的电影"、"买了时髦的手机"、"见过了大型的购物中心"、"逛过了名胜古迹"、经历了"只要肯干，就能挣钱"和"规律的生活方式"之后，他们感受到了"与农村完全不同的城市生活方式"，并对城市生活产生了好感。他们发展出了永久迁移和城市定居的意愿，从而可以享受更好的生活条件。另外，这些农民工的家庭责任很轻，因为他们的父母还在工作，他们没有结婚，也没有孩子需要照顾。因此他们都有"大干一场"的决心。

不过这些农民工的城市定居意愿具有两个特征：一是这种意愿是个人取向的，二是这种意愿是基于"激情"的。当问及他们是否知道政府政策所规定的"城市定居条件"的时候，他们往往并不清楚当地城市定居的条件是什么，也不知道如何才能真正实现城市定居。也就是说，这种城市定居意愿往往是非理性的，或者说是感性的。

对于另外一些具有城市定居意愿的农民工而言，城市定居并不是最终目的，而是实现家庭发展目标的条件或手段。这些农民工往往是在城市中打工多年的、中年、已婚、短距离迁移的农民工。他们的家庭责任也不是很重：父母"身体也还可以"，夫妻双方"也还年轻"，还可以"再打拼几年"，小孩还小，因而"花销不大"。总而言之，家庭收入总有盈余。而且这些农民工在城市中的工作和生活环境还不错：这些农民工主要集中在制造业和服务业中，工作也需要一些技术，有些人甚至得到了晋升成为管理者或者"工头"。当问及他们为什么要在城市定居的时候，他们往往是要"为孩子成长创造更好的条件"，因为在城市里"学校的质量更好"，"考高中、大学更容易"，"即使是义务教育，质量也更好"，而且"选择性也更大，在城市上了职业学校，工作也更稳定"。他们就是"不想让孩子再走自己的老路，要让孩子有个更好的前程"。

这里我们可以发现，这种城市定居意愿不是个人取向的，而是集体取向的，尤其是孩子教育和家庭发展。而且这些农民工的城市定居意愿是基于理性思考的。他们知道城市定居的条件是什么，也知道城市定居后所得到的好处有哪些。比如，某访谈对象说，小学阶段的义务教育已经在全市统一了，农民工的子女也可以在城市中接受小学义务教育。但是，初中教育还没有放开，小孩必须在城市里参加小升初的考试，如果合格就可以在城市里上初中；如果成绩不合格，小孩就必须到户口所在地上初中。而且他说，当地乡镇上初中的教育质量不好，很少有小孩能够考上高中和大学，"一耽误就是一辈子"。需要说明的是，这里的理性，并不仅仅是说城市定居被视为一种手段，而且是说他们在发展出城市定居意愿的时候，是否理性地考虑过实现的可能性。

因此，对有些具有城市定居意愿的农民工而言，他们更深层次的打工动机是家庭发展，而城市定居只不过是实现家庭发展的一个手段而已。这种现象超越了永久迁移理论和家庭策略理论及其非此即彼的争论，因为这些农民工的打工动机同时具有家庭策略和永久迁移的特征,只不过作为家庭策略的打工是通过城市定居实现的,因此永久迁移也就成为这些农民工打工动机的一部分。

作为家庭策略的迁移:家庭的意义

上一部分的分析表明,有些具有城市定居意愿的农民工也是为了家庭发展而打工的,这足见家庭对于农民工打工动机的重要意义。这一部分则主要关注这些没有城市定居意愿的农民工的打工动机。对于那些没有发展出城市定居意愿的农民工而言,家庭生活则是他们打工的主要动力。这看起来与家庭策略理论的结论是一致的。但是,如下文所表明的,家庭策略理论往往只注重家庭的经济生活,而农民工的家庭生活的内涵和作用方式比这种界定和理论要复杂得多:作为一个整体的家庭及其与其他家庭的关系可以影响农民工的打工动机,即家庭间关系引致的打工动机;家庭内部关系也可以影响农民工的打工动机,即家庭内部关系引致的打工动机。

首先,家庭间关系引致的打工动机是指家庭作为一个整体为了维持存在和谋求发展而产生的需要。具有较重家庭负担的农民工的打工动机往往是为了维持农村家庭的生存和发展。较重的家庭负担也意味着这些农民工都是中年农民工。其中,有些农民工"有年迈的父母需要照顾",如果父母有病在身,他们还必须借债为父母治病,打工挣钱是为了偿还债务,并继续为父母治病。有些农民工需要为"孩子上学"(尤其是上大学)而打工挣钱,他们常常感觉"孩子在城市里读书花销很大",因此必须外出打工才能满足孩子的经济需要。还有些农民工的孩子已经独立,而且也开始了打工生活,但是他们的"责任必须到孩子结婚才结束",所以必须通过打工挣钱为孩子结婚做准备;有的地方必须在村里盖房子,而且因为"钱不值钱了"或者"钱毛了"(即通货膨胀),现在盖房子已经变得非常昂贵;有的地方,尤其是在距离城市较近的地方,孩子结婚必须在城市里买房子。还有一些农民工家庭负担虽然不重,但是他们担心自己会"落在亲戚朋友后面",所以坚持在城中打工。显然,这些农民工更加关心的是他们的家庭在农村社区和社会网络中的相对定位。这些家庭负担都是家庭作为一个整体所产生的需求。也就是说,在农民工看来,他们都是把家庭整体的需要作为自己的责任来看待。对这些农民工而言，他们的打工动机是家庭间关系所引致的，因为农民工将家庭视为一个单位，而这种对家庭的定义的基础是将各个家庭视为独立的、相互比较的实体。

其次，家庭内部关系引致的打工动机是指家庭内部关系对家庭成员产生影响并使他们产生了打工的需求。这些农民工也把他们自己作为家庭成员看待，但是他们打工的主要动机不是满足家庭的整体需要，而是满足在家庭影响下产生的个体需要。其中最关键的因素就是个体荣誉的获得，即要提高个人在家庭中的地位。这种打工动机的发现过程十分有趣：在访谈过程中，有些访谈对象的陈述没有什么逻辑，而且也说不清楚他们的打工动机。但是，在与一位长者的访谈中发现了很多农民工隐含的打工动机。这是一位来自浙江省的66岁的农民工，他当时在济南的工地上做看守工作，而且已经在济南待了6个多月了。这是部分访谈内容。

问：您家很需要钱吗？比如，您的孙子上学，是不是花销很大？
答：不需要。除了种点地之外，我儿子和儿媳都在当地的工厂里工作……他们可以挣到足够的钱。
问：您这么大岁数了，为什么还要跑那么老远来山东打工？
答：只是来玩一玩。（当时感觉老爷子很有意思，年龄很大，心理还很年轻嘛，喜欢经历新鲜事物。那么，就和他聊聊济南的名胜古迹吧！）
问：您去过大明湖、千佛山和趵突泉吗？感觉怎么样？
答：没去过。我对这个城市并不熟悉。而且工地上也挺忙的，必须待在工地上。（可是，玩一玩，也没有必要跑这么远，待在工地上啊！）
问：玩一玩！总不能跑这么远来济南的工地上玩一玩啊？您太有意思了！（此时，老人家也不知说什么好，只是保持沉默）
问：如果您不来这里，您会做什么？（不得已，为了继续聊天，只能随便聊聊了）
答：我会去其他地方打工。（总而言之，他是要工作的）
问：如果您不工作的话，家里其他人还是一样对待您吗？
答：当然不会了，他们会认为我好吃懒做，是家里的负担。

>问：您的意思是，您无论如何都去打工，就是为了让家人尊重您？
>答：当然了！你说的是对的。（他还向我竖了一下拇指）

这也许是一个偶然的发现。但是随着访谈对象的增多，调查发现，很多农民工外出打工仅仅是为了获得家里人的尊重，获得个人的荣誉。这些农民工的共同特征是，在经济上他们的家庭并不迫切需要他们去挣钱。但是，他们就是感觉"不能闲着""不能好吃懒做""不能无所事事"，否则"父母会失望"或者"被家里人看不起"。这些农民工往往是未成年的（十五六岁）农民工、家境不错的女性农民工、年老的农民工。

打工过程中打工动机的变化

关于农民工打工动机的永久迁移理论和家庭策略理论集中考察农民工做出打工决策时的动机，因此倾向于认为农民工的打工动机是不变的，至少没有关注农民工的打工动机在打工过程中的变化。同样，很多迁移理论也没有考察迁移动机在迁移过程中的变化。我国农民工并没有立即实现城市定居，而是处在长时间的流动中。为了理解农民工的打工动机，流动过程中农民工打工动机的变化也变得十分必要。通过访谈发现，农民工的打工动机在迁移过程中是变化的。为了说明这种变化，这一部分也将集中讨论两种深层的打工动机的变化，即城市定居意愿和家庭需求满足的变化。

调查中发现了农民工打工动机的两种变化：激进化和保守化。激进化过程是指农民工城市定居意愿变得更加强烈的过程。激进化过程主要发生在两个时点上。第一个时点是农民工刚刚开始城市打工生活并经历到城乡之间不同生产生活方式的时候。访谈中发现，在决定外出打工生活的时候，大部分农民工没有强烈的城市定居意愿，他们的主要目的就是挣钱、学技术、个人成长、获得个体荣誉、满足家庭需求等。但是，对那些年轻的农民工而言，家庭负担较轻，而且他们感觉自己有很多的时间去打拼和试错。当他们经历了城市中更高的工资和更多的就业机会后，当他们喜欢上城市中现代化的生产生活方式之后，他们就发展出了"要在城市立足"的抱负。第二个时点是农民工在城市中获得稳定工作甚至得到晋升的时候。这些农民工往往是中年农民工，家庭负担不是很重，工作比较稳定，晋升带来了更高的工资。他们感到"有可能在城市中生活",因此看到了城市定居的希望。

保守化过程是指农民工城市定居意愿弱化的过程,也是农民工变得更加关注农村家庭需求的过程。这个过程主要发生在两种情境下,而且这两种情境往往又发生在激进化的两种情境之后,这也使得很多农民工难以维持强烈的城市定居意愿。在第一种情境下,在开始进城打工并经历了城市生产生活方式之后,年轻农民工发展出了比较强烈的城市定居意愿,但是随着他们订婚、结婚和生孩子等一系列家庭责任的出现,他们很可能对城市定居的可能性产生怀疑,因为他们必须把更多的精力和财力放在完成这些家庭责任上。随着结婚和生孩子的花费的提高,很多农民工变得入不敷出和力不从心。他们不得不调低自己的预期,转而更加关注农村家庭生活水平的提高。在第二种情境下,在农民工获得了稳定的工作和较高的收入的时候,如果他们在实现城市定居之前就遇到孩子上大学和结婚带来的家庭责任,那么他们就很可能搁置城市定居的计划,而将精力更多地放在孩子的教育和婚姻上。

总结:打工动机的类型和变化及其因果分析

在批判性地分析关于我国农民工打工动机的两种主流范式——永久迁移理论和家庭策略理论——之后,本章在总结和借鉴迁移理论和迁移动机理论的基础上对农民工的打工动机进行了分析。这一部分将对农民工打工动机的多样性进行总结,并对这种多样性产生的原因和影响进行分析。

第一,就农民工的打工动机而言,当前两种主流的理论视角——永久迁移理论和家庭策略理论,任何一种都不足以描述和解释农民工打工动机的多样性。而各种迁移动机理论关于经济动机和社会动机、理性动机和非理性动机、个体动机和集体动机、动机状态和动机变化的争论则表明迁移动机具有多样性。访谈资料表明,我国农民工的打工动机呈现层次性特征。虽然农民工的打工动机分层结构中动机的数量和类型有些不同,但是这些分层结构的总体特征是:直接动机往往是他们能够意识到的经济动机,包括"挣钱"、"学技术"和"个人成长"等;而更深层次的动机则是他们平时意识不到的社会性动机。在各种分层结构的顶端,最深层的两种打工动机是城市定居意愿和家庭需求满足。但是，和永久迁移理论不同，这里的城市定居意愿既可以是在城市实现家庭发展的手段，也可以是农民工打工的最终目的；和家庭策略理论不同，这里的家庭策略包括家庭成员、家庭整体、农村社区和社会网络之间的相互作用。

从农民工深层次的打工动机来说，农民工的打工动机围绕以下两个维度呈现多样性特征：第一个维度是地理取向，包括农村取向和城市取向两种变化；第二个维度是社会取向，包括个体取向和集体取向两种类型。地理取向和社会取向将农民工的打工动机划分为四种类型：个体荣誉、个体前途、居家需求和家庭发展（见表3-1）。

表3-1　农民工打工动机的类型

社会取向	地理取向	
	农村取向	城市取向
个体取向	个体荣誉	个体前途
集体取向	居家需求	家庭发展

第二，农民工打工动机的多样性具有横向和纵向两个方面的表现。横向的表现主要是不同的农民工可能会具有不同的分层结构；纵向的表现主要是同一个农民工的打工动机可能在打工过程中发生变化。横向的表现主要是上面提到的农民工打工动机的类型，即有的农民工是为个体荣誉而外出打工，有的农民工是为个体前途而外出打工，有些农民工是为居家需求而坚持打工，还有一些农民工是为家庭发展而坚持打工。纵向的表现主要是农村取向和城市取向之间的此消彼长。其中激进化过程是指农民工在打工过程中发展出更强烈的城市定居意愿的过程；而保守化过程是指农民工在打工过程中降低城市定居意愿而更加关注农村生活的过程。农民工打工动机的多样性使得我们不能仅仅用永久迁移理论或者家庭策略理论来理解农民工的打工行为。

第三，什么因素导致了农民工打工动机的多样性呢？本章的分析力图发现和总结具有不同打工动机的农民工的社会特征，包括年龄、打工距离、性别、职业、家庭生活等方面的特征。在这些特征中，对农民工的打工动机具有直接影响的是他们在打工过程中对"生活可能性"的计算。以城市定居意愿为例，农民工会对城市生活状态与城市定居条件进行比较。如果他们进行了这种分析，就会发展出理性的定居意愿，否则只能是情绪化的定居意愿。此外，他们感到的定居可能性越大，他们的意愿也越强烈，也越可能发展出实现城市定居的具体计划；相反，如果他们感到定居的可能性很小，他们往往更加关注家庭责任和农村消费。而且这个计算过程持续地发生在打工过程中，也使得农民工的定居意愿在打工过程中发生变化。而影响他们对定居可能性的计算又与家庭生活和城市工作环境有关，或者说，家庭负担越重，城市工作越稳定，工资越高，农民工感受到的定居可能性越大，城市定居的意愿也越强烈。

第四，多样性的打工动机的影响是什么呢？农民工打工动机的多样性可以从微观层次上部分地解释"为什么农民工群体会长期存在和不断扩大"这个核心问题。农民工群体是由一个个农民工组成的，因此了解农民工的打工动机可以从总体上分析农民工群体的长期存在和不断扩大。只要农民工还有打工的必要性，而到城市和更发达地区打工又可以满足他们的需求，他们就会有动力离开农村去城市工作。而且调查发现，农民工所具有的打工"必要性"有多种来源，包括个体荣誉、个体前途、居家需求和家庭发展等。这些"必要性"都为打工生活提供了价值导向和动力，使得农民工坚持打工生活，而且越来越多的具有这些需求的农村居民到城市打工来满足这些需求。更为重要的是，由于家庭生命周期和城市工作环境变化的作用，农民工在不同的人生阶段会有不同的打工动机，这些动机使得很多农民工总能找到打工的理由，这也是他们坚持在城市打工的动力机制。比如，一个年轻的农民工开始的时候可能仅仅是为了个体荣誉而外出打工，只是为了不让父母失望；其后，他可能更加关注谋生技术的学习，从而为今后的生活和职业打下基础；当他订婚、结婚、生育孩子、父母年迈的时候，家庭责任又使得他更加关注居家需求；如果家庭责任还不够重，他又获得了更稳定的工作和更高的工资，甚至在管理和技术上有所发展，他可能为了城市定居而努力，进而在城市买房子定居，否则随着年龄增大而放弃城市定居意愿，转而更加关注孩子的城市定居意愿。总而言之，多样性的打工动机成为不同农民工打工的微观基础，也成为农民工持续在城市打工的微观基础。

第四章
农民工的生活态度

　　结合职业界定、产业界定和身份界定,本书以农民工的"打工生活方式"来界定他们,并提出了"农民工群体为什么长期存在和不断扩大"或农民工群体结构化的机制问题。在批判性地分析关于农民工群体的各种研究范式的基础上,本书认为劳动体制范式可以将农民工的动机态度和文化制度结合起来,从而更加全面地回答这个问题,并为移民问题、城市化问题和工人抗争问题的研究提供更综合的经验基础。上一章从微观层次上考察了农民工的打工动机,本章将继续在微观层次上进行分析,讨论农民工对待打工生活的态度。本章的基本假设是农民工的打工动机不同于农民工的生活态度,因为农民工具有打工动机并不意味着他们必然接受打工的生活方式。比如,当农民工有打工的替代方案时,他们可能有一天会放弃打工生活。再比如,农民工抗争行为的研究表明,强烈的城市定居意愿可能使得农民工抵制资方的违法行为(吕途,2013;Lee,2007)。也就是说,农民工对待打工生活的态度是一个非常重要的问题,因为他们的态度会直接影响他们对待打工生活、劳动关系和社会关系的态度和行为(Bohner and Wänke,2002)。就本书的写作目的——解释农民工群体的结构化——而言,农民工的生活态度也是一个非常重要的问题,因为这个问题的研究也可以帮助我们在微观层次上理解农民工的长期存在和未来发展。

　　在对农民工态度的相关研究文献进行梳理之后,本章将集中考察他们对打工生活方式持有的态度,并揭示农民工生活态度的形成机制。

第四章 农民工的生活态度

关于农民工态度的现有研究

由于农民工生活态度的重要性,现有研究都直接或间接地考虑了这个问题。就这个问题而言,现有研究中主要存在两种观点:一种观点认为,农民工持有积极态度——接纳打工生活的态度,即积极观点;另一种观点认为,农民工持有消极态度——反对打工生活的态度,即消极观点。从现代化理论出发,积极观点认为农民工对打工生活持有积极态度,因为打工背后是以工业化、城市化和世俗化为核心的现代化过程。在这个过程中,打工生活本身意味着个人生活和社会整体的进步,意味着人口从农业和乡村向工业和城市的流动。从劳工政治和社会不平等理论出发,消极观点认为农民工对打工生活持有消极态度,因为打工意味着打破传统的或计划体制下的组织制度,并将社区居民或社会主义劳动者变为劳动力的过程。在这个过程中,作为劳资关系中弱势的一方,打工者往往面临着不公平的待遇,也因此对打工生活持有消极态度。

关于农民工态度的积极观点在宏观层次上将农民工的态度放在工业化和城市化的背景下进行考察。这种观点认为,在传统的乡土社会中,农村居民与土地发展出了深刻的联系和感情,这也导致了乡土社会中很低的人口流动性、长老统治、男女有别、差序格局、礼俗秩序等特点(费孝通,[1941] 2004)。但是以工业化和城市化为特征的现代化过程中,农民对于土地和农业生产的态度发生了深刻转变。尤其是,工业部门的劳动力需求和高工资与城市中的生活消费方式使得农村居民更加向往非农生产方式和城市生活方式(吕途,2013;Zinda,2006)。在这种背景下,打工也会被农民工视为摆脱传统生产生活方式和迈向现代生产生活方式的过程和手段。因此,农民工也会对打工生活发展出积极的态度。另外,我国社会在改革开放之后进行的社会主义市场化改革也打破了计划经济体制的弊端,增强了生产要素(尤其是劳动力)的流动性,调动了劳动力的劳动积极性,提高了农业生产的生产率。农村剩余劳动力能够通过打工来增强自己的生产能力和提高自己的生活水平。因此,与计划经济体制相比,打工也是一种更加自由、更加有效的生产方式(Wright,2010;Brandt and Rawski,2008)。在微观层次上,关于农民工积极态度的观点认为,在我国的结构转型和体制转轨过程中，通过纵向比较——对原来生活和现在生活的比较——农民工对于城市生活和未来生活的预期很低；通过横向比较——对自己和他人的比较——农民工倾向于认为自己的人力资本更少。因此，农民工往往对打工生活、社会公正程度、社会条件等持有积极态度（Li and Li, 2007）。

与此相反，关于农民工态度的消极观点认为，农民工往往对打工生活持反对态度，而不是接纳态度。从阶级理论和公民理论出发，这种观点认为，农民工的产生过程就是农村劳动力无产化的过程，是传统村民变为现代工人的过程，因此不可避免地与雇佣者发生冲突（Ngai and Lu, 2010；沈原，2006）。我国政府对经济发展的强调也使得地方政府更多地鼓励投资从而拉动地方经济增长，这使得企业得到了更多的优惠，也使得工人面临着更加不公正的待遇，因为廉价劳动力是吸引投资的重要手段之一（Lee, 2007；Huang, 2010）。关于农民工抗争行为的研究也表明，农民工逐渐发展出了利益意识和权利意识，对他们的现有生活方式也变得越来越不满，从而为当前的社会制度提出了挑战（Hannan, 2008；Chan, 2008）。在微观层次上，这种观点认为，在农民工——尤其是年轻的农民工——进入城市之后，他们越来越多地对自己的生活方式和城市居民的生活方式进行比较，这也会强化他们的不公平意识，从而对他们的打工生活持有反对态度（吕途，2013）。

这两种观点虽然截然相反，但也都指出了关于农民工态度研究的一些重要的问题。为了更好地理解农民工的态度，我们必须对两种观点进行批判性分析，对其中涉及的问题进行明确，从而更好地考察农民工对待打工生活的态度。

首先，农民工的"态度"的界定问题。两种观点都面临着农民工态度的界定不清问题。从农民工态度的对象来看，现有的研究涉及农民工对农业生产的态度（Zinda, 2006；吕途，2013）、对家庭生活和农村社区的态度（Myerson et al., 2010；Fan, 2008）、对城市工作和生活条件的态度（Chan and Qiu, 2011；Jiang et al., 2009）、对社会公正和社会秩序的态度（Li and Li, 2007；吕途，2013）、对国家政策和政府行为的态度（Lee, 2007）等多种态度。那么，这些态度之间的区别和联系又是什么呢？虽然这些态度的对象存在差异，但是其中有些态度也是密切相关的。第一，其中有些态度不过是农民工对打工生活方式的态度的组成部分。比如，他们对城市中的工作和生活条件、家庭生活和农村社区的态度是他们打工生活态度的组成部分,因为城市和农村的生产和生活状态都是他们打工生活方式的主要特征。第二,还有些态度会受到他们对打工生活方式的态度的影响,比如对国家政策和政府行为的态度。农民工的社会态度很大程度上也依赖于他们对自己工作和生活条件的态度。因此,本研究将集中考察农民工对打工生活方式的态度。回答这个问题既可以解决因关注打工生活的某一方面而带来的矛盾性观点,也可以更好地理解农民工对国家政策和政府行为的态度。

其次,现有的研究涉及打工动机和未来预期与生活态度之间的关系。两种观点都强调预期和现实之间的比较对于态度形成的决定性作用。积极观点认为,农民工较低的生活预期是产生积极的接纳态度的主要因素。由于他们的生活预期很低,所以对于城市定居的意愿就没有那么强烈。如果打工能够满足他们更加现实的需求,他们就会对打工生活持有接纳态度。消极观点认为,农民工的利益和权利意识会导致他们的不满,甚至是抗争。农民工的利益和权利意识,使得他们具有更加强烈的城市定居意愿,更想获得与城市居民平等的工作条件、工资水平和福利待遇,因此他们对现在的打工生活倾向于持反对态度。但是,用预期解释态度的这种逻辑具有两个缺陷。第一,除了预期之外,农民工的认知框架和身份认同也会影响他们的态度。比如,他们对资源分配规则的认识就会影响他们是否认为现有的资源分配状况是合理的;他们对于自己人力资本的认识也会影响他们对待打工生活方式的态度。第二,如果农民工的动机和预期会影响他们的态度,那么面临这种现实和预期之间的反差,他们或者会调整他们的态度,或者会调整他们的预期,从而获得一种平衡。因此农民工的态度和动机都要放在过程当中去理解,也要放在影响他们的预期和态度的制度背景中来理解。

最后,现有研究认为,社会比较是影响农民工的动机和态度的主要机制。比如,积极观点认为,农民工所做的比较包括将城市打工生活与农村生活进行比较,将较落后的来源地的经济收入和较发达的打工地的经济收入进行比较,将自己的生活水平与其他农村居民的生活水平进行比较,将自己的受教育水平和城市居民的受教育水平进行比较。通过这些比较,农民工倾向于认为他们的生活水平有所提高,而他们的人力资本又不如城市居民,因此他们倾向于接受打工的生活方式。而消极观点认为,农民工倾向于将自己的工作强度与城市居民的工作强度进行比较，将自己的工作条件与城市居民的工作条件进行比较，将自己的生活水平与城市居民的生活水平进行比较，将自己的福利待遇与城市居民的福利待遇进行比较，将自己的发展前途与城市居民的发展前途进行比较，将自己的生活状态与成功市民化的农民工的生活状态进行比较。这些比较往往使得他们认为自己遭遇了不公平的待遇，因此倾向于对打工生活持反对态度。问题是：是不是不同的农民工所采用的参照群体会有不同，并进而影响他们的生活态度呢？

总而言之，本章将讨论的是农民工对于打工生活方式的态度，而不是对打工生活的某一侧面的态度，也不是农民工对整个社会的态度，虽然他们对于打工生活方式的态度会影响他们对打工生活某些侧面的态度和对社会的态度。围绕农民工对待打工生活方式的态度，本章将讨论动机、认知和态度之间的关系，从而发现农民工打工生活态度的形成机制，进而更好地回答本书的核心问题。

农民工的动机与态度

上面的分析表明，农民工的打工动机和生活预期往往被视为他们打工生活态度的决定性因素。现有研究认为，如果他们仅仅是想通过打工挣钱从而满足农村的居家需求，那么他们通过打工获得的更高工资就会满足他们的预期，从而对打工生活方式持有接纳态度。相反，如果他们想要在城市定居，那么他们在发现他们的生活方式和城市居民生活方式的差距之后，就会对打工生活产生不满，从而对打工生活方式持反对态度。

事实是否如此呢？农村或城市取向的打工动机是不是打工生活态度的决定性因素呢？调查发现，持有城市取向动机的农民工也可能对打工生活方式持有接纳态度，持有农村取向动机的农民工也可能对打工生活方式持有反对态度。也就是说，农民工的打工动机虽然与他们的生活态度有很大的关系，但是并不能决定农民工对待打工生活方式的态度。

首先，有些具有农村取向动机的农民工的确因为打工满足了他们的需求而对打工持有接纳态度。上一章中提到了两种农村取向动机，即个体荣誉和居家需求。那些为个体荣誉而来到城市打工的农民工感觉他们在城市中打工能够"贴补家用"，还能够让自己"不会无所事事"，因此家里的人都在跟他"说好话"。也就是说,他们获得了家里人和周围人的尊重。虽然家里人会"碍于面子"——主要是"竟然让老人打工"的流言蜚语——不想让他们再去打工了,但是这些农民工心里清楚:一旦不去打工,自己也会变得没有价值了。对于年轻人和中年妇女,他们的家人则更加赞成他们外出打工。那些因居家需求而外出打工的农民工也倾向于认为外出打工确实使他们挣到了更多的钱,能够满足家里的需求,比如"可以给父母治病""可以支付孩子的学费了""可以给娃盖房子了"等。这时,他们也对打工生活方式持有接纳态度。

其次,有些具有城市取向动机的农民工也会对打工生活持有反对态度。那些想通过学习谋生技能而事业有成的农民工感觉到,他们年轻的时候确实学到了一些技术。但是,学到技术之后,他们也就有了更高的追求,比如成为技术骨干、成为管理者、获得更高的工资,甚至在城市里买房子定居等。其后,他们也感觉自己更高的追求很难得到满足,于是便感到失望,也就对打工生活失去信心,对打工生活持有了某种反对态度。而那些为了家庭发展而想在城市定居的农民工,他们知道了更多关于城市定居的条件,也知道了更多关于农民工发展方面的限制,并对自己的打工生活及其前景有了更加清楚的认识,因此往往对打工生活持有反对态度。即使是那些很有希望实现城市定居的农民工,也认为"十几年的打工生活,太苦了"。

再次,有些具有农村取向动机的农民工也会对打工生活持有反对态度。这些农民工虽然通过打工实现了他们的预期,满足了他们的需求,但是他们对生活状态非常不满意。很多农民工提到"必须抛家舍业""要与老婆孩子分离"。还有些人提到工作环境"太恶劣"。在建筑业的农民工经常说起:他们必须在临时工棚里吃住,与城市隔绝。即使是那些在服务业和制造业工作的农民工,也认为他们生活状态很差,因为他们大都居住在租用的民房里或者工厂宿舍里。

最后,有些具有城市取向动机的农民工也会对打工生活持有接纳态度。这些农民工虽然对现在的生活状态很不满意,但是他们对打工生活方式持接纳态度,因为他们认为打工生活方式今后还是可以满足他们的愿望和预期的。这些农民工也认为打工生活非常辛苦,但他们还是坚持认为打工是有前途的。有的农民工的亲身经历告诉他们,通过自己的努力,自己可以做得更好。尤其是那些在服务业和制造业里的技术型农民工,他们通过学习技术，在技术岗位或者管理岗位上得到了晋升，获得了稳定的工作和更高的工资，因此认为今后他们也可以做得更好。有的农民工也曾听说，在他们那个行业或者工厂里，有些农民工曾经通过打工而"得到了提拔"、"学到了技术"、"开了公司"或者"买了房子"等。因此他们也认为自己有一天可以得到更好的回报，实现自己的愿望。

总而言之，无论是持有农村取向的动机还是城市取向的动机，农民工都有可能对打工生活方式发展出接纳和反对态度。以上分析有以下几点启示。首先，与打工动机相比较，农民工往往将打工生活方式视为一种满足动机或实现预期的手段。这也是打工动机影响打工生活态度的主要机制。当打工可以满足他们的需求的时候，农民工倾向于发展出对打工生活方式的积极接纳态度，否则他们就会持有消极拒绝态度。其次，打工能否满足需求是一种可能性，而不是一种现实。也就是说，打工生活现在还没有帮助他们满足需求，但如果他们认为打工在未来可以满足他们的需求的话，他们也会对打工生活持有接纳态度。再次，农民工对现在生活状态的态度不同于他们对打工生活方式的态度。如果他们对打工生活方式的态度取决于这种生活在未来能否满足他们的需求，那么，即使他们现在的生活状态并不舒服或者优越，他们也可能接纳这种生活方式，因为这种生活方式是"有可能"满足他们的需求的。最后，打工动机并不是农民工打工生活态度的决定性因素，因为即使打工生活满足了他们的某些需求，他们也可能不接纳这种生活方式，尤其是当他们对现在的工作和生活状态不满意的时候。这里的问题是，除了打工动机之外，还有什么因素影响了他们对打工生活方式的态度呢？

打工的替代方案与打工生活态度

上面的分析表明，能否满足需求和实现动机是影响农民工打工生活态度的重要因素之一，而且农民工都是将打工生活方式视为一种满足需求的手段来看待的。但是，打工动机并不是打工生活态度的决定性因素。此外，上面提到的"接纳"和"拒绝"两种态度也是相对而言的。调查发现，农民工对打工生活方式持有一定程度上的接纳态度，否则他们也不会外出打工了。在将打工生活视为一种手段的前提下，除了农民工的打工动机之外，

第四章 农民工的生活态度

还有哪些因素影响他们对打工生活方式的接纳程度呢？

访谈中，访谈对象会被问及"你为什么来这里打工"，这个问题是为了得到他们的打工动机而设计的。但是，当被问到这个问题时，很多访谈对象的回答是"我没有什么选择"或者"没有更好的办法"。显然，这里访谈对象谈到的不是他们的动机，而是他们在一定的动机之下对手段的选择。从这里出发，访谈发现，农民工会对打工生活和打工的替代方案进行比较，而这种比较是影响他们打工生活态度的另一个主要因素。也就是说，当农民工有打工的替代方案而且替代方案实施和成功的可能性越大，农民工对于打工生活方式的拒绝态度越强烈，接纳程度也就越低。反之，当农民工没有打工的替代方案或者实施替代方案的可能性越小，他们对于打工生活方式的接纳态度越强烈，拒绝态度也就越微弱。而且，具有不同生活经历的农民工所认识到的替代方案也不相同。

年轻的、刚开始打工的单身农民工往往将打工生活与教育相比较，从而对打工生活方式持有比较强烈的接纳态度。无论他们在建筑业还是在制造业和服务业工作，这些年轻的农民工刚刚从学校毕业或辍学，因此他们往往用教育上的失败来证明外出打工的合理性。对于学业的失败，他们往往有两种归因方式。在第一种归因方式中，访谈对象说"我就是不喜欢学习""上学很无聊""太多东西需要学，学不会"等。这种感觉更多地把教育上的失败归结为自己。同时，他们也说"上学是很重要的""上学可以让我不再干体力活""父母也支持我继续读书""父母曾经想让我去上职业学校"等。但是他们就是因为厌学才"辜负"了父母的期望。他们认为学业的失败是自己造成的，因此他们为了弥补自己给父母带来的失望，也为了自己能够有一技之长来谋生，他们"不得不"来到城市里打工，从而可以学习技术，也可以减轻家庭负担。由于上学——作为打工的替代方案——行不通，而且他们认为学业的失败是自己造成的，所以他们往往对打工持有很强烈的接纳态度。

在第二种归因方式中，访谈对象说"上学没用""学费太贵""学校不好""教学质量不高""考上大学也可能站柜台"等。这种观点更多地把学业上的失败归结为学校教学质量不高或者受教育没前途等。但是，他们仍然认为学习技术是不错的选择，只是"不知道学什么好"。同时，这些人往往会有"可能再去学校学技术"的想法。虽然他们也在一定程度上接受了

劳动光荣：农民工群体及其结构化

打工的生活，但是一旦他们发现打工生活并不能帮助他们学习"高级技术"、"打工也没有什么前途"、"打工生活非常艰苦"或者"打工非常无聊"，他们可能会考虑再去学校学习技术。当他们看到了其他可能性——尤其是替代方案比打工生活"更有前途"和"更体面"——的时候，他们往往对打工生活持有某种程度上的拒绝态度。[①]

另外一个影响农民工对打工生活方式的态度的比较是将打工生活和农村生活进行比较。那些已经在城市中打工多年的农民工和年长之后才开始在城市打工的农民工都感觉，他们已经没有可能再通过教育来跳出打工的生活方式了。首先，即使那些农民工还年轻，多年的打工经历也使他们熟悉了打工生活，忘记了学校里学到的知识，他们认为不可能再回到学校了。其次，对那些家庭责任较重的农民工而言，即使他们有去学校的想法，也都因家庭责任较重而没有时间和收入来支持他们的想法。最后，那些年长之后才开始打工的农民工是抱着"打零工"的态度来打工的，根本就没有想过什么职业前途和教育。因此，对于很多这样的农民工而言，他们认为唯一可能摆脱打工生活方式的途径就是回到农村从事农业生产和在农村生活。

在对农村生活和打工生活进行比较的农民工中，大部分认为农业生产和农村生活已经不可能替代打工生活了，因此对打工生活方式持有更强烈的接纳态度。但是农业生产和农村生活为什么不能成为打工生活的替代方案呢？访谈对象给出了两种解释：一种是文化上的解释；另一种是经济上的解释。就文化上的解释而言，有些农民工认为自己已经"习惯了"工业生产和城市生活，因此不可能再回到农村了。他们已经习惯了"按时上班和下班"的有规律的生活，习惯了"有活干，肯干活，就能挣到钱"的工作方式、"穿上干净的工作服"的工作环境、"经常去超市买东西"的生活方式、"按时去餐厅吃饭"的生活规律、"在外打拼"的自豪感。相反，生活在农村的话，生活没有规律、"下地干活又脏又累"、（搞养殖）"要和鸡

[①] 本研究的主题是解释农民工对待打工生活的态度，因此讨论教育问题可能会偏离主题。但是，农村居民的教育确实是一个大问题。在访谈中发现，城乡之间的教育资源存在差异，出身农村的孩子的学习态度确实不够端正，留守儿童的教育给农村青少年的发展造成了很大问题。而且学校教育中关于"打工"的话语也确实导致了农村青少年"考不上学就去打工挣钱"的想法。

鸭一起睡觉"、"生活也不如城市方便"、"生活（内容）不够丰富"、"买不到质量好的东西"、"靠天吃饭，无所事事"。就经济上的解释而言，有些农民工认为"地里的活儿不多"、"化肥、农药越来越贵"、"挣不到钱"甚至会"赔钱"、"其他的营生风险很大"。因此，很多农民工家庭虽然还在农村保有土地，并由一些家庭成员从事农业生产，但是他们往往将农业生产视为"保底"的副业来看待，而打工才是他们家庭收入的主要来源。农业不可能成为打工的替代方案就是因为打工带来的收入远高于农业生产。当然也有很多农民工同时具有文化和经济上的解释，他们既习惯了城市的生产和生活方式，又认为从事农业生产不能够满足生活需求。

但是，在对农村生活和打工生活进行比较的农民工中，也有些人认为农业生产和农村生活可以成为打工生活的替代方案，甚至是更好的选择，因此对打工生活方式持有更微弱的接纳态度。访谈对象也从文化和经济两个方面对农业生产和农业生活可能带来的好处进行了说明。从文化上说，很多农民工认为城市生活很"残酷"。因为他们在城市里没有就业保障和养老保险，所以他们总是认为自己终有一天会回到农村。而且，现在农村的社会福利制度在逐步完善，土地本身也可以作为一种生活保障来看待，因此他们还是感觉在农村更加"踏实"。还有农民工认为城市生活中人际关系很"冷"或"无情"。从人情关系上说，他们认为他们没有归属感，他们虽然会有朋友，但是朋友只是在找工作的时候相互帮助而已；这些朋友一旦分开，也就没有太多联系了，除非是来自同一个家族、亲戚网络或村子的亲戚和朋友。当然也有人认为城市里的工作很辛苦、"不自由"和"没有前途"，建筑业的农民工认为工作环境太差，制造业的农民工认为工作强度很大。从经济上说，很多农民工认为打工不过是暂时的。只有年轻的时候才能从事那些劳动强度很大的工作。有人认为，农村现在也有很多机遇，比如有很多人认为可以回农村从事养殖饲养；也有人认为，可以去农村接手那些没有人耕种的土地，购买大型农机，进行规模经营；还有人认为，现在农村都不种传统的粮食作物了，都在用"大棚"种菜（温室种植）。在农村的这些工作，不仅时间上更加自由，而且工作强度不会很大，挣的钱也不一定比在城市里少，还可以和家人亲戚相互帮助。当然，对于"不再打工"的预期会影响他们对待打工生活的态度。如果他们认为回农村的可能性还很小，他们对打工的接纳态度也会更强烈；如果他们认为回农村的可能性很大，甚至已经准备好回农村的话（比如"下半年就回去"或者"过两年就回去"），他们对现在的打工生活的接纳态度就会很微弱。此外，如果他们认为现在的打工是为了挣钱投资从而回农村有更好的发展，那么打工的理由也就更充分了，他们对打工生活的接纳态度也是很强烈的，因为打工可以让他们"攒点钱，以后搞经营"。

农民工最大的特点就是他们从农村迁移到城市，并在城市里从事非农业生产。因此，农民工群体的产生和扩大与农村发展具有紧密的联系。理解农民工群体也离不开对农村生产和生活方式的变化。第六章还要具体说明农村生产生活方式的变化对农民工群体产生和扩大的影响。此外，解决农民工问题更离不开农村的发展。韩长赋（2007）认为农民工的前途有两个：回农村和留城市。如果回农村是农民工的一个选择，那么农村的发展方向也是一个必须思考的问题。[①]

最后一个影响农民工打工生活态度的比较是对打工生活和自主创业的比较。虽然并不是所有的农民工都有过自主创业的想法，但是对于那些有过这种想法的农民工而言，他们对于打工生活方式的态度很大程度上取决于他们对于自主创业可能性的看法。此外，自主创业的经历（如果有的话）又会影响他们对创业可能性的认知。从自主创业的形式来看，农民工的想法可谓多种多样：有的人说"要到农村组织建筑队，主要在农村为别人盖房子"；有的人说"要自己找几个人一起在城里搞装修"；有的人说"要回到镇上去开百货商店"；有的人说"要开理发店"；有的人说"要回家，从工厂里包活儿干"；有的人说"去开饭店"；有的人说"要去搞拆迁和运输"；等等。农民工眼中的自主创业形式有些是与他们打工所学的技术相关的，比如要去开饭店的往往是以厨师身份打工的，要去开理发店的往往是在美容美发店里打工的。但是也有一些农民工的自主创业形式和他们打工的行业没有什么关系，他们的创业想法往往来自和亲戚朋友的"闲聊"。但是，所有这些有过自主创业想法的人往往是基于榜样、通过和打工生活相比较发展起来的。他们在工作地点或通过亲戚朋友的交流知道了一些通过自主创业而获得成功的榜样，然后他们将成功人士的生活境遇和自己的打工生活状态相比较，认为打工生活没有什么前途，而自主创业才是跳出农

[①] 限于研究目的，针对农村发展问题，本书只能在最后总结部分提出一些初步思考。

村生活和打工生活的渠道。此时，如果他们感到自己自主创业的可能性比较大（虽然不能立即进行创业，还必须再打工一段时间），比如他有朋友可以合作，或者他已经有了一定的积蓄作为启动资金，那么他们就会对现在的打工生活方式产生较强烈的反对态度，而对自主创业的兴趣很高。反之，他们也会思考自主创业的成本和风险。比如有个农民工就说他们也可能是"只见过贼吃肉，没见过贼挨揍"，也就是说，在创业的过程中可能会遇到各种各样的困难和风险。因此，很多农民工虽然有自主创业的想法，但是他们也会因创业过程中可能遇到的困难和风险而对自主创业的可能性产生怀疑，所以他们对自主创业的自信度就比较低，他们也会对现在打工生活持有更强烈的接纳态度。

如果说有些农民工将自主创业视为打工生活方式的一种替代方案的话，那么农民工群体的产生和扩大也和农民工自主创业机会缺乏有很大关系。因此，解决农民工问题的一个有效的渠道是为农民工提供自主创业的机会和条件。

农民工对打工生活方式态度的变化

和他们的打工动机一样，农民工对待打工生活方式的态度不仅在农民工之间存在差异，而且对某个农民工而言也会在打工过程中发生变化。根据他们对待打工生活方式接纳程度的高低，农民工在打工过程中可能会经历乐观化和悲观化两种过程。乐观化的过程是农民工对打工生活方式的接纳程度升高的过程；而悲观化的过程是农民工对打工生活方式的接纳程度降低的过程。

乐观化和悲观化过程背后的逻辑就是动机合法化机制、替代方案可能性机制和打工生活选择性机制。动机合法化机制是指动机能否为打工生活提供动力支持。动机合法化机制的核心是打工动机和打工态度之间的关系，其中，打工动机是目的，打工生活是手段。如果打工生活能够满足打工动机，农民工倾向于接纳打工生活；反之，农民工就会对打工生活持反对态度。但是当打工生活不能满足打工动机的时候，农民工可能会降低他们的预期，调整打工动机，也会为现在的生活提供一种动力支持。

动机合法化机制只是指出了影响打工生活态度的一个因素，即动机，

劳动光荣：农民工群体及其结构化

另外一个因素就是农民工对打工替代方案及其可能性的认识。替代方案可能性机制是指农民工对于替代方案是否存在和实施是否可能的认识会影响他们对打工生活方式的接纳程度。在动机一定的情况下，如果教育、农业生产和自主创业被认为是比打工生活更有效的满足预期的方式，农民工就倾向于对打工生活持反对态度；反之，在认识到替代方案的困难和风险之后，或者在经历了替代方案的失败之后，他们还是会发展出对打工生活方式较强烈的接纳态度。

还有一个影响农民工对打工生活方式接纳态度的因素，即打工生活中的选择性。前面的分析表明，农民工对待打工生活状态的态度和对待打工生活方式的态度应该分开，因为受打工动机的驱使，虽然有些农民工对打工生活状态很不满意，但是对打工生活方式持接纳态度。同样，农民工对待具体工作的态度和对待打工生活方式的态度也应该分开，因为虽然有些农民工对他们当前的工作不满，但是他们可能会从事其他的工作。不过，即使换了工作地点和行业，他们仍然是在过着打工的生活。也就是说，打工生活的多样选择可能会强化他们对打工生活方式的接纳态度，因为他们会通过选择不同的行业和工作地点来实现和满足他们的预期和需求。

动机、替代方案和打工选择性都可能影响农民工对待打工生活方式的态度。访谈中发现，有的农民工对打工生活方式的态度主要受其中一种因素的影响。但是，对有些农民工而言，三种因素都不同程度地影响了他们对待打工生活方式的态度。具体到什么因素会影响他们对待打工生活方式的态度，这又取决于他们的家庭生活状态的变化和他们在城市的打工经历。而且，乐观化和悲观化只是某一个阶段中发生的相对变化，如果放在更长的时间段中进行考察，一个农民工可能会经历乐观化和悲观化的交替。

为了说明农民工对待打工生活方式的态度的变化过程及其背后的逻辑，下面这个案例可以帮助我们很好地理解各种因素对他们态度的影响。S是一个在北京接受访谈的农民工。他才43岁，但已经在外打工26年了。17岁的时候，他离开四川，到新疆去铺路。虽然他在新疆只工作了三个月，而且由于老板的欺骗而没有拿到工资，但这开始了他的打工生活。在新疆"闯荡"之后，他曾经在山西、天津、吉林和内蒙古等地打工。在这些地方先后从事过建筑、煤矿开采、石油开采等工作。在从新疆和山西工作之后，他曾经回到农村和家庭团聚。在新疆，他没有挣到钱；在山西，恶劣的工作环境（矿井）下的辛苦工作也没有给他带来预期的收入。因此，他对打工很"生气"。

> 太惨了，难以忍受。我只不过想用双手挣钱。但是我受到了欺骗……我甚至被当作"奴隶""卖"到了矿场里……我决定放弃打工了。我想在老家找点事做。

其后，他和一个亲戚学习厨艺。这一阶段他也是在打工，但是他打工的目的是学习谋生技术。而且他希望在学得厨艺之后再自己去开餐馆。这个时候，他对打工又持有一种接纳态度了，因为这是学习技术的"又好又快"的方式。这个经历说明，如果打工能够满足他的动机和预期的话，他就可以接纳打工的生活方式。

后来，他如愿以偿地开了餐馆。开始的时候生意还好，而且餐馆规模也扩大了：由最初的小餐馆变成了装修精美的大餐馆。但是，后来由于餐馆周围的小区要重新规划，所以他的餐馆被迫关闭。这时候，他却没有足够的钱去还因投资餐馆而借的钱。而且他也感到开餐馆"劳心劳力，很辛苦"，必须"起早贪黑，没日没夜地干活"。对他而言，开餐馆"并不成功"，所以他不得不再去打工。然后他就在当地的城市里搞建筑，而且也能够挣到钱了。这个经历说明，当打工的替代方案失败以后，打工成了"无奈的选择"，这种无奈使他接受了打工的生活方式。

这个时候他订婚了，全家也就开始为他"盖房子、娶媳妇张罗了"。年龄变大的他开始主动地承担家庭责任了。这个时候，他还是感觉做建筑工人挣的钱不多，而且起早贪黑地往返于农村和城市之间，也很辛苦。所以，他又不去做建筑工人，而开始在家里养鸡了。不过一年之后，他又破产了。按照他的解释，养鸡的失败主要是由养鸡公司和他之间的中间商造成的，因为这些人总是按照市场价格给他提供劣质的饲料。那怎么办呢？他说：

> 那些年，我总想做生意……但是，一切尝试都显得很困难，甚至感觉做生意行不通。当我开餐馆的时候，我必须工作到深夜两三点……但是，结果并不好，没挣到钱，还赔钱……养鸡的时候，虽然没赔钱，但

是也没赚到钱，浪费时间了……此时，我发现，原来跟着我出去打工的人坚持打工，却挣到钱了。甚至很多人还成了工头，也在承包一些小活儿……

替代方案的失败，和其他人打工的成功，使得他又有了打工的打算，他又对打工充满了信心。2004年他又开始去做建筑工人了。他去了北京，而且那一年建筑公司也没有拖欠工资。2004年底，他高高兴兴地回家过了一个年。其后，他也在工厂里工作过，但是他感觉工厂里的工作非常"无聊"：计件工资弄得他很累，压力很大；他的生活被限制在工厂里，没有自由；而工厂里的工作并不比建筑工人挣的钱多。因此，他还是放弃了工厂里的工作，去搞建筑和装修。也就是说，作为农民工他有选择城市、行业和地点的自由，可以根据自己的偏好选择更合适的工作。这也使得他很高兴："和上一个工作相比，这个工作更好。"

我对他进行访谈的时候，他正在北京做建筑工人，而且他还从老家带了几个年轻人一起工作。六个月前，他刚从广州来到北京。当时，他儿子已经初中毕业，上了职业学校。职业学校是私立学校，学费还挺高。这时候他的所有想法就是，给孩子挣学费，然后在老家盖房子。据他说，以后为了给孩子找工作，甚至为了给孩子在城镇买房子，自己还要坚持打工。他说：

现在已经没有太多想法了，不再想去开餐馆创业了……现在虽然离家很远，但是能够挣到比老家更多的钱……建筑业非常不稳定，需要不定期换地方，但也比在工厂里好一些。

这个案例说明，农民工都有自己的计算方式。他们对于动机和手段的认知、对不同方案的选择会影响他们对打工生活方式的态度，也会引起这种态度的变化。总体而言，他们将打工视为实现动机和预期的手段。动机和手段之间的不平衡或不匹配会使得农民工改变他们的动机或态度。但是，当动机和手段不平衡的时候，农民工也会寻找替代方案。这种替代方案分为两种：一种是现有工作的替代方案，另一种是打工生活方式的替代方案。如果能够在打工生活中找到更好的替代方案（不同的城市、不同的行业、不同的工厂等），农民工还是会对打工生活持有接纳态度；如果他们只能在打工生活之外找到更好的替代方案（如教育、农业生产或自主创业），他们就会对打工生活持有反对态度。

总　结

　　本章考察了农民工对打工生活方式的态度。本章首先将农民工对待打工生活方式的态度与他们对待打工生活状态以及他们对待现有工作的态度区别开来。农民工对待打工生活方式的态度主要是基于这样一个基本事实：在农民工持有一定打工动机和预期的基础上，他们将打工生活方式视为一种实现动机和预期的手段。而打工生活状态和现有工作不过是打工生活方式的组成部分，虽然他们对待生活状态和工作环境的态度会影响他们对打工生活方式的态度。这种区分可以说明以下这些情况：有些农民工对工作环境和工作状态不满意，但是他们还是会接纳打工生活方式，因为，对他们而言，打工还是最好的满足需求的手段。现在打工的生产和生活状态好于他们之前的状态，他们可能会对当前的生产和生活状态比较满意，但是他们可能对打工生活方式持有消极态度，因为随着自己家庭责任的增大和打工预期的增高，他们可能认为现在的打工生活并不能满足他们的预期和实现他们的动机。

　　就农民工对待打工生活方式态度的影响因素而言，本章指出了三种影响机制：动机合法化机制、替代方案可能性机制和打工生活选择性机制。动机合法化机制的核心是打工动机和打工态度之间的关系。如果打工生活能够实现打工动机，农民工倾向于接纳打工生活；反之，农民工就会对打工生活持反对态度。替代方案可能性机制是指农民工对于替代方案是否存在和实施是否可能的认识会影响他们对打工生活方式的接纳态度。在动机一定的情况下，如果教育、农业生产和自主创业被认为是比打工生活更有效的满足预期的方式，农民工就倾向于对打工生活持反对态度；反之，在认识到替代方案的困难和风险之后，或者在经历了替代方案的失败之后，他们还是会发展出对打工生活方式较强烈的接纳态度。打工生活选择性机制是指在打工过程中地点、行业、职业选择的多样性可能会强化他们对打工生活方式的接纳态度，因为他们会通过选择不同的行业和工作地点来满足他们的预期和需求。

农民工对待打工生活方式的态度也是农民工群体长期存在和不断扩大的一个微观机制。调查中发现，虽然农民工会在某些时点上对打工生活方式非常反感，但是总体而言，农民工还是倾向于对打工生活方式持有积极的接纳态度。正是这种接纳态度使得很多农民工坚持打工，也使得很多农村居民不断地加入农民工的队伍。如果对这种接纳态度进行解释的话，上面说到的农民工对打工生活方式态度的三种影响机制表明，这种接纳态度来源于他们的生活经历：首先，农民工的打工动机证明了他们打工生活的合理性；其次，替代方案的不可能或者失败强化了他们对打工生活的积极态度；最后，打工生活方式的多样性使得他们能够变换工作城市、行业和具体工作地点来满足他们的预期。

农民工对待打工生活方式的态度会影响他们未来的行为，因此理解他们对待打工生活方式的动机和态度能够更好地把握农民工的行为，这也可以为政策制定奠定基础。根据农民工对打工生活方式的动机和态度，我们可以区分出四种农民工。首先，农民工的打工动机可以划分为农村取向和城市取向两种变化；其次，农民工对打工生活方式的态度可以划分为接纳态度和拒绝态度两种状态。在这两个维度上，根据农民工对待打工生活的主观心理状态可以将其划分为四种类型：理想型农民工、冒险型农民工、现实型农民工、消极型农民工（见表4-1）。理想型农民工的打工动机以职业发展和城市定居为主要取向，并认为打工可以实现他们的预期；现实型农民工以个体荣誉和居家需求为主要动机取向，也认为打工可以满足他们的需求；但是冒险型农民工和消极型农民工都对打工生活方式持有拒绝态度，因为他们感觉打工生活并不能实现他们的动机，或者他们认为还有更好的生活方式和生产方式。

表4-1 农民工对待打工生活的动机和态度

农民工打工的动机取向	农民工对待打工生活方式的态度	
	接纳态度	拒绝态度
城市取向	理想型农民工	冒险型农民工
农村取向	现实型农民工	消极型农民工

需要说明的是，这种划分是一种理想类型，但是这种划分为分析农民工的动机态度和行为取向提供了一个框架。这种划分说明了农民工在动机

态度和行为取向上的分化，也说明了农民工在打工过程中在动机态度和行为取向上的变化。从理论上说，这种划分可以更加全面地分析农民工的动机态度和行为取向。但是当前农民工的研究往往只强调某一部分农民工的状态，比如对农民工抗争的研究更加强调冒险型农民工，城市化研究更加强调理想型农民工，移民研究则更加关注现实型农民工。

第五章
生存状态和动机态度

　　围绕本研究的核心问题"农民工群体为什么会长期存在和不断扩大"——农民工群体的结构化问题——本章将对前面两章关于农民工微观动机态度的分析进行总结和进一步分析。这个总结和分析主要集中在三个方面。首先，本章认为农民工的打工动机和对待打工生活方式的态度说明了农民工群体长期存在和不断扩大的微观基础。正是打工动机驱动着农村居民离开村落并进城务工；正是对打工生活的接纳使得农民工群体长期存在和不断扩大。其次，在讨论农民工的打工动机和生活态度的时候，本书一直强调农民工不同的客观生存状态会影响他们的主观动机态度。本章将进一步在微观层次上明确客观生存状态和主观动机态度之间的关系，并提出一个生活方式的理论框架，来揭示农民工群体结构化的微观基础。最后，本章利用生活方式理论对农民工群体结构化微观基础的分析，是制度结构分析和动机态度分析的中间环节。因此，这个分析框架一方面开始关注动机态度的形成机制，另一方面也将本研究的主要内容引向宏观层次上的结构制度分析。

　　本章首先将对农民工研究中的结构制度分析和动机态度分析进行梳理和批判，从而说明宏观层次上的结构制度分析和微观层次上的动机态度分析之间的中间机制的重要性。然后，本章将会提出生活方式理论来说明农民工的主观动机态度和客观生存状态之间的"同构性"和"互构关系"，从而说明农民工维持打工生活方式的微观逻辑和农民工群体长期存在的微观基础。

结构制度分析和动机态度分析的不足

就我国农民工群体的出现和长期存在而言，由于我国的农民工主要是从农村流动到城市以及从不发达地区流向较发达地区，结构分析强调以下两种社会经济结构的作用：城乡二元结构和地区不平衡发展结构。首先，所有的农民工都是从农村流向城市，因此很多学者认为城乡二元结构是我国农民工产生的决定性因素。他们认为，计划经济体制导致了城乡之间的结构性分化，但是改革开放以来城乡之间的差距并没有真正得到解决；而且，这种城乡之间资源分配的不平等体现在基础设施、收入水平、教育水平、社会福利等多个方面（Whyte，2010；Larus，2012；Sicular et al.，2010）。受阿瑟·刘易斯等人的二元部门模型和移民研究中推拉理论的影响，这些学者也对我国农民工产生的市场机制和发展前景进行了分析，并认为农民工现象是一种过渡现象，会随着经济的发展和劳动供给的减少而消失（蔡昉，2007；Gallagher，2007；Long and Ng，2001）。其次，我国改革开放实行了一部分人和一部分地区先富起来的战略，因此我国地区之间的发展很不平衡；加之市场经济的发展，我国的劳动力必然从欠发达地区流向较发达地区。因此，地区之间的不平衡发展结构也被认为是我国农民工产生的结构背景（韩长赋，2007；蔡昉，2011a）。

但是，结构分析仅仅说明了我国农民工产生的结构可能性，不能具体说明为什么其他国家面临同样的社会结构却没有出现农民工现象。一方面，制度分析更加具体地说明了我国特殊的发展轨迹和制度设置，以解释我国农民工的产生和长期存在。其中一个主流范式是"户口范式"（Fan，2008；Chan and Buckingham，2008）。在"户口范式"看来，我国农民工的产生源于对我国内部人口流动控制的放松。另一方面，我国的户口制度还没有完全废除，这导致了农民工群体的长期存在。但是，户口制度绝对不是一个本源性的社会制度；作为一项国家政策，户口制度本身也必须放在国家工业化战略和国家政策体系中进行考察。因此在户口制度的基础上，国家工业化战略、市场化改革、农村制度改革、城市非正规就业、社会福利制度以及社会排斥等制度性因素得到了更多的重视（Fan，2008；李强，2002；Zhan，2011；Chan，2009）。

劳动光荣：农民工群体及其结构化

与结构分析相比，制度分析具有两个优点：其一，制度分析更具体地说明了我国农民工产生的原因，因此解释了为什么我国的工业化和城市化进程产生了大量的农民工，而在其他发展中国家没有产生；其二，和结构分析一起，制度分析说明了为什么农民工在城市中的生存状态（工作性质、工作条件、工资收入、居住条件、消费行为、社会交往等）会差于城市居民。但是，和结构分析一样，制度分析也不能够用来考察我国农民工自己是如何看待他们的生存状态的，尤其是没有说明支持他们在恶劣条件下坚持在城市打工的动机和态度。

农民工的打工动机对于理解他们的打工行为非常重要，因为打工动机是他们进城打工的内在动力。就农民工的打工动机而言，当前的研究主要体现在永久迁移理论和家庭策略理论的争论上。在永久迁移理论看来，城市中有更多的工作机会、更高的工资、更好的社会服务和更现代化的生活方式，因此永久迁移到城市或在城市定居是农民工的合理选择。而且调查数据也显示，很多农民工具有永久迁移的意愿。此外，这种关于迁移意愿的假设往往被用来批判当前阻碍农民工永久迁移的各种制度安排（Hare，1999；Li，2008；叶鹏飞，2011；熊波、石人炳，2009）。但是，这个永久迁移理论遭到了来自家庭策略理论的挑战，因为并不是所有的人都发展出了永久迁移到城市的意愿和计划。相反，很多农民工只是将打工视为增加家庭收入和规避市场风险的一种策略。这个理论视野下的研究试图用当前的制度安排来解释家庭策略动机的产生（Fan and Wang，2008；Zhu，2007；Lee and Meng，2010）。

如果说，像永久迁移理论所说的，永久迁移是农民工一种合情合理的选择，那么为什么很多农民工并没有形成这种意愿呢？如果说有些农民工只是将打工视为一种策略，而有些农民工却发展出了永久迁移意愿，那么他们为什么形成了不同的动机呢？这些不同的动机又是如何形成的呢？这些都是需要具体说明的问题。

农民工的打工动机并不同于他们的生活态度，因为动机是一种动力，而态度涉及对当前生活方式的评价和行为取向。就农民工的态度而言，当前的研究探讨了他们对农村生活的态度、对当前工作的态度、对劳动关系的态度、对城市生活状态的态度以及对社会环境的态度（吕途，2012；Li and Li，2007），但是这些针对个别对象的态度之间是什么关系呢？这些针对他们生存状态的各个侧面的态度是否能说明他们对待整体生存状态的态度呢？回答这个问题要求更加直接地考察农民工对他们的生活方式的态度。

此外，现有研究也表明，不同的农民工会产生不同的态度，主要包括接纳和反对两种态度。很多学者认为，农民工是能吃苦、勤劳作的工人，他们往往接受了农民工的生活方式（Loyalk，2013；Pun，1999）。也有很多学者指出，随着农民工利益意识和权利意识的觉醒，他们往往会反对恶劣的工作条件、要求获得合法的收入。尤其是，第二代农民工具有更强烈的从事体面工作的意愿，因此对当前的工作条件产生了不满情绪（Chan，2010；Lee，2007；Hannan，2008；Chan and Pun，2009）。这里的问题是，是不是农民工群体内部产生了态度上的分化？如果是，他们的态度分化又是如何产生的呢？这种态度的具体产生机制也需要进一步说明。

生活方式理论

以上分析说明：（1）当前关于农民工现象的结构制度分析说明了我国农民工群体产生的结构可能性，也能够解释我国农民工在城市中的生存状态，但是，这种结构制度分析并没有阐释我国农民工对待他们的生存状态的动机态度，因此不能完全解释这个群体的产生和存在；（2）当前关于农民工动机态度的分析一定程度上补充了结构制度分析的不足，从微观层次上说明了农民工群体存在的能动性因素，但是，当前关于农民工动机的研究，也没有说明农民工多样化的动机产生的机制，尤其是没有说明他们的主观动机和生存条件之间的关系；（3）当前关于农民工态度的研究虽然说明了农民工对工作条件、生活状态、劳动关系和社会环境的态度，但是并没有直接考察他们对待打工生活方式的态度，也没有说明他们的生活态度产生的过程和机制。换言之，下面这些问题并没有得到很好的回答：面对相对恶劣的生存状态，农民工为什么还要坚持进城打工呢？他们的打工动机和生活态度到底如何？他们是如何发展出这些动机和态度的呢？

面对这些问题，生活方式理论可以提供更有针对性的回答，因为这个理论能够将社会行动者的动机态度和生存状态联系起来。就农民工而言，生活方式理论可以解释农民工群体的长期存在和不断扩大，也可以将他们的生存状态和动机态度结合起来对他们的生活方式进行说明。

劳动光荣：农民工群体及其结构化

虽然学界并没有一个统一的关于生活方式的界定，但是界定的多样性也说明了这种理论的广泛应用性。王雅林区分了关于生活方式的广义和狭义两种界定：广义上的生活方式涵盖劳动生活、政治生活、物质消费生活、闲暇和精神文化生活、交往生活、宗教生活等多个领域；而狭义上的生活方式则限定在日常生活领域。此外他还指出了另一种关于生活方式的理解：由个人情趣、爱好、嗜好、价值取向决定的生活行为的独特表现形式和特殊的生活习惯、风度和气质。他指出最后一种概念应仅限于特定情境之中，而且"生活"的界定也不能限于日常生活领域（王雅林，1995，2006）。因此，他本人倾向于第一种广义上的界定，而且后来他的研究也主要集中在制度层次上说明生产和生活的关系、社会主义生活方式建设等。但是他也指出生活方式研究可以针对不同领域的生活方式，也可以针对不同社会群体的生活方式，以及社会生活的价值取向和政策研究等（王雅林，2013）。也就是说，生活方式理论具有强大的应用潜力，可以应用于不同的社会群体，可以在宏观、中观和微观层次上进行研究，可以结合主观和客观层次进行考察，可以作为理论框架来使用，也可以用作指导社会实践的价值规范。

本研究就力图对农民工群体的生活方式进行考察，从而揭示这一群体存在的微观基础，并对生活方式理论做出一些补充和完善。为了回答这些问题，布迪厄关于生活方式的论述具有很大的启发意义，尤其是他的"场域－惯习"理论及其对区隔（distinction）的分析。在批判客观结构主义和主观建构主义的基础上，布迪厄提出的"场域－惯习"理论，力图找到客观结构和主观结构的一致性。其中，惯习是被结构化的认知和价值倾向，是客观生活条件的产物；惯习同时又是结构化的力量，是能够通过产生客观结构存在的实践活动（Bourdieu and Wacquant，1992；Bourdieu，[1963] 1979）。这种同时"被结构化的"（structured）又能够进行"结构化"（structuring）的惯习所产生的实践活动正是生活方式的本质。因此，他在《区隔》（*Distinction*）中写道："生活方式的排列原则，或者说生活方式的形成（stylization of life）原则是距离现实世界的不同的客观和主观距离，尤其是物质条件的限制性和实践上的紧迫性。就像作为生活方式的一个维度的审美性情一样……我们不能把某种性情定义为客观的，因为所有性情都是被客观性所内化的，是由生存条件所构成的。"（Bourdieu，1984）由此可见，布迪厄关于生活方式的论述强调的是客观生存状态与主观动机态度之间的"同构性",而且这种"同构性"和生活方式的形成也是社会结构和社会秩序的微观基础。

基于布迪厄的"场域-惯习"理论和关于生活方式的论述,本章力图在微观层次上考察农民工的生活方式,即生存状态和生活态度的互构,从而说明农民工群体长期存在的微观基础。为了结合结构制度分析和动机态度分析,并进而完善生活方式理论,图5-1描述了本研究所使用的生活方式分析框架。

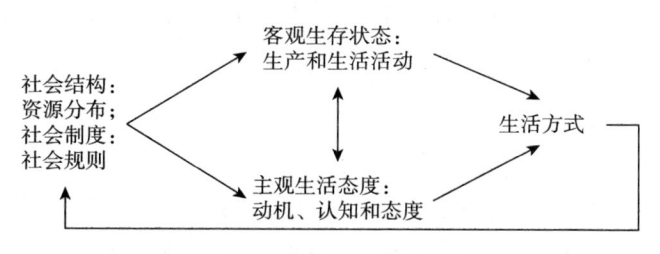

图5-1 生活方式分析框架

这个生活方式分析框架认为,首先,生活方式是由客观生存状态和主观生活态度构成的。其次,客观生存状态和主观生活态度之间是一种互构的过程。再次,客观生存状态和主观生活态度都是由社会结构和社会制度所形塑的。最后,生活方式维持着社会结构的存在和社会制度的运行。从理论上说,生活方式理论可以用来说明劳动体制中的微观因素和宏观因素之间的互动关系。从现实来看,生活方式理论可以将前面关于农民工动机态度的分析与他们的生存状态结合起来,并进而将结构制度因素整合起来。本章将着重分析微观层次上客观生存状态和主观生活态度之间的关系,而本书的第二部分将集中讨论宏观层次上的结构制度因素。

农民工的生存状态

这里所说的生存状态主要是指农民工客观的生产和生活状况,包括产业特征、城市规模、职业特征、工作条件、居住条件、家庭生活、消费结构等方面的状况。其中,产业特征、职业特征、城市规模、家庭生活(与年龄相关)会影响他们的工作条件、居住条件和消费结构。

就工作条件而言,产业特征是决定性因素。一般而言,建筑业农民工的工作条件最为恶劣，因为他们的工作是户外工作，而且对体力的要求很高。但是那些技术性的工作人员，比如装修工的工作条件好很多，他们有自己的劳动工具，通常在室内工作，对体力的要求也不高。总体而言，制造业和服务业农民工的工作条件要好很多，比如工厂车间里有标准化的基础设施和工作时间规定。服务业的农民工，比如理发师要求技术高，为了吸引顾客工作环境也很舒适。

就工作稳定性而言，产业特征、家庭生活和职业特征会产生很大的影响。首先，农民工所从事的建筑业、制造业和服务业等影响了他们的工作稳定性。在建筑业内，农民工的工作稳定性很低。其中建筑公司组织的建筑工人往往可以在某个工地上工作两到三年，而那些个体性的装修工人则更加频繁地变换工作地点。而在制造业和服务业内，农民工的工作相对而言具有稳定性，除非出现危机情况（比如，因经济危机和经营不善而面临倒闭等），他们往往能够长期在某个企业工作。其次，家庭结构和家庭生活的变化会影响他们的工作稳定性。年轻的农民工，由于没有家庭生活的压力以及自己学习工作技能的需要，往往会经常变换工作；而那些有家庭责任的农民工，由于变换工作会给家庭带来很大影响，他们变换工作的时候往往非常谨慎。最后，农民工的人力资本和职业特征会影响他们的工作稳定性。那些在某个企业内获得了晋升而成为底层、中层甚至高层管理者的农民工往往不会轻易地变换工作，因为在其他企业他们可能不会有这么好的工作条件和工作待遇；而那些人力资本较少、职业前途黯淡的农民工，为了增加自己的收入，则会更加频繁地变换工作。

就居住方式而言，农民工主要有以下集中居住方式：工厂内特别搭建的宿舍、企业租用民房用作宿舍、农民工自己租房子。而且，为了降低成本，企业租用的房子和农民工自己租用的房子都是在老城区或者郊区，居住环境和内部设施都较差。首先，产业特征会影响居住方式，建筑工地上的农民工往往居住在工地上临时搭建的集体宿舍内，这些宿舍内部的设施非常简陋，居住环境（工地）也非常恶劣；而那些以装修和维修为业的农民工，往往是在郊区租用民房，生活环境相对较好，但是每天都要往返于工作地和居住地之间；制造业的工人往往居住在工厂内部的宿舍里，这里的居住环境和居住条件相对较好，有基本的家具，而且可以去食堂吃饭；而服务业内的农民工一般居住在雇佣者就近租用的民房里，但是往往比较拥挤，在大城市里要四到六个人共居一室。此外，家庭生活也会影响居住方式，那些举家迁移，或者说两个以上的家庭成员在同一个城市工作的农民工，往往会单独租赁房屋居住。但是这要看城市规模和产业特征，比如城市规模较大，工作地点又不一样的话，农民工的家庭成员也可能不会住在一起，而在中小城市里，农民工家庭成员更可能居住在一起。此外，建筑公司和制造企业往往规定员工必须居住在指定的宿舍里，所以农民工家庭成员也不会住在一起。

就消费结构而言，产业特征和家庭结构（与年龄和生命周期相关）具有显著的影响。建筑业农民工虽然在城市中工作，但是总体上是和城市生活相分离的。他们很少去现代化的超市和购物场所，而且他们的生活领域主要限制在工作场所内部和周围。他们的收入往往都投入农村生活的消费中。制造业和服务业内的农民工则更多地参与到城市生活中，尤其是在周末，他们会去市中心和现代购物场所游玩，甚至是购买一些比较高档的消费品。不过，家庭生活是他们消费支出更为关键的影响因素。那些单身的年轻农民工往往将收入用于个人消费，而且也会购买一些较高档的消费品，比如衣服、手机等；而那些已经结婚的、孩子上学的农民工，他们往往自己省吃俭用，然后把收入花费在家庭消费、子女教育上。

总而言之，我们可以根据他们的客观生存状态将农民工划分为精英农民工和普通农民工。所谓精英农民工是那些具有更多人力资本、工作更为稳定甚至已经晋升为管理者的农民工；普通农民工是那些以体力劳动为主、从事一线生产和服务工作的农民工。需要指出的是，两者之间的收入差别可能并不大，比如建筑业内普通农民工的收入会高于制造业内的精英农民工，所以有些农民工为了追求收入更高、工作更自由的建筑业工作，而放弃了工作更稳定、环境更舒适的制造业工作。

生存状态与动机态度的"同构性"和"互构过程"

面对上述那样的生存状态，是什么在驱动着农民工坚持在城市中工作呢？他们对这种生存状态的态度又如何呢？这一部分将分别说明农民工对待打工生活方式的动机和态度，尤其是要将他们的客观生存状态的分化与他们的主观动机的分化联系起来，说明前者形塑着后者，后者又维持着农民工群体的存在。

就动机而言，本研究的结论基本与之前的研究相似，即有些农民工具有永久迁移城市的意愿，而有些仅仅将打工视为增加家庭收入的策略。与之前研究不同的是，本研究发现：虽然农民工的打工动机具有城市和乡村两种取向，但是在两种动机取向内部都呈现多样性。对于那些有永久迁移到城市的意愿的农民工，有些仅仅是一种愿望，而另外一些则已经有了明确的计划；有些想通过独立经营来实现永久迁移，有些则计划通过在企业内部的晋升来实现永久迁移。对于那些没有永久迁移意愿的农民工，有的是为了满足家庭经济需要而出来打工的，有些是为了学习技能和赢得个人尊重而出来打工的，还有的是为了提高家庭在农村社会网络和社区中的地位而出来打工的。

虽然某一个农民工可能会持有两种或两种以上的动机，但这些动机本身都是受到农民工生存状态影响的。首先，所有农民工的基本动机就是"赚钱"，这是农民工动机的一个共同特征，但并不是所有人都将赚钱放在第一位，有些是将学习技能放在第一位。那些年轻的、刚刚毕业的、单身的农民工没有家庭责任的压力，他们在城市中工作的经历也使他们感到了工作技能的重要性，无论他们以后是要"养家糊口"还是要定居城市，他们认为他们的"第一要务"是学习技能，提高自己。由于不是特别在乎收入的高低，这些农民工存在于建筑业、制造业和服务业等多个产业里；而且由于他们刚刚开始打工生活，他们还往往处在职业发展的起步阶段。其次，那些家庭责任比较大的农民工，为了支持孩子的教育，或者为了给子女"盖房子，娶媳妇"，或者为了给父母养老治病，或者为了提高家庭的社会地位，往往都把挣钱放在首位，以满足家庭在农村生活的需要；而且由于他们的家庭支出较大，对于他们来说迁移到城市几乎是不可能的事情。最后，对于那些发展出了永久迁移意愿的农民工而言，这种意愿对一些农民工来说可能仅仅是一种愿望，而有些农民工却制定了具体的方案。那些体会到城市生活优越性，但还没有很好的职业发展的农民工发展出了永久迁移的意愿，但是他们认为近期还不可能实现这种愿望。这些人集中在制造业和服务业里，而且这些农民工已经在城市中工作了一段时间，熟悉了城市的生活方式，也有了自己的职业规划，但是收入水平不是很高，工作也不是特别稳定；很多人频繁地换工作也是为了找到更能够实现向城市迁移的工作。以上这三种动机都可以说是普通农民工所持有的动机。对于上面提到的那些精英农民工，他们不但有了永久迁移的意愿，而且预期在未来的一段时间内，能够在现有政策的框架下实现向城市的迁移。这些农民工在城市中工作时间较长，掌握了一些专业的技术而进入了技术人员行列，或者已经晋升到了管理者阶层，工作比较稳定。即使收入不像建筑业农民工那么高，他们也感到自己的发展前途比较光明。一切使得他们未来的可预测性增加，因此发展出了具体的城市移民计划。

以上对打工动机的分析体现了生存状态与打工动机之间的"同构性"。一方面，理解农民工的打工行为和农民工群体的长期存在，我们必须考察农民工的打工动机，因为正是他们的打工动机支持着他们的行为和这个群体的存在。我们可以说，农民工群体存在的主要表现是他们特有的生存方式和生存状态，而这种生存状态的再生产是由这个群体的动机所支撑的。另一方面，农民工的打工动机不尽相同，我们可以区分出感性的迁移意愿、理性的迁移计划、家庭需要的满足和工作技能的学习等动机类型。不同的动机类型是由他们的生存状态所形塑的，尤其是他们的产业特征、职业特征和家庭生活。也就是说，无论他们的动机如何，这些动机都是由生存状态所构成的，也是他们生活在这种生存状态中的驱动力。

这种"同构性"不仅存在于生活在不同生存状态的农民工中，而且存在于某一个农民工打工的不同阶段。也就是说，农民工会根据他们生存状态的变化来调整他们的打工动机。这就是生存状态和打工动机之间的"互构过程"的一种体现。首先，如果他们的家庭生活没有什么变化的话，随着农民工技术水平的提高而成为技术人员，或者随着农民工管理技术的提高而成为管理人员，他们就会具有更为强烈的永久迁移意愿。其次，如果他们的工作条件没有变化，随着他们生命周期的变化，比如结婚、子女上学、父母生病等，农民工会降低他们的预期，转而更加注重他们的家庭责任。

这种"互构过程"是如何发生的呢？其中最关键的因素就是对"生活可能性"的计算。虽然农民工对当前关于向城市迁移的相关政策不甚了解，但是通过社会网络和榜样，他们也知道实现向城市迁移的必要条件。他们会对他们的生存状态和迁移必要条件进行比较：他们感到的迁移可能性越大，他们的意愿越强烈，也越可能发展出进行城市迁移的具体计划；相反，如果他们感到迁移的可能性很小，他们往往更加关注打工的本来目的，即承担家庭责任和农村消费。

与生存状态和打工动机之间的关系相似，农民工的生存状态和生活态度之间也存在"同构性"和"互构关系"。但是，后两者之间的逻辑关系与前两者之间的逻辑关系有些不同。

首先，本研究的第一个发现是农民工对待当前工作的态度不同于他们对待打工生活的态度。不接纳当前工作的农民工却可能接受打工生活；接纳当前工作的农民工也可能不接受打工生活。比如，有些在制造业工厂里工作的年轻人，总是感觉工厂里的工作氛围比较压抑，生活上的自由度不大，工作的环境不卫生，而且也没有什么前途，只能机械地进行劳作。也就是说，他们对当前的工作很不满意，具有比较强烈的更换工作的愿望，希望找一些技术性较高、工作环境较好、有前途的工作。另外，随着经济的发展、农民工数量的下降以及法律保障的完善，农民工有了更多的工作机会可供选择。但是，问题的关键是，很多农民工更换了多次工作，而且即使这些工作一个比一个好，他们仍然是农民工。他们的自我认同也是"打工者"。与此类似，农民工对工作条件的态度、对居住条件的态度、对社会环境的态度、对农村生活的态度、对劳动关系的态度等都与对打工生活方式的态度存在区别。为了说明农民工群体存在的微观基础，本研究着重考察农民工对打工生活方式的态度。

其次，就生活态度而言，农民工总是在一定程度上接纳了打工生活方式，这尤其体现在他们的"打工者"的身份认同上。正是因为他们将自己界定为"打工者"，所以他们在日常生活中进行着打工的行为，并在总体上维持着农民工群体的存在。所谓的"打工者"的身份认同是由两个部分组成的：农村居民和城市客人。农民工倾向于将他们自己界定为农村居民，因为他们在农村和城市中的生产资料、生活资料、基本权利和消费方式存在很大的不同。他们在农村有稳定的土地承包权利、能够建盖自己的房屋、能够享受农村居民所有的社会福利、有紧密的社会关系网络，农民工的部分或全部家庭成员仍然生活在农村。在城市中，他们只能通过出卖劳动力而赚取低于城市居民的工资，即使工资较高他们的工作也不稳定，他们没有稳定的居所也买不起房子。这无疑强化了他们作为农村居民的身份认同，同时也发展出了"城市客人"的身份认同。即使那些精英农民工也会将他们自己定义为城市客人,因为虽然他们的工作更加稳定、职业前途更加光明、家庭成员也生活在城市中,但是在城市中有资产("房子")之前,他们仍然认为自己的"家"在农村,虽然他们永久迁移的意愿会驱动着他们继续过着打工的生活。

因此,农民工的生存状态和生活态度之间存在"同构性"。首先,我们可以发现生存状态对农民工生活态度的影响。农民工的生存状态条件会直接影响他们的打工态度,尤其是,农村和城市生活在生产方式、居住方式和基本权利之间的差别强化了他们"农村居民"、"城市客人"和"打工者"的身份认同。其次,这些态度也都促使农民工接纳了当前的打工生活方式,因此他们起码在一定时间内进行着打工的行为,继续着打工的生活状态,维持着打工的生活方式,构成农民工群体的存在。

农民工的生存状态和生活态度之间也存在"互构过程",即生存状态的变化会引起打工态度的变化,而这种态度的变化又会影响他们对打工生活状态的行为取向。首先,农民工对打工生活的接纳态度并不相同:有的接纳程度高,并准备长期在城市中打工;有的则想脱离打工的生活,认为打工生活不是长久之计。其次,农民工对打工生活的接纳程度会随着生存状态的变化而发生变化:有时候他们的接纳程度高一些,有时候他们的接纳程度低一些。无论他们的接纳程度是高还是低,大部分农民工有理由接纳这种生存状态,从而维持这个群体的存在。这种"互构过程"主要有两个过程:第一个是动机合理化过程,第二个是替代方案计算过程。

首先,打工的动机会影响他们对打工生活的接纳程度。那些家庭责任重大的中年农民工,对打工生活的接纳程度较高,准备一直在城市中打工,虽然有些中年农民工在农忙时节还会回农村从事农业生产。这些农民工存在于建筑业、制造业和服务业中。虽然他们也想找一些收入更高的工作,但是他们总体上还是接受了打工的生活方式。而那些年轻的、单身的、家庭压力较小的农民工对打工生活的接纳程度较低。他们往往将打工作为跳板和手段,作为学习技术和发展社会网络的机会,但是他们的最终归宿可能还是打工生活。也就是说,他们的打工动机会为他们的生活态度提供一种合理化论证。这也可以解释为什么很多农民工充满着自豪感:调查中发现很多农民工感觉他们为家庭做出了很大的贡献。但是,总体而言,农民工总有接纳打工生活的理由。

其次,影响农民工对打工生活的接纳程度的另一个关键因素是对替代方案的认知,这些替代方案包括回到农村从事农业生产、回到农村从事商业活动、在城市里开办自己的企业等。也就是说,他们不再通过出卖劳动力换取工资,而是要自己成为企业主。如果他们感觉自己有打工的替代方案,他们对打工的接纳程度就会较低;相反,如果他们感觉自己没有其他选择,他们就只能接受打工生活。而且他们对替代方案的认知越强烈,他们越不容易接纳打工生活方式。如果他们感到现在就有替代方案,那么他们现在对打工的接纳程度就很低;如果他们感到未来会有替代方案,那么他们虽然当前对打工的接纳程度较高,但是以后对打工的接纳程度会较低。

总结:农民工群体长期存在和不断扩大的微观基础

在批判性地分析关于农民工的结构制度分析和动机态度分析的基础上,本章从生活方式理论出发考察了我国农民工的生存状态和动机态度,从而说明这个群体长期存在的微观基础。基于目的抽样和深度访谈的经验资料表明:(1)农民工群体的外在特征是他们不同于典型农村居民和城市居民的生存状态,但是在这个群体内部,他们的产业特征、职业特征、工作城市的规模、家庭结构会影响他们的工作条件、居住条件和消费结构;(2)虽然农民工的打工动机呈现农村和城市两种取向,但是两种取向都具有多样性;(3)他们的打工动机会与他们的生存状态存在"同构性",而且两者在过程中存在以"生活可能性计算"为基础的"互构"关系;(4)在多样化的打工动机的基础上,农民工在不同程度上接纳了打工的生活方式;(5)农民工对待打工生活的态度与他们的生存状态也存在"同构性",而且两者在过程中存在以"动机合理化"和"替代方案计算"为基础的"互构"关系。

农民工群体是由以"打工生活方式"为特征的一群人组成的,因此农民工群体的长期存在依赖于这个群体中的行动者接纳了这样的生活方式。在微观层次上说,对农民工群体长期存在的解释依赖于对其中的行动者的动机态度的考察和解释。本研究认为,农民工在不同程度上对打工生活持有接纳态度。这种接纳态度首先来源于"动机的合理化过程",即农民工认为打工能够实现他们的价值目标;这种接纳态度也受到"替代方案的计算过程"影响，即农民工往往认为他们缺乏进城打工的替代方案，或者认为进城打工是最好的实现价值目标的手段。就打工动机而言，农民工的打工动机呈现多样性的特征，但是所有的这些动机都为进城打工提供了理由。最为重要的是，他们的动机态度和生存状态之间并不矛盾，因为他们的动机态度是由生存状态所形塑的，而这种被形塑的动机态度又成为他们生活在那种生存状态的主观基础。因此本研究用"同构性"来说明客观生存状态与主观动机态度之间的关系模式，并用"互构"来描述两者之间的互动过程。综合而言，农民工形成了一种生活方式，这种生活方式是由客观生存状态和主观动机态度组成的，而且两者之间存在"同构性"和"互构关系"。这是支持农民工坚持进城打工的微观基础。

第六章
农村生产生活方式变迁和外出打工动力

从本章开始,本书将对农民工群体结构化的结构和制度因素进行分析。这种结构制度分析对于解释农民工群体的结构化既具有现实必要性,也具有逻辑必要性。

从现实的角度来看,农民工群体的长期存在和不断扩大是我国工业化和城市化的显著特征。虽然世界上所有的国家都曾经或正在经历工业化和城市化的过程,但是其他国家都没有经历过规模如此之大、时间如此之长的流动人口现象。比如,Meng 和 Manning(2010)就指出虽然我国和印度尼西亚面临着相似的结构转型问题,但是在印度尼西亚城乡人口的迁移导致了大量城市贫困人口的出现,而我国虽然避免了大量城市贫困人口的出现,却出现了与农村有着密切联系的农民工群体的长期存在和不断扩大。同样的对比也出现在了我国和印度之间(Smart et al.,2013)。因此,理解为什么不同的国家会出现不同形态的工业化和城市化进程,需要在宏观层次上对国家制度进行分析,这也可以为理解和把握我国今后的发展过程提供背景知识。

从逻辑上说,第三章到第五章已经在微观层次上分析了农民工群体结构化背后的主观动机态度和客观生存状态。从打工动机方面来说,农民工具有不同的打工动机而且他们的打工动机也会在打工过程中发生变化。总体而言,农民工的打工动机可以分为四种形态:个体荣誉、个体前途、居家需求和家庭发展。从对待打工生活方式的态度来说,农民工对打工生活方式持有不同程度的接纳态度,而且这种接纳程度也会在打工过程中发生变化。总体而言，动机合法化机制、替代方案可能性机制和打工生活多样性机制影响了他们对打工生活方式的接纳程度。就动机态度的解释而言，农民工的动机和态度都是和他们的客观生存状态相关的。客观生存状态和主观动机态度之间通过"互构过程"呈现一种"同构性"。这些客观生存状态包括产业特征、城市规模、职业特征、工作条件、居住条件、家庭生活、消费结构等。前面几章没有解决的问题是：如果客观生存状态形塑了主观动机态度，那么这些客观生存状态又是如何形成的呢？如果客观生存状态和主观动机态度之间存在"互构过程"和"同构性"，那么这种"互构"和"同构"背后的价值取向和认知框架又是什么呢？回答这两个问题都需要对农民工产生和长期存在的宏观结构、文化和制度背景进行考察。

围绕生存状态、价值取向和认知框架三个问题，本章到第九章将集中分析相关的制度因素。经验材料表明，影响农民工生存状态、价值取向和认知框架的主要制度因素包括以下四个方面：农村生产生活方式的变迁、户籍制度改革和人口流动控制的放松、居民地位的分化、市场文化和城市非正规就业。其中，农村生产生活方式的变迁和人口流动控制的放松主要与农民工的"流动"或迁移相关。农村生产生活方式的变迁主要为农村居民的流动提供了动力，而人口流动控制的放松主要为农村居民的流动提供了条件。我国工业化水平的提高和城市化战略的调整，也为农村居民离开农村到城市中打工提供了机遇。但是，农民工群体的流动是一种"持续流动"或"循环流动"。他们的迁移不是一种"永久性迁移"，而是"不彻底的迁移"或"不完全迁移"。城乡居民之间和城市人口内部的居民地位分化、城市非正规就业的发展则主要与农民工的"持续流动"和"不完全迁移"相关。具体而言，渐进性的户籍制度改革所导致的居民地位分化强化了农民工的"农村居民"和"城市客人"的双重身份认同；城市非正规就业不仅是居民地位分化的主要发生机制，而且也强化了农民工认知框架中的"市场逻辑"。

本章将集中讨论农村生产生活方式的变迁对农民工群体产生和长期存在的影响。在描述农村生产生活方式所发生的变迁之后，将讨论这些变迁对农民工群体的生活状态和动机态度的影响。

农村生产生活方式的变迁

农民工群体的结构化是与农村生产生活方式的变迁紧密相关的。在微观层次上说，农民工的打工动机和对待打工生活方式的态度都与农业生产和农村生活的变迁密切相关。因此，为了更好地理解农民工群体的长期存在和不断扩大，农民工的主观动机态度和客观生活状态之间的关系还需要放在农村生产生活方式的制度变迁中进行理解。大概而言，近代以来我国农村的生产生活方式发生了三次比较重大的变迁，这三次变迁都包含生产和生活组织制度的革命性转变。鉴于土地对于农村生产生活方式的重要作用（费孝通，[1941] 2004；高元禄，2009），土地所有权制度对于农村生产生活方式具有决定性作用，其变迁也标志着农村生产生活方式变迁的三个阶段：第一次是从以封建土地所有制为基础的生产生活方式转变为以农民土地所有制为基础的生产生活方式；第二次是从以农民土地所有制为基础的生产生活方式转变为以集体土地所有制为基础的生产生活方式；第三次是从以集体土地所有制为基础的生产生活方式转变为以家庭联产承包责任制为基础的生产生活方式。

封建土地所有制的第一个主要特征是土地高度集中。据统计，在封建土地所有制时期，占农村人口10%左右的地主、富农，占有70%以上的土地；占农村人口90%的贫农、中农等只占有约30%的土地。从地区来看，华中、华南各省土地占有更为集中。封建土地所有制的第二个主要特征是租佃关系的存在，而且租佃率高。地主、富农占有的土地中，自己经营的面积一般不超过土地总面积的30%，其余的土地都租给农民耕种，形成了高度集中的所有权与极其分散的租佃关系并存的格局（邵彦敏，2008）。以毛泽东为代表的中国共产党人从阶级分化和阶级斗争的角度研究了当时我国农村的生产关系，但是，农村生产关系的基本单位还是农户，所谓的地主、富农、中农、贫农四个阶级代表的是四种农户在生产关系中的地位（毛泽东，1991）。我们可以说，以封建土地所有制为基础的农村生产方式是以农户为单位的租佃关系为主要特征的农业经济。[1] 就我国农村的传统生活方式而

---

[1] 需要说明的是，这个主要特征并不是说所有的农户都参与了租佃关系，很多研究表明，华北农村存在大量的自耕农，见黄宗智（1986）的《华北的小农经济与社会变迁》。

言，费孝通（[1941] 2004）在《乡土中国》中对其基本特征做了很具体的描述：由于农民黏着在不流动的土地上，因此乡土社会是一个人口流动性极低的社会；由于各种原因，这种乡土社会的基本单位是村落，因为村落与村落之间是相对孤立的；在村落内部，由于每个人都是生于斯、长于斯，因此形成了一个熟人社会；在熟人社会里，人与人之间因为深刻的熟悉和了解而发展出了亲密感、不需要文字的交流；在个人与群体的关系上，乡土社会以"差序格局"为主要特征；在差序格局中，血缘和地缘的远近是决定人际关系亲疏的主要因素；乡土社会中为了保持社会稳定而注重父系关系，强调男女有别，但是最亲密的关系仍然是血缘关系最近的小家庭，然后扩展到大家庭，再扩展到家族和村落；而且乡土社会中的社会秩序是一种礼治秩序，即社会规范因深刻地内化到个人意识中而成为一种仪式；等等。

第一次农村生产生活方式的变迁是从以封建土地所有制为基础的生产生活方式转变为以农民土地所有制为基础的生产生活方式。土地改革是中国共产党领导广大农民废除封建土地所有制、实现农民土地所有制的革命。这场革命开始于 20 世纪 20 年代的大革命时期，逐步发展、成熟于根据地和老解放区的土地改革实践。1940 年毛泽东发表的《新民主主义论》指出："这个共和国将采取某种必要的方法，没收地主的土地，分配给无地和少地的农民，实行中山先生'耕者有其田'的口号，扫除农村中的封建关系，把土地变为农民的私产。"从那时起，以"耕者有其田"为目标的农民土地所有制便成为新民主主义经济中土地政策的奋斗目标。其后，1946 年的《关于土地问题的指示》、1947 年的《中国土地法大纲》和 1950 年的《中华人民共和国土地改革法》都将农民土地所有制确定为土地改革的目标。1952 年底，除台湾地区和一些少数民族地区外，全国土地改革基本完成。在农民土地所有制中，虽然土地所有权是农民的私产，但是农业生产过程中实施的是家庭经营制度。也就是说，随着土地改革的结束，一家一户的小农经济在我国农村经济中占据了主体地位（高元禄，2009）。在农业生产中，农村家庭成为独立的生产单位。与此相应，家庭的自主性也得以提高。另外，在传统的农村村落中，传统文化制约着村民之间的相互关系，家庭的自主性受到村落道德传统的严格限制。从新中国成立前的解放区开始，我国农村的政治、经济、文化、社会等各个方面都发生了前所未有的变革，

劳动光荣：农民工群体及其结构化

打破了传统生产生活方式赖以存在的经济、政治、文化和社会基础。其中最明显的是，传统农村社会的各个方面都是以血缘关系组织起来的，包括经济上的家族内部财产分割、政治上的长老权威、社会上的家族网络和文化上的礼治秩序等。新中国成立之后，随着土地制度的变革，土地成为农民所有、家庭经营的财产，长老权威也在国家建设过程中为正式的国家管理机构所取代，家族不再是强加在家庭头上的枷锁，家庭则获得了更为自主的地位，传统的礼治秩序也逐渐为法律等正式规则所打破。其中，农民个人和家庭成为新社会秩序的基础单位。早在1927年的《湖南农民运动考察报告》中，毛泽东总结了共产党领导农民运动所取得的成绩，包括建立农民自治的农会组织，政治上打击地主阶级权威，经济上削减地主阶级的利益，重组基层统治机构，推翻政权、族权、神权和夫权的社会文化，普及社会主义政治宣传、禁止不良社会生活方式、提高农民的思想道德素质和文化教育水平、通过集体力量进行基础设施建设等。这些也成为我国土地革命后农村生活的新特征。

第二次农村生产生活方式的变迁是从以农民土地所有制为基础的生产生活方式转变为以集体土地所有制为基础的生产生活方式。土地集体化的第一个阶段是建立互助组。1951年，中共中央发布《关于农业生产互助合作的决议（草案）》，鼓励农民以个体经济为基础建立生产互助组。互助组一般由10~20户农民组成，组员的土地和其他生产资料及产品均维持私有，并独立经营，只是在农业生产的某个方面或某个环节上实行互助合作。土地集体化的第二个阶段是初级合作社的建立。1953年初，中共中央发出《关于农业生产互助合作的决议》，倡导在全国建立农业生产合作社。初级农业生产合作社的基本做法是，在允许社员有小块自留地的情况下，社员的土地必须交给农业生产合作社统一使用；合作社按照社员入股土地和参加劳动的数量与质量，从每年的收入中付给社员以适当的报酬，其中按股分配的比例约占30%，按劳动分配的比例约占70%。土地集体化的第三个阶段是高级合作社阶段。1955年10月4日，党的七届六中全会通过的《关于农业合作化问题的决议》提出在已经基本实现半社会主义合作化的地方，根据生产需要、群众觉悟和经济条件，从个别试办开始，由少到多，分批分期地由初级社转变为高级社。1956年，在毛泽东主编的《中国农村的社会主义高潮》的指引下，高级社在全国进入了大发展时期。在高级社中，农民丧失了对土地等生产资料的所有权,合作社拥有生产资料的所有权和经营权,社员只是合作社的劳动者。土地集体化的第四个阶段是人民公社阶段。1957年9月,中共中央在《关于做好农业合作社生产管理工作的指示》中要求,除少数确实办好了的大社以外,规模仍然过大而又没有办好的社,要根据社员要求适当分小。但是,在这个要求未得到贯彻的时候,1958年3月,成都会议讨论并通过了《关于把小型的农业合作社适当地合并为大社的意见》,指出"农业生产合作社无论在规模上、经营范围上和集体化程度上,都已经不能适应大规模的农田基本建设的需要,而联乡并社、所有制升级,才是农业发展的必然产物"。1958年4月第一个人民公社——嵖岈山卫星人民公社——诞生了。同年8月,中共中央《关于在农村建立人民公社问题的决议》引发了全国人民公社化运动。这个时期的土地集体化的主要特点是"三级所有,社为基础":农业社和社员的财产无代价地归公社所有,由公社统一经营,统一核算;生产大队是管理生产、进行经济核算的单位,盈余由人民公社统一负责;生产队则是组织劳动的基本单位。其后,土地集体化程度又有所减缓,1959年《关于人民公社管理体制的若干规定(草案)》明确了公社、生产大队和生产队的职权范围,逐渐从"三级所有,社为基础"转变为"三级所有,大队为基础"。1961年之后,土地集中化的制度相对稳定下来,形成了"三级所有,队为基础"的农村生产组织制度。这个比较稳定的"三级所有,队为基础"的体制在一定程度上扩大了农业生产的规模,这是任何农村家庭所不可能实现的,而且这个体制可以保护各个家庭免受因自然灾害和疾病而产生的危害,也为家庭之间提供了更为平等的收入分配制度。更为重要的是,这个体制为农民提供了多方面的公共福利和服务,农民可以享受到免费的医疗和教育,孤儿和鳏寡老人也能够得到生活支持。从政治上说,这个体制打破了族权、神权和夫权的统治,党和国家的思想、纲领、路线、方针和政策可以直接传达到和实现在农村基层。总而言之,在以集体土地所有制为基础的生产生活方式中,农民的生产和生活都在很大程度上组织了起来,农民家庭的土地所有权和生产自主性都被生产队所取代,农民家庭的分配和消费也都由生产队支配。

第三次农村生产生活方式的变迁是以家庭联产承包责任制为基础的生产生活方式的形成。由于农业生产效率低、农民积极性不高、产业结构单一，集体土地所有制并没有给我国农业带来想象中的发展，甚至出现了农民生活水平的停滞状态。为了改变贫困状态，农民自上而下的反国家建构行为一直存在（谭明方，2016）。1978年底，安徽省凤阳县小岗生产队18户农民悄悄地签订协议，把生产队的土地"包干"给农户。这个做法增加了粮食产量，解决了吃饭问题。随后，包产到户冲破重重障碍，在全国得到迅速发展，进而形成了家庭联产承包责任制。1978年12月，党的十一届三中全会通过了《关于加快农业发展若干问题的决定（草案）》和《农村人民公社工作条例（试行草案）》。两个文件虽然仍要求坚持农村人民公社体制，但也提出要建立严格的生产责任制，并肯定了包工到组、联产计酬等形式。这标志着农村土地制度改革迈出了第一步。1980年，在听取安徽省农村实行包产到户的情况汇报后，邓小平指出"一些适宜搞包产到户的地方搞了包产到户，效果很好，变化很快"，这表明了中央领导核心对部分地区搞包产到户的肯定与支持。1982年，中央"一号文件"第一次以文件形式肯定了家庭联产承包责任制。1983年中共中央又印发了《当前农村经济政策的若干问题》的"一号文件"，对以"包产到户、包干到户"为主要内容的家庭联产承包责任制的实践进行了理论总结和科学定位。至此，经过前后六年的实践探索后，家庭联产承包责任制从实践到理论逐步成熟起来。其后，家庭联产承包责任制成为我国农村普及的土地制度，而且承包期限不断延长。虽然农村土地承包权的流转也在不断完善，但是其基本框架仍然是家庭联产承包责任制。家庭联产承包责任制的确立深刻地影响了农村生产生活方式，其显要特征就是农民家庭成为农业生产和农村生活的主体和基本单位。

农村生产生活方式的变迁与农民工的生存状态和动机态度

农村生产生活方式的变迁对于农民工群体的产生、长期存在和不断扩大有什么影响呢？调查发现，家庭联产承包责任制确立之后，农村家庭生产自主性的提高、农业生产效率的提高、农村家庭生活的独立性、农村亲属网络的复兴、个人家庭意识的强化都深刻地影响了农民家庭的生存状态和价值观念，而他们的生存状态和价值观念又影响了他们外出打工的动机

第六章 农村生产生活方式变迁和外出打工动力

和态度。

第一，农村家庭生产自主性的提高使得农村居民可以自主地安排家庭的生产资料和劳动力。在计划经济时代，包括土地在内的生产资料都是集体所有、统一经营的，而且，农民的劳动力也是由生产队集体分配和指挥。在家庭联产承包责任制实施以后，农村家庭拥有了土地经营权和对其他生产资料的支配权，而且可以自主安排劳动力的使用。很多经历过这个转变的农民工回忆说，当时所有的人都"想办法生产更多的东西""想方设法地多挣些钱"。开始的时候，大部分农户同时生产粮食作物（小麦、玉米等）和经济作物（棉花、大豆、花生等）。粮食作物的一部分要用来"交公粮"，盈余部分就归家庭所有了。经济作物则用来增加家庭收入，可以挣取市场上需要的货币。为了让自己的家庭过上温饱生活，所有的农户都"精耕细作""勤劳致富""汗珠子砸土地，也很有干劲"。此外，除了从事农业生产之外，很多农户也开始尝试从事一些非农业生产，包括在农村开办的私营企业"罐头厂""养鱼场""窑厂"里工作。也有一些农户买了拖拉机，除了为其他农户收割和播种之外，还可以在农闲时节从事运输行业。更有一些有技术的农民工，比如木工和瓦匠，在计划经济时代会被集体安排去从事一些非农业生产，包括盖房子、做家具、修理农具、从事基础设施建设等。在获得了生产自主性之后，他们不仅在农村为他人做家具、盖房子，还会利用他们形成的与城市技术工人的联系去城市里找一些工作。总而言之，家庭联产承包责任制调动了农民的积极性，也使得他们积极地想方设法增加家庭收入，而且他们也有可能通过自主经营和管理自己的生产资料和劳动力来获得更多的收入。家庭生产自主性的提高为提升农业生产效率、产生农村剩余劳动力奠定了制度基础；家庭对劳动力的自主支配也为他们自主地寻找工作机会奠定了现实基础。

第二，随着机械化水平的提高和农户之间的合作，农业生产效率获得了极大提升，这也导致了大量的农村剩余劳动力。所有的调查对象都提到在农村"大部分时间没有活儿干了"。其中最主要的影响因素是农业生产科技水平的提高。在播种的时候，农民最初是用自己的牲畜来耕地，再用人工进行播种。后来，农民开始用拖拉机耕地，用一些简单的播种工具播种。再后来，大型播种机可以同时进行耕地和播种。在农作物的日常维护中，以前必须定期施肥（开始是动物粪便，后来是化学肥料）、定期锄草；现在，播种的时候都直接将化肥撒在地里，播种之后就可以用灭草剂，因此从播种到收割几乎没有什么农活儿可做。在收割的时候，原来要用镰刀和斧头来收割，要用牲畜或者人工将农作物打出来；后来，可以用拖拉机和打谷机来收割；现在，大型收割机则可以一次性地将农作物运回家。另外，对于大量减少的农业生产活动，家庭之间还可以相互帮助，尤其是在农忙时节，这也提高了农业生产效率。随着从事非农生产的可能性增大，很多农户直接将土地转租给了其他人，彻底从农业生产中解放出来。[①] 农业生产效率的提高使得农村产生了大量的剩余劳动力，他们在完成农业生产之后，在农村几乎"无事可做"。而且随着农业生产效率的提高，老人和妇女也都被解放出来了。访谈中，女性农民工也认为"原来在家里还有活儿干，现在也没有什么事儿干了"。也有些女性访谈对象认为，她们"也可以扣大棚（温室蔬菜）"，但是"一个人干不了，需要男人也在家里才行"。另外，如果一家人都在农村的话，"风险大，挣不了钱的话，也耽误了男人出去干活"。这也使得很多人有可能租用其他农户的土地，开展规模经营。但是，更为普遍的是，剩余劳动力感觉"总不能闲着"，因此想方设法寻找其他的工作，包括去乡镇企业、去私营企业、承接外包的生产活动、到城市打工等。如果说农村家庭生产自主性的提高使得他们可以自由地安排自己的生产资料和劳动力，那么农业生产效率的提高所产生的大量剩余劳动力则使得他们自主地将自己的劳动力转移到非农生产上——尤其是到城里打工。在讨论农民工的打工态度的时候，我们发现很多农民工将农业生产视为打工生活的替代方案。其实，在最初的时候，进城打工是农业生产的替代方案。对有些农民工而言，他们除了农业生产和进城打工之外没有其他的选择，而农业生产又不可能成为打工生活的替代，所以他们对打工生活持有比较强烈的接纳态度。而且，这种接纳态度普遍存在于访谈对象中，因为他们都倾向于认为从事"农业生产没有前途了"[②]。

第三，农村家庭在生活上的独立性为农村居民进城打工提供了动力。

[①] 这主要发生在那些地少的山区，对于这些农民工而言，他们在外打工的收入远远超过农业收入。在他们看来，农业生产似乎成了一种"负担"。

[②] 需要说明的是，这些都是农民工对待农业生产的态度。在农村调研时，笔者发现，对于那些没有外出打工的农民来说，农业生产还是"有前途的"。而且他们也都在农村找到了一些致富之路，包括种植温室蔬菜、家畜饲养等。

第六章 农村生产生活方式变迁和外出打工动力

在当前关于家庭联产承包责任制及其影响的研究中,所谓家庭自主性往往集中在生产领域,忽视了家庭在消费领域中的自主性。但是,家庭消费领域的自主性是农民工进城打工动机的主要来源。在计划经济时期,农村居民在年少的时候就会有集体提供和安排的学校和"民办教师",可以接受教育;医疗上,集体也会有"赤脚医生"提供基本的卫生服务;对于孤儿和鳏寡老人,集体也会提供救助和服务;村落内部和亲戚网络中的人际交往在社会主义文化的影响下也发生了改变,各个家庭的生活水平差异不大,几乎没有了大吃大喝、相互攀比的风气。也就是说,传统的家庭责任很大程度上为集体所承担。但是,实行家庭联产承包责任制之后,农村家庭重新成为生活的基本单位,并承担起传统的家庭责任。调查中发现,现在农村家庭承担的主要责任包括"吃穿住用"等日常消费、"小孩上学"等开支、"盖房子"、"为小孩买房子"、"为孩子娶媳妇"、"为自己结婚做准备"、"红白喜事"、"人情来往"、"照顾父母"和"父母生病"开支等。虽然在生命周期的不同阶段人们面临着不同的家庭责任,但是这都说明了农村家庭要独立地承担起家庭责任。每个人都要为自己的家庭负责。为了承担起这些家庭责任,他们也会寻求工作机会,而进城打工就成为一个重要选择。

第四,农村社区和亲属网络之间的社会比较提高了农村家庭的需求标准,进而影响了他们的打工动机。在集体所有制时期,不仅生产资料和生产活动是由生产队统一调配和统一指挥的,生活资料和社会福利的分配也是统一进行的。比如农产品很大程度上是按劳分配的;家庭成员的生产劳动都以"工分"的形式记录下来,然后再按照"工分"对农产品进行分配。虽然说是按劳分配,但是农民之间劳动量的差异不大,因为所有的人几乎在从事着同样的活动。此外,教育、医疗、救助等公共资源也是由集体提供。也就是说,农村家庭生活水平的高低"不是自己说了算的"。在这种情况下,所有的家庭都不会进行太多的比较。即使进行比较,每个家庭可以改变的空间也很小。久而久之,大家也就不再进行比较了。但是,在家庭获得了生产自主性和生活独立性之后,家庭生活水平的高低很大程度上取决于家庭自己的勤劳程度和聪明程度。而且,农村家庭之间的生活水平出现了差距。即使农村家庭没有出现太大差距,如果"不工作"和"不动脑子"的话,他们也会感觉"很快就会落在别人后面"。如果说家庭生活独立性的增强使得农村居民必须靠自己的努力来满足居家需求的话,那么农村社区和亲属网络之间的社会比较则定义了这些"居家需求"的内容和标准。在社会比较中,农村家庭不再只是满足低水平的生存需求,而是满足农村社会所定义的社会需求。如果一些农户获得了更高的生活水平,那么其他农户也会心向往之,并努力获得同样的生活水平。比如,在养育孩子方面,很多访谈对象提到:最初,"小孩没有育红班(幼儿园)可去";后来,一些农村居民自己开设了幼儿园;再后来,镇上也有了幼儿园;现在,很多家庭直接把小孩送到附近县城的幼儿园里去。由于幼儿园不是义务教育的组成部分,所以幼儿园的消费越来越高。在义务教育阶段也是如此,现在很多农村的民办小学已经停办了,所以他们必须把小孩送到乡镇所在地去上小学。更有甚者,很多农村居民托关系把小孩送到县城里去上小学,且不说找关系的花销,小孩在县城里上学时的消费就比原来高出很多。在农村盖房子也是如此。现在的农村中,为了自己盖房子也好,为了给孩子"盖房子,娶媳妇"也好,盖房子的标准越来越高。加之通货膨胀的影响,很多农村家庭要积蓄七八年才能盖得上一座"像样的"宅院。而且,随着城镇化水平的提高,有些地方的婚姻条件包括在乡镇或城里买公寓楼。在医疗花费上,虽然当前的新型农村合作医疗减轻了农村居民看病的负担,但是在过去的大部分时间里,农村居民都要自己支付医疗费用。而且,随着人民生活水平的提高,很多农村居民都要去更好的医院就医。总而言之,农村家庭生活独立性的获得使得农村居民必须依靠自己的勤劳和智慧来满足居家需求,而且,农村家庭生产的自主性和生活的独立性使得他们会在相互之间进行比较,这种社会比较也会使得居家需求的标准更高。满足居家需求也就成为很多农民工进城打工的主要动机之一。

第五,随着家庭生产自主性和生活独立性的提高,农村居民个人的身份认同更加注重家庭认同。在集体土地所有制时期,"生产队员"是农村居民最重要的身份认同。有些年长的访谈对象也说起了当时在生产队里的生活:那时候生产队就像一个大家庭一样,同一个生产队里的人在生产上是团结合作的,在生活上是相互帮助的。因此农村中最熟悉的人、关系最亲密的人都是同一个生产队里的人。即使实行了家庭联产承包责任制之后的一段时间里,生产队还会根据各户的人口变动情况定期重新分配土地,以解决家庭人口增减带来的土地承包量不平均的问题。但是,在实行家庭联产承包责任制之后,生产队内部的关系已经发生了质的变化,因为此时的生产队已经没有什么实质性的生产和生活功能了。直到后来，生产队被取消了。现在，农村居民的经济、政治、社区生活都是以家庭为单位的。在经济生产活动中，家庭之间自主地相互合作；在社区政治生活中，家庭直接与村民委员会发生关系。在农业生产的相对收益降低的条件下，土地也不再进行重新分配了，因为"各家各户都不那么关心土地的多少了"。现在，个人的"生产队员"身份完全为"家庭身份"和"村民身份"所取代。[①] 而"家庭成员"的身份则在生产生活中发挥着主导作用。在访谈中，农民工都将自己视为家庭成员，家庭关系则更加直接地影响着他们的情感、观念、态度和行为。年轻的农民工更想"减轻家庭负担"，中年农民工很自豪地说"支撑起了一个家"，年长的农民工则更想在家庭里获得尊严。

总结：农村生产生活方式变迁与农民工群体的结构化

对我国农村生产生活方式变迁的考察表明，我国农民工群体的出现和结构化与改革开放以来农村生产生活制度和文化的变迁密切相关。总体而言，近代以来，我国农村生产生活方式经历了三次革命性变迁：新中国成立前后，土地革命所带来的从以封建土地所有制为基础的生产生活方式向以农民土地所有制为基础的生产生活方式的变迁；社会主义建设时期，计划经济体制所带来的从以农民土地所有制为基础的生产生活方式向以集体所有制为基础的生产生活方式的变迁；改革开放以来，从以集体所有制为基础的生产生活方式向以家庭联产承包责任制为基础的生产生活方式的变迁。从时间上看，农民工群体的产生和结构化是改革开放以来农业生产组织制度和农村生活文化变迁的产物。

改革开放以来，我国农村生产生活方式的变迁如何影响了农民工群体的结构化呢？总体而言，这种影响是通过农民工的生存状态、打工动机和打工态度进行的。家庭联产承包责任制确立之后，农民家庭生产自主性的增强提高了农业生产效率，这也导致了大量的农村剩余劳动力，使得农村

[①] "村民"的身份也具有丰富的内涵。"村民"身份主要涉及农村居民在村落中的权利和义务，而且村民在村落里的权利和义务是相对于城市居民在城市中的权利和义务而言的，因此关于"村民"身份的分析将在第八章中进行讨论。

居民开始寻找非农工作。农村生产生活方式的变迁影响了农民工的打工动机。农村家庭获得了生活独立性，农村家庭必须承担更多的原来由集体承担的责任，这也促使农村居民寻找更多的工作机会。在农村家庭成为农村生产和生活的基本单位之后，社区和亲属网络之间的社会比较也更加突出，同时，农村家庭之间也产生了更大的分化，使得很多农村家庭产生了"相对剥夺感"，在这个过程中农村居民的需求和标准也不断提高。为了提高家庭在社区和亲属网络中的相对地位，农村居民也积极地寻求更多的就业机会。

  在农村生产生活方式变迁的背景下，农村居民产生了强烈的从事非农生产的动机，从而满足日益提高的居家需求。进城打工则是满足这种需求的重要手段之一，也是农村居民能够接纳的一种工作方式。那么，农村居民被允许进城打工吗？下一章将讨论户籍制度改革和人口流动控制的放松。我们将发现，如果说农村生产生活方式的变迁为农村居民进城打工提供了动力，那么，在我国经济发展的背景下，户籍制度改革和人口流动控制的放松则提供了条件。

第七章
户籍制度改革和人口流动控制

如果说农村生产生活方式的变迁通过创造大量剩余劳动力和提高消费标准而为农村人口的流动提供了动机,那么农村人口的流动还依赖于通过流动满足需求的可能性。农村居民向城镇流动,是流动成本降低的结果。流动成本降低又是户籍制度改革的结果。在计划经济体制下,户籍制度对人口流动进行严格控制,没有国家许可的流动,成本很高,而且面临被遣回的风险。户籍制度改革所带来的人口流动控制的放松,加上城镇发展对劳动力的需求,使得农村居民可以通过向城镇流动、在城镇工作来满足他们的需求。

按照范芝芬(Fan,2008:11)的观点,"户口范式"是解释农民工现象的主流范式之一。[①] 范芝芬也指出了"户口范式"的不足,尤其是这个范式没有将户籍制度及其改革放在国家整体发展战略中进行考察。但是,她对于户籍制度的性质和户籍制度改革的影响并没有做出更为深入的分析。本章和下一章将更具体地分析户籍制度的性质,在国家整体发展战略中梳理户籍制度改革的历程,并考察户籍制度改革对于农民工群体的影响。

对于户籍制度及其改革对农民工的影响,当前学界存在两种观点。一部分学者认为,我国虽然对户籍制度进行了改革,但是户籍制度仍然是农民工群体长期存在的原因,仍然是农民工实现市民化的最大障碍(Solinger,1999;Fan,2002;Zhang,2011)。另一部分学者认为,由于户籍制度改革的深化,

---

[①] 范芝芬指出的另外一种主流范式是"永久迁移范式",而且她对两种范式进行了批判。本书在第三章也对永久迁移范式进行了批判性思考。

户籍身份发挥的作用已经很小了，废除户籍制度也不会明显地影响农民工在城市中的生活境遇（Zhan，2011）。两种观点之间的矛盾很大程度上来源于对户籍制度的本质和内容的不同理解。如果仅仅将户籍制度理解为一种证件的话，那么户籍制度的影响的确微乎其微。但是，如果考虑户籍制度所涉及的其他社会制度以及它们一起对农民工产生的影响的话，户籍制度的影响显然是很大的。

为了更好地说明户籍制度的影响，本章将对户籍制度的本质进行剖析，并在此基础上说明户籍制度改革的内容和影响。本章认为新中国成立以来，户籍制度建立的历史表明，虽然户籍制度的目标导向和具体内容几经变化，但是户籍制度的核心特征——人口流动控制——并没有发生变化，因此户籍制度可以被界定为以人口流动控制为核心的国家政策。如果说人口控制是户籍制度的核心特征，那么这种人口控制的目标导向和户口地位的价值内涵却发生了变化。人口控制的目标导向逐渐由新中国成立初期的维持政权稳定调整为推动国家引导的工业化进程，户口地位的价值内涵也随着城乡之间不同的生产、生活、福利、就业、土地制度的建立而逐渐增加。因此，本章认为，将人口控制和户口价值区分开来可以更好地分析户籍制度的影响。在对户籍制度的本质进行剖析之后，本章将集中讨论人口流动控制的放松对于农村居民迁移行为产生的影响。本章将着重分析户籍制度及其改革对农村人口"流动"产生的影响，关注户籍制度对人口流动的控制，强调户籍制度改革为农村人口流动创造了条件。下一章将具体讨论渐进性制度改革所产生的居民地位分化对农民工群体"持续流动"或"不完全迁移"产生的影响，关注户口价值及其变化。

户籍制度的性质

为了说明户籍制度的性质，这一部分将简要地考察户籍制度形成的历史，然后对户籍制度的目的、运行和价值进行分析。户籍制度的性质将为分析户籍制度变迁及其对农民工群体结构化的影响提供制度背景，也将为说明"户口范式"的不足提供基础和依据。

户籍制度是如何产生的呢？户籍制度的起源可以追溯到公元前21世纪到16世纪的夏朝（中国第一个王朝），因为夏朝已经开始了人口普查和户口登记。从那时候开始，各个王朝都设立了人口调查和户口登记的制度和机构。在这个过程中，户籍制度也逐渐变得更加复杂和完善（Wang，2005；朱识义，2015）。但是当前的户籍制度是在1949年中华人民共和国成立之后逐渐发展起来的。

中华人民共和国成立之初，户籍制度主要是对人口进行登记，并没有对人口流动进行严格的控制。此时国家还没有对人口流动进行严格控制。1950年之后，户籍制度建立之初，该制度的主要目的是保持城市社会的稳定，其作用范围主要是对城市人口的信息进行收集和整理。其后人口登记制度又被推向了全国人口（李强，2012）。1950年8月，公安部制定了《特种人口管理暂行办法（草案）》，主要用来管理那些危及城市安全与稳定的"特殊"人口；同年11月，第一次全国治安工作会议要求首先在城市开展户籍管理工作。1951年7月，经政务院批准，公安部颁布实施了《城市户口管理暂行条例》，建立了全国统一的城市户口登记制度，这标志着新中国城市统一户口管理制度开始形成。1953年4月，政务院发布《为准备普选进行全国人口调查登记的指示》，并制定了《全国人口调查登记办法》。大概在同一时间，政务院通过的《关于劝止农民盲目流入城市的指示》，开始限制农民迁往城市的自由，"盲流"一词也开始为大家所熟知。可见，户籍制度建立初期的主要目的是收集人口信息，重点管理特殊人口和盲目流动人口，从而维持社会的稳定，而且其中一个重要的手段便是限制和引导人口的流动。

1954年到1958年，户籍制度不断发展，并最终确立。但在这期间，户籍制度更多的还是为了保障国民经济的稳定和发展，而且这主要是通过更加严格地限制人口流动来实现的。1953年11月23日，中共中央《关于粮食统购统销的决议》已经表明了党中央和政府将更多的精力放在了经济的稳定和发展上，而且为了增加粮食生产和供应，政府希望确保农村有足够的劳动力。其后的户籍制度发展也都是旨在加强对人口流动的限制，从而实现国民经济（尤其是农业）的稳定和发展。1954年12月，内务部、公安部、国家统计局联合发出通知，要求普遍建立农村户口登记制度。1955年6月，国务院发布《关于建立经常户口登记制度的指示》。如果以上规定还是为了加强农村人口信息的登记和收集的话，1955年11月国务院颁发的《关于城乡划分标准的规定》则为限制人口的城乡流动提供了更为明确的人口划分标准。该规定将"农业人口"和"非农业人口"作为人口统计指标,使得城乡分割的二元结构初见端倪。最终,1957年12月,《关于防止农村人口盲目外流的指示》将农民向城市的流动定义为"盲流"并加以严格限制。

1958年1月,《中华人民共和国户口登记条例》(以下简称《条例》)的颁布标志着我国户籍制度的正式确立,进而为二元化的社会管理体制的建立奠定了基础。《条例》明确规定,中华人民共和国公民都应当依照本条例的规定履行以户为单位的户口登记。《条例》还对常住户口登记、暂住登记、出生登记、死亡登记、迁移登记、变更登记以及法律责任做了详细规定,并正式确立了户口迁移审批制度和凭证落户制度。其后,对农民向城市流动的严格控制成为户籍管理的显著特点(李振京等,2014)。1958年2月的《关于制止农村人口盲目外流的指示的补充通知》和1977年11月的《关于处理户口迁移的规定》都说明了我国户籍制度严格控制人口流动和迁移的特点。

户籍制度是如何运作的呢?新中国成立以后逐步发展起来的户籍制度是计划经济体制建立的必然结果,因为这种经济体制需要对社会在微观和宏观层次上进行严格的计划和控制(Chan,2009)。也就是说,户籍制度的运行是在全国层面上由中央政府统一规定和实施的。在这种统一的管理和控制制度下,所有的中国居民都按照两个标准进行了区分:户口类型和居住地点。就户口类型而言,所有的居民都被划分为农业户口和非农业户口两种类型。虽然这种区分最初只是职业上的区分,但是后来与一系列国家福利联系起来(这涉及户口的价值问题)。就居住地点而言,所有居民都有其户口所在地,这个户口所在地就是一个人的正式的永久居住地。户籍制度最鲜明的特点是,除非通过正式而严格的户口迁移手续,一个人所具有的户口类型和居住地点很难发生改变。就农业户口向非农业户口转移——农转非——的渠道而言,主要包括国有企业招工、政府征地、高校招生、行政招干、参军、自然灾害等有限的渠道。Wang(2005)区分了世界上存在的四种人口划分和管理的方式与标准,即"你是谁""你有什么""你在哪里""你做什么"。中国的户籍制度是一种根据"你在哪里"对人口进行划分的方式。在具体的户籍管理中,公安部门在各个行政层级上都设有专门的科室进行户口登记和人口管理。

户籍制度的目的是什么呢?关于户籍制度形成的简史表明,新中国成立后形成的户籍制度的目的也发生了转变。在开始的时候，户籍登记主要是为了收集人口信息，控制特殊人群的流动，从而更好地维持社会的稳定。但是，1953年11月23日的中共中央《关于粮食统购统销的决议》标志着户籍制度开始服务于经济目的。就经济目的而言，户籍制度很大程度上服务于计划经济体制的建立，而计划经济体制本身又是国家推进的工业化模式的制度支撑（Naughton，2007；Alexander and Chan，2004）。国家推进的工业化模式很大程度上依赖于工业部门和农业部门之间的不平等交换，也就是将农产品以较低的价格由国家统购统销所形成的、众所周知的"剪刀差"。但是，国家推进的工业化模式所形成的"剪刀差"必然导致农业部门和城市工业部门之间的不平等。在没有人口控制的情况下，这种不平等又必然导致人口从农村向城市的流动。因此，为了维持国家推进的工业化模式，国家采取了对人口进行严格控制的措施。这就是户籍制度发挥经济功能的本质（Chan，2009）。因此，Yang 和 Cai（2003）认为，户籍制度不过是国家推进工业化进程中所形成的"三位一体"的计划经济体制的一个组成部分：农产品的强制性统购统销实现了工业部门和农业部门的不平等交换，而农村的集体公社经济和户籍制度则为实现这种不平等交换提供了对人口和生产进行管理和控制的手段。

　　户籍的价值又是什么呢？如果说新中国的户籍制度是逐渐形成的，而且户籍制度的目的发生过变化，那么这些变化都集中体现在户口价值的变化上，即户籍制度中户口地位的意义的变化上。此外，当前户籍制度改革的内涵也都集中体现在户口的价值上。户口的价值就是户口地位对生活境遇（包括就业方式、生产方式、生活水平、福利待遇等）所产生的影响。因此，户口的价值也就将户籍制度与其他的社会制度联系起来了，因为其他的社会制度是根据居民的不同户口地位对资源进行分配的。郑杭生认为，户籍制度不是一种初级社会制度，而是一种次级社会制度。也就是说，户籍制度所区分的户口价值还取决于与之相关的其他社会制度，包括就业制度、所有制制度、福利制度等（陆益龙，2003）。此外，影响户口价值的制度也应该放在国家战略中进行考察，因为国家战略才是更加根本的初级社会制度。正像 Yang 和 Cai（2003）所说，户籍制度不过是国家推进工业化进程的一个重要组成部分。Chan（2009，2010）也认为，户籍制度是中国城乡二元分割的一个制度支撑，因此户籍制度应该放在城乡二元结构的制度群中进行考察。我们也可以说，户籍制度的形成过程也是户口价值不断增加的过程。1953年以前，户口价值仅限于对人口信息的收集和对特殊人群流动的限制上，户口很大程度上不过是一种名称，没有太多附加的含义，尤其是没有什么经济上的意义。但是，在粮食统购统销制度确立之后，户籍制度便有了更多的功能，户口地位具有了更大的价值，也产生了更大的影响。从1958年户籍制度确立到改革开放之前，户口价值之所以非常高，就是因为就业制度、生产组织制度、住房制度、教育制度、医疗制度、分配制度等都按照户口类型对城乡居民进行了区分（黄锟，2011；Whyte，2010；陆益龙，2003）。

总而言之，户籍制度的本质可以概括为：在计划经济体制时期形成的、通过对人口流动的严格控制从而对人口和资源进行统一组织的国家政策。这个界定强调户籍制度的直接目的是对人口流动的严格限制，但是户口价值要依赖于其他的制度安排，才能实现对人口和资源的统一管理。通过强调户籍制度对人口流动的控制功能，这个界定将户籍制度与其他的相关制度区分开来，比如就业制度、生产制度、教育制度等。这种区分可以突出户籍制度的历史特性（户籍制度的变化）。户籍制度的形成历史和变化过程表明户籍制度中户口的价值是不断变化的，而这种变化又依赖于相关制度和国家整体战略的变化。另外，户口价值的变化会影响人口的流动，户口的价值也随着人口流动的控制程度而发生变化。比如，在户籍制度形成的时候，户口的价值就在不断增加。这种区分还可以更好地分析不同社会制度对农民工产生的影响，因为这些制度具有相对独立性。比如在农村实行家庭联产承包责任制的时候，户籍制度对于人口流动的控制并没有减弱，但是家庭联产承包责任制已经对农民生产和生活产生了很大影响。但是，在所谓的"户口范式"看来，户籍制度被视为包括所有与农民和农民工相关的制度，因此并不能分别对这些制度所发挥的功能进行详细的分析。而在人口控制和户口价值之间进行区分之后，户籍制度所产生的影响就会变得更加清晰，户籍制度与其他相关制度之间的关系也会变得更加清晰。就本书的研究问题而言，户籍制度改革中人口流动控制的放松与农村人口的"流动"或"迁移"行为的关系更加紧密，户籍制度中户口地位的变化与农民工的"持续流动"、"不完全迁移"、城市生活状态等现象的关系更加紧密。

户籍制度改革

为了说明户籍制度的性质，上一部分主要分析了新中国成立到改革开放之间户籍制度的形成和发展过程。这一部分将集中考察改革开放以来户籍制度的改革过程。上一部分关于户籍制度性质的分析为这一部分的考察提供了参考框架（见图7-1）。首先，户籍制度的核心内容是对人口流动的控制。但是，在不同的历史阶段，对人口流动进行控制的目的是不同的。改革开放之前，户籍制度就从服务社会稳定转向了服务工业发展。其次，在对人口流动进行控制的基础上，户口价值依赖于其他的相关制度，尤其是城乡之间和不同地域之间资源的配置方式，这些制度包括土地使用制度、就业制度、分配制度等。再次，控制人口流动的目的和户口价值都依赖于国家体制和工业化战略的变迁，而且国家体制和工业化战略之间也存在相互影响的关系。最后，户籍制度应该放在社会历史背景中进行考察，因为国家体制和工业化战略都是随着社会经济发展而变化的，进而影响了包括户籍制度在内的各项制度的内容和运行。

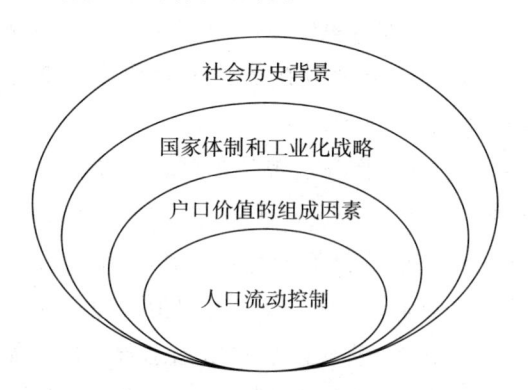

图7-1 户籍制度的性质

由于户籍制度本质上是国家在特定的历史背景下、为了实现国家稳定和工业化而制定的一项政策，户籍制度的改革也是国家在不同历史背景下采取不同的工业化战略的结果。改革开放以来，户籍制度改革的总体趋势包括以下四个方面：户籍制度目的的再确定，人口流动控制的放松，户口地位价值的降低，户籍管理的地方化。

户籍制度建立之初，该制度的主要目的是保持城市社会的稳定，其作用范围主要是对城市人口的信息进行收集和整理。随着计划经济体制的建立，旨在对人口流动进行控制的户籍制度也被用来服务于国家推动的工业化战略。在户籍制度对人口流动进行控制的基础上，该战略通过"剪刀差"式的城乡不平等交换来实现工业发展的资本积累。1978年党的十一届三中全会以后，我国开始了渐进性改革过程。在改革开放初期，渐进性改革并不是要彻底改造社会结构和社会制度，而是在思想和政策上转移到经济建设上来。因此，户籍制度变化不大，仍然发挥着维持社会秩序的功能。1980年，《关于解决部分专业技术干部的农村家属迁往城镇由国家供应粮食问题的规定》仅仅对专业技术干部、科技骨干、煤矿井下工、三线地区职工的农村家属等人群的户口进行了调整。1981年，国务院还发布了《关于严格控制农村劳动力进城做工和农业人口转为非农业人口的通知》，旨在引导农村剩余劳动力在乡村搞多种经营，不要只往城里挤。随着乡镇企业的发展和非农经营农户的出现，户籍制度的改革开始适应我国市场经济的发展需要而做出相应的调整，也逐渐对市场经济的发展发挥更大的作用。1984年，《国务院关于农民进入集镇落户问题的通知》标志着户籍制度改革新阶段的开始。该通知规定，凡申请到集镇务工、经商、办服务业的农民和家属，在城镇有固定住所、有经营能力或在乡镇事业单位长期务工的，公安部门应准予落常住户口，发给"自理口粮户口簿"。

虽然1984年之后，户籍管理也曾经加强，但是，在对户籍制度的目的进行重新调整的背景下，户籍制度改革的总体趋势是人口流动控制的放松、户籍管理的地方化、户口地位价值的降低。1985年，公安部颁布《关于城镇暂住人口管理的暂行规定》，规定暂住时间拟超过三个月的十六周岁以上的人员，可申领"暂住证"。暂住证的推出标志着公民开始拥有在非户籍所在地长期居住的合法权利。1992年，国务院批转公安部拟就的《关于实行当地有效城镇居民户口的通知》，允许小城镇、经济特区、经济开发区、高新技术产业开发区的农村人口以有效城镇居民户口落户，享受与城镇人口同等的待遇。这些户口被称为"蓝印户口"。自此以后，户籍管理逐渐地方化。广东、浙江、山东、山西、河北、上海等多个省市先后制定了适合本地实际情况的蓝印户口管理规定。

此外，户口地位的价值也发生了变化。"自理口粮户口簿"已经降低了这种户口地位的价值,因为拥有这种户口地位的居民并不享受国家的福利。但是,真正让所有户口地位的价值降低的是1993年国家粮票的取消以及2001年不再办理城镇居民粮食供应转移证明的声明。而且,户口地位价值的降低也减少了户籍制度改革的制约,因为户籍制度改革带来的影响在减小。在之后的户籍制度改革中,户籍制度改革的三个总体趋势也有越来越清楚的体现。农村劳动力流动就业得到了承认和认可。劳动部1994年颁布的《农村劳动力跨省流动就业管理暂行规定》和1995年下发的《关于抓紧落实流动就业凭证管理制度的通知》,在承认农村劳动力流动就业的基础上开始加强规范管理水平。小城镇中的城乡二元户籍管理体制逐渐被打破。1997年,国务院转批了公安部《小城镇户籍管理制度改革试点方案》和《关于完善农村户籍管理制度的意见》;2000年,中共中央、国务院发出《关于促进小城镇健康发展的若干意见》;2001年,国务院转批公安部《关于推进小城镇户籍管理制度改革的意见》。中小城市的户籍管理也逐渐松动。1998年国务院批转公安部《关于解决当前户口管理工作中几个突出问题的意见》,开始放开对中小城市的户籍限制;2012年国务院办公厅发布的《关于积极稳妥推进户籍管理制度改革的通知》明确要继续坚定地推进户籍管理制度改革,落实放宽中小城市和小城镇落户条件的政策。2014年7月,国务院印发了《关于进一步推进户籍制度改革的意见》,标志着新一轮户籍制度改革正式启动。此次改革提出3个方面11条具体政策措施,主要包括:一是进一步调整户口迁移政策,二是创新人口管理模式,三是切实保障转移人口及其他常住人口合法权益。为了推动改革政策落到实处,2016年,国务院办公厅出台了《推动1亿非户籍人口在城市落户方案》,绝大多数省区市制定了更加宽松和优惠的农村人口在城市落户的条件,其中最重要的政策是建立居住证制度,把原先的地方经验上升为国家的统一政策。2015年10月,国务院专门制定了《居住证暂行条例》,并于2016年1月1日起正式施行,使符合条件的人群获得的权益与本地城镇居民的差距越来越小。

户籍制度改革与农民工群体的产生

以上分析表明,我国的人口流动问题很大程度上就是我国的户籍制度

劳动光荣：农民工群体及其结构化

问题，因为户籍制度的主要目的和核心内容就是对人口流动的控制。户籍制度的设立限制了人口的流动，而户籍制度的改革则逐渐放松了对人口流动的限制。就户籍制度改革对于农民工群体的影响而言，由于户籍制度改革逐渐清除了人口流动的障碍，很多学者认为户籍制度已经不再是农民工群体生活境遇的决定性影响因素（Zhan, 2011）。这种观点虽然说明了户籍制度改革对于农民工产生的影响，但是并没有注意到户口地位的价值问题。这一部分将说明户籍制度改革对于农民工群体产生的影响，强调户籍制度改革对人口流动控制的放松。下一部分将说明户籍制度改革对于农民工群体长期存在的影响，强调户籍制度改革中户口地位价值的持续存在。

户籍制度改革的一个突出特征是人口流动控制的逐渐放松。人口流动控制放松的总体影响是农民工逐渐获得了离开农村到城市打工的合法流动权利。这无疑为农民工的产生和长期存在提供了结构可能性。另外，农民工的打工动机为农民工的产生和长期存在提供了行动必然性。结构可能性和行动必然性相结合使得农民工群体不断扩大。

第一代农民工的经历鲜明地说明了户籍制度改革提供的结构可能性的重要性。首先，第一代农民工的突出特征就是他们曾经在户籍制度改革之前的社会组织中生活和工作。更为重要的是，在户籍制度改革之前，农村居民不仅没有流动的机会，而且也没有强烈的流动意愿。对于改革之前户籍制度对人口流动的控制，第一代农民工有亲身感受。那时候，"没有人在农村之外长期工作"，因为根本就没有"（流动）机会"。他们离开自己的村子出去工作，主要是参与大型的基础设施建设项目，比如"挑河"（集体去河流的某个地段进行疏通河道的工作）。当然，有些技术工人会被临时征调，去城市里工作。这些技术工人在农村也是从事一些技术工作，比如有些木工帮助村民制作和修理农具，或者帮助农户制造家具等。而且，与直接从事农业生产相比，这些技术工作可以为他们挣得更多工分。但是，这些农村技术工人去城市里工作并不是出于个人的选择，而是政府的统一征调，而且时间都不长。完成任务之后，他们还会回到村里工作。他们"也是按照生产组组织起来的"，"必须完成生产组交给他们的任务"。如果没有技术性任务去做，他们"仍然要直接下地干活儿"，"不允许去做生产组分配之外的工作"。可见，户籍制度和农村生产组织制度一起形成了对农村人口流动的严格控制。一方面，户籍制度按照户籍所在地给农村人口进行了

第七章　户籍制度改革和人口流动控制

清晰的定位；另一方面，农村生产组织制度对农村人口的活动进行了严格的规划和控制。这些制度几乎没有为个体性的人口流动留下任何空间。此外，从主观上讲，在户籍制度改革之前，农民也没有强烈的流动意愿。由于户籍制度和城乡分化的管理体制没有为农民流动提供机会，他们也就"不会想到要离开农村，到城里工作"。这种微弱的流动意愿是他们理性思考基础上形成的一种思维习惯。这种习惯表现在农民"在很长时间里"都没有这种流动的意愿。但是，他们能够给出一定的理由来说明他们为什么没有流动意愿，包括"离开农村，也不知道做什么"或者"离开，也没有工作可做"，"当时管理很严格，下地都要点名的"，"瞎折腾，耽误挣工分"，等等。

改革开放以后，户籍制度的改革放松了对人口流动的控制。同时，乡镇和城市中也有了工作机会。农民不仅开始离开农村到城镇工作，而且他们的流动意愿也逐渐增强。需要说明的是，这个过程也是一个渐进的过程。开始的时候，城市中的工作也是非常有限的。农村居民流动的方向主要是乡镇企业。所谓乡镇企业不仅包括乡镇上的企业，而且包括农村中从事非农业生产的企业。这些企业也不都是集体所有制企业，有很多是农户合作经营的私营企业。有些访谈对象说，他们首先是在"村里"和"乡上"的企业里工作。这些企业中，有些和农产品加工相关，比如罐头厂、冰库等。还有一些"外来资本"，主要是指和农产品加工没有直接关系的加工企业，包括玻璃厂、翻砂厂、瓶盖厂等。后来，大部分乡镇企业都"关门"（倒闭）了。当时，城市建设则需要更多的建筑工人，城市中发展更好的私营企业和转制后的国有企业也更多地接纳农村劳动力。其中，对于第一代农民工而言，建筑业是他们的主要流动方向。据农民工介绍，建筑公司也都是国有企业，但是建筑公司会把建设工程承包给私人，这些包工头都是"有学历的"、"有视野的"、"有亲戚朋友在建筑公司的"、"在政府部门有关系的"或者"曾经在国有企业里工作过的"。然后，这些包工头再联系农村中有技术的农民，如木工、瓦匠等。这些有技术的农民再去寻找普通的农民组成建筑小队。与此同时，虽然农村居民也很注重农业生产的重要性，但是他们的流动意愿也增强了。"种庄稼还是很重要的，这是命根子"，但是"外出打工可以挣来钱（现金）"。那些小包工头会主动联系自己认识的包工头，询问"是否有活儿干"，普通的村民也会主动联系小包工头，询问是否有挣钱的机会。

就人口流动而言，第一代农民工对于人口流动的放松抱有一种"感激"的心情。他们抱怨，在改革之前，"我们没有什么挣钱的机会"；但是，在改革之后，他们感觉"我们起码可以出来打工了"，"应该感谢国家的政策"。这些农民虽然还不能长期"住在城市里"，但是他们可以在城市里工作了。其实，刚开始的时候，第一代农民工大部分都是"摆动工人"。随着年龄的增大，这些人中还有很多在当地的城市和乡镇打工，他们仍然过着"摆动工人"的生活。也就是说，第一代农民工虽然还没有在城市中自由居住的权利，但是已经获得了自由流动的权利。在经历过计划经济体制之后，对于第一代农民工而言，这种流动的权利已经让他们心满意足了，因为他们可以挣到更多的钱，他们的生活水平也提高了。

以上分析表明，户籍制度改革的一个突出特征是人口流动控制的逐渐放松。人口流动控制放松的总体影响是农民工逐渐获得了离开农村到城市打工的合法流动权利。这无疑为农民工的产生和长期存在提供了结构可能性。此外，在农村生产生活变迁的情况下，合法流动权利为农村居民流动提供的结构可能性也强化了他们的流动意愿。

人口流动的常态化

上一部分的分析表明，曾经在计划经济体制时代生产生活的第一代农民工亲身经历了人口流动控制放松的过程。分析表明，人口流动控制的放松是农民工群体产生的决定因素之一。更准确地说，农村生产生活方式的变迁、人口流动控制的放松和城镇对劳动力的需求是农民工产生的三大决定性因素。此外，人口流动控制的放松不仅为农民工群体的产生创造了结构可能性，也强化了他们的流动意愿。由于经历过人口流动控制放松的过程，第一代农民工往往对于人口流动政策抱有"感激"之情，因为两种体制下的经历使他们认识到人口流动和非农就业使得他们的生活水平得以提高。

但是，新生代农民工没有在计划经济体制下生产和生活过，也没有亲身经历过严格的人口流动控制对他们生活的影响。他们虽然经历过——或正在经历——户籍制度的持续改革以及人口流动控制的持续放松，但是他们对于人口流动政策已经没有什么"感激"之情了，而是认为人口流动是一种常态,是一种自然而然的生活选择。

首先,在人口流动控制放松的情况下,外出打工已经成为农民工"想当然"的、自然而然的选择。有些农民工认为,外出打工是一种被动的选择。比如,很多年轻的农民工感觉,他们"不喜欢学习"或者"上学很笨,学不会",所以他们认为"当然要打工了"或者"只能外出打工",因为他们感觉"也没有其他什么选择"。还有一些农民工在上学的时候就选择了"打工挣钱"。有些访谈对象说,他们在上学的时候,就感觉"很有可能考不上大学",而且"考上大学也会很辛苦,也会花父母很多钱",甚至"考上大学也找不到工作,也要站柜台"。所以,他们在上学的时候就感觉,"外出打工"不仅可以"减轻家庭负担",而且可以学习更实用的技能,然后可以再"创业","做买卖","做生意"。

还有一些中年农民工认为,外出打工的经历就是他们奋斗的经历。打工挣钱多,在企业中能够稳定地工作,甚至有一天能够在城市里买房子,就是他们的"能耐"和"本事"。这些农民工已经接纳了打工的生活方式,而且力图在打工生活中也能做到"出人头地"。对于那些已经打工多年的人,打工不仅仅是想当然的选择,而且也是实现自己人生目标和人生价值的一种方式。他们认为,同样是打工,有些人能够做得更好,有些人却"混"得很差。所以,他们的问题不再是是否要打工,而是如何能够更好地打工。无论是被动的选择还是主动的选择,这些农民工认为外出打工是一种正常的生活方式,而没有想过"国家不再让进城打工"的可能性。相反,他们认为"人挪活,树挪死",现在"机会很多","几乎所有的人都外出打工"。他们认为,外出打工的人多,说明国家也放开了人口流动控制,这是社会发展的需要,"没有农民外出打工,城市也维持不下去的"。

其次,随着户籍管理和人口流动控制的逐步放松,进城打工已经成为习以为常的选择,这使得农民工没有意识到人口流动控制和户籍管理制度依然存在。访谈对象当时所工作的城市(北京、济南、深圳、广州等)先后实施了暂住证制度。比如,北京的暂住证制度就规定,暂住证是外地来京人员在本市临时居住的合法身份证明;外地来京人员到达本市后,应在三日内到其暂住地派出所申报暂住登记。其中,年满16周岁,在本市暂住时间拟超过一个月的或者拟在本市从事务工、经商等活动的外地来京人员,应当在办理暂住登记的同时申领暂住证。而且还规定,逾期不办理暂住证或者暂住期满未按规定办理延期手续的，责令补办并处以 50 元以下罚款；情节严重的责令限期离京；涂改、转借、冒用暂住证的处以 50 元以下罚款或者警告；伪造、变造或者买卖暂住证的处以 200 元以上 500 元以下罚款，有违法所得的予以没收并视情节轻重吊销暂住证；单位或者个人容留无暂住证的外地来京务工经商人员居住的，责令改正，并按每留住 1 人处以 100 元以下罚款；为其提供经营场所的责令改正并按每容留 1 人处 200 元以上 1000 元以下罚款；对不履行治安责任保证书规定的治安责任的处以警告并可处以月租金 10 倍以下罚款；情节严重的吊销其房屋租赁安全合格证；外地来京人员拒绝、阻碍公安人员执行职务的依照《中华人民共和国治安管理处罚条例》处罚。面对暂住证制度面临的各种争议和我国经济发展的需要，全国各地逐渐取消暂住证制度，而实施居住证制度。2015 年 2 月 15 日，国家《关于全面深化公安改革若干重大问题的框架意见》及相关改革方案将扎实推进户籍制度改革，取消暂住证制度，全面实施居住证制度，建立健全与居住年限等条件相挂钩的基本公共服务提供机制。但是，访谈中发现，几乎所有的农民工都没有申请办理暂住证或者居住证。这个现象说明了当前城市人口管理和户籍制度改革存在的一些困难。另外，这个现象也说明农民工已经将人口流动视为一种想当然的事情，农村居民外出打工也似乎是不受限制的个人行为。因此，他们也没有感觉到申办暂住证或居住证的必要性。[①]

总　结

我国的户籍制度是在计划经济体制时期形成的、通过对人口流动的严格控制从而对人口和资源进行统一组织的国家政策。这个制度的直接目的是对人口流动严格控制。这种严格控制是计划经济时期没有产生大量农村人口流动的主要原因，因为当时城乡之间的结构性差异也会吸引农村人口向城市流动，这种结构性差异之所以没有导致农村人口的流动，就是因为

[①] 当然，这个现象也和农民工的打工动机相关。有些农民工认为自己没有希望在城市定居，也就没有永久迁移的意愿或动机，甚至认为自己只不过是暂时在打工地工作而已，也就不关心居住证所带来的益处。

国家政策的严格控制。

改革开放以来，户籍制度改革使得户籍制度出现了四个方面的变化：户籍制度目的的再确定，人口流动控制的放松，户口地位价值的降低，户籍管理的地方化。其中，人口流动控制的放松对农民工的产生具有决定性的影响。关于迁移的推拉理论主要强调迁移发生的结构性因素，包括推力因素和拉力因素。但是，这种结构性因素只能说明迁移发生的可能性，不能说明迁移的实际发生过程。计划经济时期，城乡之间的结构性差异并没有导致农村人口的流动就是一个很好的说明。改革开放之后也是如此。关于农村生产生活方式变迁的分析表明，改革开放以来，农村家庭获得了生产和生活上的自主性；在家庭责任增大、生活水准提高的情况下，农业生产已经不能满足农民的需求了，这为他们进城打工提供了动力；农业生产效率的提高，解放了农村剩余劳动力，这为农村人口进城打工提供了条件。此外，改革开放以来，城市工业部门的发展也为农村人口的流动提供了拉力。但是，农村人口的迁移还依赖于国家政策对人口流动的许可。户籍制度改革对人口流动控制的持续放松，是农民工群体产生和长期存在的重要因素。

但是，农村人口进城打工之后呢？如果离开农村、进城工作之后，农村人口变成了城市常住居民，那么我国也就不存在农民工问题了。因此，本章和上一章对于农村人口"迁移行为"所做的分析还不足以说明农民工的生活状态，尤其是他们的"不完全迁移"状态。这也需要我们关注他们在迁移之后在城市中的生活状态。下面两章将分析影响他们"不完全迁移"的两种制度因素及其对农民工生活状态和动机态度的影响。

第八章
居民地位分化和身份认同

如果说第六章和第七章主要是从移民理论的视角对农村居民的"流动"行为进行制度性考察的话,本章和下一章将集中考察影响农民工"不完全迁移"或"持续流动"的两种主要的制度性因素,即户籍价值变迁和居民地位分化、城市非正规就业和市场文化及其对农民工身份认同、生活状态和动机态度的影响。这两章讨论的内容也涉及农民工群体体现出来的、我国城市化区别于其他国家的显著特征。农民工群体的结构化之所以是我国城市化的显著特征,就是因为虽然所有国家在城市化过程中都经历过农村人口向城镇的迁移,但是我国的农民并没有"切断"他们与农村社区的联系,而是过着打工的生活,其中最显著的特点就是他们的"不完全迁移"或者"持续流动"。既然农村人口已经在城镇中工作了,他们为什么没有在城镇中定居呢?为什么没有完全地迁移到城镇呢?本章和下一章关于居民地位分化和城镇非正规就业的讨论将集中考察这些问题,也将考察的焦点转移到农村居民开始迁移之后的生活状态上。

"不完全迁移"和居民地位分化

第六章和第七章主要分析了农村居民"流动"行为的制度性因素。简而言之,农村生产生活方式的变迁、人口流动控制的放松和城镇就业机会的增加是刺激农村居民流动的三种主要制度性因素,这些制度性因素为农村居民的流动提供了"动力"、"拉力"和条件。以家庭联产承包责任制为核心的农村生产生活方式的变迁赋予了农村家庭生产和生活的自主性。农业技术的发展和农村劳动力的重组,极大地提高了农业生产率。因此,农村产生了大量的剩余劳动力,为农村居民外出务工提供了客观条件。农村家庭生活消费的独立性强化了农村居民的家庭意识和家庭认同;农村社会关系的变迁提高了农村的消费水平和消费需求。这都为农村居民外出务工提供了内在动力。城镇集体经济和私营经济的发展、国有企业的重组改革、外资企业的兴起发展,都增加了对劳动力的需求。这为农村居民的流动提供了"拉力"和客观条件。最后,户籍制度的核心内容——人口流动控制——也逐渐松动,虽然户籍制度仍然被用来对流动人口进行控制和管理,但是农村流动人口规模的扩大和城镇经济发展的需要使得流动人口的控制和管理政策形同虚设,农村居民获得了实质上的自由流动权利。这也为农村居民的流动提供了客观条件。由此我们可以看出,如果仅仅关注农民工的"流动"行为的话,移民理论,尤其是推拉理论的分析框架,可以在制度层面上做出比较好的解释。

但是,农民工的打工生活方式不仅仅是"流动",还是一种"不完全迁移",甚至是一种"持续流动"或"循环流动"。迁移理论是不足以解释这种"不完全迁移"现象的,因为这些理论关注的焦点是移民做出迁移决定的过程及其背景和条件,而对迁移发生之后的事情关注较少。虽然 Massey 等(1993)也曾经将迁移行为划分为初次迁移和后续迁移两种类型,并根据这两种迁移现象对各种迁移理论进行了整理和综合,但是他们所谓的"初次迁移"和"后续迁移"是从迁移规模及其形成过程上说的,即初次迁移是指最初移民的迁移行为,而后续迁移是指后来更多移民的迁移行为。也就是说,他们所说的后续迁移并不是指同一个移民的"持续流动",而是不同移民所形成的规模不断扩大的移民流。因此,为了解释我国农民工的"持续流动"或"不完全迁移",我们必须突破迁移理论的限制,从更综合的劳动体制视角出发分析某一种劳动力的形成和存在机制,尤其要考察在迁移行为发生之后移民的工作和生活状态。

本章和下一章将集中考察农民工"不完全迁移"或"持续流动"的制度性影响因素。调查显示,户籍价值变迁及其产生的居民地位分化、城市非正规就业及其背后的市场文化是影响农民工"不完全迁移"和"持续流动"的主要制度性因素。其中户籍价值变迁及其产生的居民地位分化强化了农民工的农村认同和地域认同,而这种身份认同又使得他们能够接受打工的生活方式,而没有采取激烈的反抗行为。城市非正规就业不仅影响了农民工在城市中的生产和生活条件,而且强化了农民工所持有的"市场逻辑"认知框架,这种"市场逻辑"也使得农民工接受了他们的打工生活方式。

  本章将关注户籍制度改革和居民地位分化及其对农民工身份认同的影响。虽然本章关注的主题——户籍制度改革——与上一章有所重合,但是本章所关注的焦点和视角与上一章是完全不同的。本章关注的焦点是户口地位的价值,而不是人口流动控制;本章的视角是居民地位及其分化,而不是人口流动的结构可能性。关注不同的焦点和采用不同的视角主要是为了说明我国农民工的"不完全迁移"或"持续流动",以及农民工对这种"不完全迁移"的认知和态度。

  首先,人口流动的控制和户口地位的价值是户籍制度中相互联系又相互独立的两个侧面。上一章关于我国户籍制度建立发展过程的分析表明,人口流动控制和户籍价值是相互联系又相互独立的两个方面。在这个过程中,户籍制度的核心功能是人口流动控制,但是人口流动控制的目的导向发生了从维持社会稳定到促进国家工业化发展的转变。相应地,户口地位的价值也发生了变化。在户籍制度刚刚建立之时,户籍制度的主要功能还在于流动人口的登记和管理,某种户口地位的价值也是比较低的。或者说,不同的户口还没有影响居民的就业、收入和福利。但是,随着户籍制度的目的调整为实施计划经济体制和国家引导的工业化战略,户籍制度更多地通过"剪刀差"让农村居民的农业生产活动服务于国家的工业化战略。户口地位的价值也发生了很大的变化,城镇户口的价值远远高于农村户口的价值,因为城市和农村在土地使用、就业、生产组织、社会福利、产品销售等方面实行了不同的制度,持有不同户口的人群在这些方面也产生了很大的差异。改革开放之后,户籍制度的改革过程也体现了人口流动控制和户口地位价值之间相互联系又相互独立的性质。户籍改革首先体现在人口流动控制的放松,但是不同户口地位的价值并没有发生太大的变化。如果说有所变化的话,那也是持有农业户口的公民可以从事农业之外的第二职业,而城镇居民还没有这样的自由。户籍制度改革的深入进一步降低了城镇户口的价值。尤其是,1992年国家粮油分配制度的取消使得城镇户口的价值进一步降低。人口流动控制和户口地位价值的相互独立性体现在虽然农村居民获得了自由流动的权利,但是城镇和农村在土地使用、就业方式、生产组织、国家福利、社会救济等方面仍然实行着不同的社会制度，持有城镇户口和农村户口的居民在这些方面存在很大差异。

其次，为了解释农民工群体的"流动"行为，上一章在移民理论框架中对户籍制度改革和人口流动控制放松的分析表明，人口流动控制的放松为农村居民外出打工提供了客观条件。为了分析农民工群体的"不完全迁移"或"持续流动"，本章将把户籍制度改革和户口地位价值的变迁放在公民身份理论中进行考察。首先，农民工的产生和未来与国家政策紧密相关，而公民身份则是国家与公民之间的关系纽带。因此，公民身份理论可以为分析国家政策和农民工群体的长期存在提供理论基础（Solinger，1999）。其次，公民身份理论所具有的规范性和解释力也使得这种理论能够分析户籍制度改革和户口地位价值的变迁及其对农民工群体"不完全迁移"的影响。尤其是，当前的公民身份理论指出不同的国家可能会产生不同的公民权责体制和遵循不同的发展路径（Janoski，1998）。与迷信西方政治理念和政治制度的、规范性的公民身份理论相比，这种更具开放性和解释力的理论使得客观地分析不同国家的公民权责体制和发展路径成为可能。最后，与激进的阶级形成理论相比，公民身份理论是一种更加客观的社会理论，也更加具有解释力。阶级形成理论与我国农民工群体长期存在的事实有所出入，主要是因为这种分析没有充分重视农民工的主观意识。而公民身份理论可以更加客观地解释农民工群体长期存在的事实，因为这种分析可以同时关注公民权责体制和发展过程对农民工群体客观生存状态和主观动机态度的影响。

户籍制度改革和居民地位分化

以马歇尔的公民身份理论为基础，很多学者对我国农民工的居民地位进行了分析（Marshall，1950；苏昕，2013）。而且，这些研究都将户籍制度及其改革视为影响农民工居民地位的主要因素。此外，这些研究也同时考察了农民工居民地位的权利和责任两个方面，因为他们的权利与责任或贡献并不匹配（Janoski，1998；Solinger，1999；Wang，2005；Wong，2013）。户籍制度及其改革进程表明农民工的居民地位主要受到四种居民地位分化的影响，这四种居民地位分化都与户口地位价值的变迁相关。

第一种居民地位分化是城镇居民和农村居民之间的地位分化。如上一章的分析所表明的，城乡居民地位分化可以追溯到1953年以来逐步确立的户籍制度（陆益龙，2003；Whyte，2010）。在计划经济体制时代，户籍制度根据户口类别和户口所在地对居民进行了地位划分。按照户口类别，居民被划分为城镇户口居民和农业户口居民；按照户口所在地，居民被赋予了永久居住权。而且，户籍制度严格控制户口地位的变更（Chan，2009）。除了严格的人口流动控制之外，城市和农村实行了不同的土地管理制度、教育制度、就业制度、社会保障制度、生产组织制度、收入分配制度和医疗卫生制度。这些制度导致了城乡之间分化的居民地位（Unger，2002；Wang，2005）。改革开放以来，城乡人口流动控制得以放松，城市和农村的社会制度都发生了很大变化。在意识到城乡之间的不平衡发展、"三农问题"的严重性之后，政府推出了很多政策来促进城乡的协调发展（温铁军，2002）。2014年，国务院发布《关于进一步推进户籍制度改革的意见》并提出，建立城乡统一的户口登记制度。全国很多城市都已经取消了城镇户口和农业户口的区别，实行城乡统一的居民户口。虽然户口地位的名称已经取消，但是城乡二元结构依然存在，户籍制度仍然影响着城镇居民和农村居民的居民地位；城镇和农村仍然存在二元土地使用制度、二元就业制度、二元行政制度和二元社会福利制度，这些都导致了分化的城乡居民地位（Cai，2011；Gao et al.，2013；He，2005；黄锟，2011；Liu，2007）。

第二种居民地位分化是城镇居住人口的地位分化。城镇居住人口的居民地位分化的主要表现是农民工在城市中的部分居民地位或不完全居民地位（Ngok，2013；Wong，2013；Zhang and Wang，2010）。在经济改革初期，农民工在城市中几乎没有什么权利；在某一段时期中，他们甚至都不被允许在国内进行流动和迁移（Chan and Ngai，2009）。20世纪80年代中期，户籍制度改革逐步让农村居民获得了流动权。1984年，《关于农民进入集镇落户问题的通知》标志着户籍制度改革新阶段的开始。该通知规定，凡申请到集镇务工、经商、办服务业的农民和家属，在城镇有固定住所，有经营能力，或在乡镇事业单位长期务工的，公安部门应准予落常住户口，发给"自理口粮户口簿"。这种"自理口粮"的户口集中体现了城镇居住人口的居民地位分化，因为拥有这种户口的人虽然也生活在城镇中，却没有同等的待遇。其后，这种居民地位的分化也都不同程度地存在。1985年，公安部颁布《关于城镇暂住人口管理的暂行规定》，规定暂住时间拟超过三个月的十六周岁以上的人员，可申领"暂住证"。暂住证的推出标志着公民开始拥有在非户籍所在地长期居住的合法权利。但是，一个"暂"字再次体现了这种居民与城镇其他居民之间的差异。进入 21 世纪，随着农民工规模的扩大和一些农民工群体事件的发生，政府也认识到了农民工群体给经济社会发展带来的潜在风险，因此逐步采取了旨在改善农民工工作条件和社会福利的措施。这些举措首先是从保障农民工的市场权利开始的。一个典型的例子是，2003 年，当时的国务院总理温家宝同志帮助一个叫熊德明的农民工讨要工资的事情。其后这些政策逐渐赋予农民工更多的社会权利。2015 年 2 月 15 日，国家《关于全面深化公安改革若干重大问题的框架意见》及相关改革方案提出将扎实推进户籍制度改革，取消暂住证制度，全面实施居住证制度，建立健全与居住年限等条件相挂钩的基本公共服务提供机制。此外，调查发现，很多农民工没有申办暂住证和居住证，这也说明农民工在城市中的工作和居住获得了默认。城镇居住人口的居民地位分化主要包括以下因素：首先，原本具有城镇户口的本地居民和通过高等教育、工作调动等实现就业的城市居民仍然享受比较全面的城镇居民地位；其次，完成了"完全迁移"的农民工，成为城镇新人口，也能够享受全面的居民地位；再次，实行积分落户制度的城镇中，具有不同积分的农民工享受不同程度的城镇居民地位；最后，没有进行登记的农民工则几乎享受不到城镇社会福利。

第三种居民地位分化是农民工在城镇中积极和消极地位的分化。虽然农民工在城镇中享有一些居民地位，但大都是由消极性权利构成的。根据居民地位的运行方式和功能作用，Bendix（1964）将民事权利（civil rights）视为一种存在性合法状态（legal state of being），而将政治权利（political rights）视为一种行动性合法力量（legal power of doing）。同样 Thompson（1970）也将居民地位划分为生存权（rights of existence）和影响力（capacities to influence）两种类型。在扩展了 Marshall、Bendix 和 Turner 等人的居民地位三分法之后，Janoski（1998）在划分积极居民地位（active rights）和消极居民地位（passive rights）的基础上建立了一个更为综合的居民地位分析框架。在他的分析框架中，消极居民地位包括法定权利（legal rights）和社会权利（social rights），这些权利只能影响居民的生活状态和社会地位；

劳动光荣：农民工群体及其结构化

积极居民地位包括政治权利（political rights）和（经济）参与权利（participation rights），这些权利可以影响居民的行动范围和行动能力，甚至可以扩大权利范围。从这种分析框架来看，我国农民工在城市中的居民地位也不仅仅是一种不完全的居民地位，他们所拥有的居民地位大都是消极居民地位。首先，在获得了合法流动权利以及法定的工作和居住权利或者默认的工作和居住权利之后，农民工在城市中已经拥有了事实上的法定地位。其次，农民工的社会权利在过去的一段时间不断扩大；在承认农民工大量存在及其对城市发展的作用之后，国家制定了大量针对农民工的服务性政策，包括保障农民工的工资收入、为农民工子女接受义务教育提供条件、制定《劳动法》保障农民工的合法权利等。但是大部分农民工的政治参与还主要集中在农村社区中。此外，如下一章所分析的，由于市场逻辑的发展和城市非正规就业的长期存在，农民工在企业中还没有真正的参与权利（He, 2005; Huang, 2009, 2010）。这些都说明，西方国家和当前我国的居民地位的发展经历了不同的发展路径。在西方资本主义社会的发展过程中，居民首先获得了法定地位和政治权利，然后通过市民运动或阶级斗争获得了更多的社会权利和经济权利（Marshall, 1950）。也正是在这个意义上，Turner（2009）才认为社会权利的获得能够真正影响社会公平。但是，在我国社会转型的过程中，农民工首先获得了社会权利，然后通过渐进改革逐步扩大农民工的法定地位和政治权利。其背后的主要原因在于我国所采取的渐进改革道路需要也很好地实现了社会发展和社会稳定之间的平衡关系，而发展和稳定的平衡又依赖于通过扩大居民社会权利来促进社会公平和进行风险控制。

第四种居民地位分化是在同一地区内本地农民工和外来农民工之间居民地位的分化。与城乡居民之间居民地位的分化不同，本地农民工和外来农民工之间居民地位的分化意味着在某一特定的行政区域内本地居民（包括农民工）和外来农民工之间存在居民地位的分化。在某一个特定的行政区域中，即使城乡居民之间的居民地位分化已经缓和，甚至已经实行了统一的居民地位体制，这种缓和与统一只适用于本地的城乡居民，很大程度上并不适用于所有的居民，尤其是外来的农民工。具体地说，居民地位的提高只适用于本地的农民工，而不适用于外来的农民工。Shi（2012）指出了以下两种现象的同时存在：社会权利范围的扩大和特定行政区域内本地居民和外来人口的权利分化。以成都为例，成都已经打破了城乡分割而实现了统一的居民地位，并赋予所有成都居民以享受当地社会福利的权利。但是，成都农村居民外出打工的话，即使打工地也实行了城乡一体化的居民管理制度，他们也不能享受和打工地当地居民同样的社会福利。也就是说，农村居民所获得的社会福利在不同的地域之间并不具有可转移性。此外，户籍政策和人口管理的地方化和各个地方进行的相对独立的试验，导致不同地域采用了不同的人口管理制度。很多学者指出，地方政府已经将城市居民地位视为吸引外资和降低劳动力成本，从而促进当地经济发展的一种手段（Chan and Buckingham, 2008; Chien, 2007; Gallagher, 2005; Zhang and Wang, 2010）。

从居民地位到公民实践

居民地位分化对农民工的行为和态度有何影响呢？这种影响是如何发生的呢？在其公民身份理论中，马歇尔（Marshall, 1950）考察了公民身份发展及其与阶级斗争的互动对当代公民制度变迁所发挥的作用。在马歇尔公民身份理论的影响下，很多研究也考察了我国群体事件对于居民地位变化的影响（Giddens, 1982; Tilly, 1998）。随着我国农民工抗争行为的增加，居民地位视角下的研究也越来越多地关注这些抗争行为及其对政府政策和居民地位变化的影响。而且，很多学者也将农民工的抗争行为定义为阶级行为。

但是，即使参加群体事件的那些农民工也没有发展出所谓的阶级意识。相反，很多农民工进行抗争的行为都是以居民地位为目标的合法化抗争（沈原，2006; Lee, 2007; O'Brien and Li, 2006）。因此农民工的抗争行为也越来越多地被定义为公民运动（Chan and Ngai, 2009; Lee, 2007; Pun and Lu, 2010）。比如，Guo（2014）将农民工的抗争行为划分为个人性的消极反抗、个人性的积极反抗、集体性的消极反抗和集体性的积极反抗四种类型。而且个人性的反抗，无论是积极的还是消极的，直接影响居民地位改革的可能性都很小，却可能会引发集体性的反抗活动；而集体性的反抗，尤其是积极的集体性反抗，则更可能影响居民地位的变化。其实，这些分析涉及两个相互区别的问题：其一是农民工的抗争行为如何影响居民地位变化，即是否提高了农民工的居民地位；其二是他们的反抗行为如何保护他们的居民地位，即是否实践了他们已经拥有的居民地位。

总体而言，从公民身份理论出发对农民工反抗行为所进行的实证研究在三个方面补充了居民地位的制度分析。首先，这些研究不仅对居民地位制度进行静态考察，而且力图揭示居民地位制度的变迁机制。居民地位制度的研究更多地描述居民地位制度的变迁，而关于农民工抗争的研究则强调抗争行为对居民地位制度变迁的作用。其次，抗争行为包含居民地位的行动性或能动性，包括农民工的意识、话语和行为。这些行动性和能动性可以将宏观的居民地位制度和微观的公民实践行为连接起来。最后，无论是研究居民地位制度的变迁还是居民地位制度的影响，"公民"认同都是理解农民工对居民地位制度的态度和行为的关键。身份认同的重要性也要求对农民工的身份认同进行更加深入的分析，从而理解他们对居民地位制度和生活状态的态度和反应。

不过，关于农民工抗争行为和群体性事件的研究表明，当前关于居民地位对农民工行为的影响大都集中在对特殊事件——群体性事件——的分析上。也就是说，当前的研究还没有充分关注居民地位分化对于农民工日常生活的影响。虽然农民工也会进行一些零星的抗争行为，但是大多数农民工在大部分时间里仍然是吃苦耐劳（eating bitterness），辛勤工作的（Loyalk, 2013）。为了解释这一现象我们有必要考察居民地位分化对于农民工日常生活的影响。当前的研究也考察了居民地位分化对于农民工客观生活状态——包括工作性质、工资收入、家庭生活、子女教育——的影响，但是还没有充分考察下面这些问题：农民工在日常生活中是如何看待分化的居民地位的？居民地位分化是否影响了他们的生活预期和规划？居民地位分化是否影响了他们的打工动机？居民地位分化是否影响了他们的身份认同？这些问题虽然有助于理解农民工的抗争行为，但是又超越了抗争研究的考察范围。首先，抗争行为和群体性事件虽然受到很多偶然因素的影响，但是其结构性原因还是要在农民工的日常行为中去寻找。其次，抗争行为和群体性事件仍然是零星事件的前提，考察农民工的日常生活也可以理解农民工的结构化现象。此外，这些问题不同于居民地位变迁的问题，这些问题关注的是在当前居民地位分化的情形下农民工的认知、态度和行为问题。

第八章 居民地位分化和身份认同

我们可以用"公民行为"来描述特定公民地位体制下公民的认知、态度和行为。这样，公民行为可以划分为两个方面：公民抗争和公民实践。公民抗争主要用来考察特殊事件中的公民抗争行为及其对公民制度变迁的影响；而公民实践则主要考察特定公民制度下公民地位对公民日常生活的影响。为了理解农民工群体的结构化，下面的分析将集中考察公民实践中居民地位分化对于农民工日常生活的影响。阶级形成视角和公民运动视角的不同也表明，身份认同是理解居民地位对公民行为影响的关键因素，因为身份认同是居民地位和公民行为的连接机制。一方面居民地位可以影响身份认同，另一方面身份认同又影响公民行为。因此，为了将农民工的居民地位和公民实践结合起来进行考察，我们首先要分析居民地位对农民工生存状态的影响，然后分析生存状态对于农民工身份认同的影响，并进而说明身份认同对农民工的动机、态度和行为的影响。

居民地位分化和公民实践

农民工特殊的打工生活方式使得他们生活在两个社会之间。现代化研究往往将"两个社会"定义为"城市"和"农村"，因为城市和农村中的文化观念、生产方式、职业特征、生活方式等存在很大差异（Whyte，2010；Ngok，2013）。第一部分关于居民地位分化的分析表明，对于农民工而言，城乡分化仅仅是"两个社会"的一个侧面，因为这里面还涉及地域之间、城市内部、地位结构上的差别，而这些差别主要体现在居民地位的差异上。因此，对于农民工而言，"两个社会"体现在迁出地和工作地之间居民地位的结构性和制度性差异上，其中既涉及城乡之间的差异，也涉及地域之间的差异，还涉及城市内部不同人群之间的差异。调研也发现，农民工清楚地感受到了城乡之间、地域之间和城市内部人群之间居民地位的分化。

首先，农民工感受到了他们在城市和农村中居民地位的不同。在农村他们有独立的居民地位和全面的农村居民的社会福利。农民工都知道，他们可以在农村承包土地，也可以获得宅基地，但是在城市中他们只能买房子。此外，城市居民不能到农村承包土地，也不能在农村"搞到"宅基地盖房子。农民工认为，他们可以在农村得到稳定的生活，因为他们在农村

劳动光荣：农民工群体及其结构化

承包的土地可以提供生活保障；而在城市里，农民工和城市居民都有可能失业。有些农民工即使不再种地，也不愿放弃土地使用权，因为他们感觉土地是他们的一份保障。此外，他们在农村拥有自己的生产工具，可以自主地决定他们的生产经营活动。他们也谈到，在农村他们都参加了新型农村合作医疗，这种医疗保障是统一组织起来的，非常方便。但是，在城市里他们没有什么医疗保障，没有自己的资产，他们仅仅是"卖力气"而已，生活完全取决于"老板"和"市场经济"。

其次，他们也能感受到，在城市里他们的生活非常被动，也没有完善的社会保障。农民工还感受到，他们在农村具有"发言权"。在农村实行村民选举和村民自治的前提下，他们有影响土地流转、基础建设、社会救济等方面政策的合法渠道；而在城市里，他们是被动的，完全受制于"市场"和"老板"。在城市里，农民工也获得了常识性的或默认的合法地位。大部分农民工没有正式的户口地位，也没有申办暂住证或居住证。但是，他们认为在城市中工作和生活是"合法的"或"被允许的"、"没有问题的"。他们认为"没有人会在意这些本子（证件）"，老板不在意，政府不在意，他们自己也不在意。就社会保障而言，在规模较小的服务业组织中，农民工几乎没有任何社会保障；而在制造业和建筑业中，农民工也都仅仅有工伤保险；有些比较规范的大企业为农民工提供了比较完备的社会保障，但是这些社会保障也仅限于那些工作年限较长、对企业发展作用明显、技术水平较高或者获得了管理岗位的农民工。

最后，地域之间居民地位分化的影响越来越大。表面来看，地域之间居民地位分化的影响并不大，因为很多农民工认为，无论在什么地方工作，他们和城市居民的生活都是不同的。许多农民工进行长距离迁移的原因，是他们往往都去经济更加发达的地区打工，因为那里不仅工作机会多，而且工资也比当地高。此外，这些经济发达地区在城乡一体化方面做得更好，城乡居民的社会保障差异也很小。虽然当地居民和外来农民工之间还存在居民地位上的差异，但是这些地区也都采取了更多的保障外来农民工权益的措施。在这些农民工中，很多人也提到，他们所在的企业为他们提供了比较好的社会保障，但是他们不愿意承担他们应该支付的费用，而宁愿拿到更高的工资。原因就在于，他们仍然不确定他们会在这些省份工作多长时间，也不确定他们在现在的企业会工作多长时间。他们之所以有这种感觉，就是因为在经济发达地区，作为农民工的他们总是感觉自己能力不足、工资低、生活压力大等。结果就是，他们认为政府和企业所提供的社会福利是"没有意义的"或者"没用的"。

以上分析表明，居民地位的分化对农民工的生存状态产生了很大的影响，这尤其体现在农民工在迁出地和工作地之间居民地位的差异，而这种差异使得农民工生活在"两个社会"之间。居民地位分化对农民工生存状态的影响进一步影响了他们的身份认同。访谈发现，城乡之间和地域之间居民地位的分化使得农民工发展出了"农村居民"和"城市客人"两种身份认同。

首先，城市居民和农村居民之间居民地位的分化及其产生的农民工在工作地不完全的居民地位强化了农民工的"农村居民"身份认同。在访谈对象谈及城市和农村生活之间的差异时，他们不仅能够说出城市居民和农村居民之间生活状态的结构性差异，而且认为他们不属于城市社会。按照农民工的理解，变成城市居民应该满足以下条件：第一，拥有稳定的工作；第二，家庭成员都生活在城市里，未成年子女能够在当地的学校读书；第三，拥有医疗、养老等方面的社会保障；第四，拥有自己的住房，在城市中能够获得与其他城市家庭平等的独立地位。由于农民工的生活状态不同，并不是所有的农民工在访谈中都认为变成居民要满足上面提到的所有条件。有的仅仅提到了工作方面的条件或家庭方面的条件；只有那些工作稳定、工资较高的农民工才会提出社会保障、购买房产等方面的条件。但是，在满足了上面列举的一些条件之后，大部分农民工还是不认为他们变成了城市居民，因为在他们看来，变成城市居民总是需要满足更多的条件。比如，在北京的一个郊区乡镇，很多农民工打工多年了，而且他们一家都在那个乡镇打工，子女也在打工子弟学校上学。但是，他们仍然不认为他们是当地居民，因为他们没有在当地买房子，老板也没有提供社会保障。而且，由于他们认为自己不属于当地居民，即使有些大企业为他们提供社会保障，他们也不愿意参保，而是愿意拿更多的工资。此外，这些成为城市居民的条件或标准还往往成为他们对城市和农村生活进行比较的标准。与他们在城市中不能满足以上条件的状况相比，农民工发现，在农村他们具有更多的权利。他们已经承包了农村土地，而且承包期长达几十年，这可以让他们在"失业"或者"坚持不下去"的时候生活有保障。他们在农村有自己的房子，虽然他们长期不住在农村，但是他们在农村的生产生活资料保证了他们在农村社区中与其他家庭平等的独立地位。他们的孩子可以在当地的公立学校接受义务教育；虽然有些农民工也可以将子女送入城市的学校接受义务教育，但是城市中的消费毕竟要高很多，而且也不能保障他们的子女能够生活在平等的环境中。他们参加了农村合作医疗，不仅费用低，而且有保障。他们也可以参加农村的公共事务，包括民主选举、反映意见等。通过比较他们在城市和农村中不同的居民地位，农民工更倾向于认为他们是家乡的农村居民，对家乡更有归属感。

如果农民工更倾向于认为他们是家乡的农村居民，他们为什么还要在城市中工作和生活呢？答案在于，农民工在打工地所具有的不完全居民地位强化了他们"城市客人"的身份认同，①以"城市客人"的身份在城镇打工是他们满足需求的工具性选择。访谈中发现，绝大部分人将当前的打工生活视为"暂时的"，虽然他们都不确定到底需要打工多长时间，甚至有些人做出了长期打工的准备。这种身份认同与他们的生活状态直接相关。大部分访谈对象都对当前的工作和生活状态不太满意。但是，他们的打工动机又使得他们有理由继续在城镇中打工。

这种身份认同和生活状态又与居民地位分化的制度相关。首先，农民工意识到他们的居民地位与本地居民的居民地位存在很大的差异，这种意识同时强化了他们"农村居民"和"城市客人"的身份认同。此外，"城市客人"式的打工生活仅仅被认为是承担"农村居民"责任的手段，因为基于农村全面居民地位的"农村居民"认同给他们提供了继续打工的动机。其次，迁出地和打工地之间居民地位的分化也使得农民工认为，在现在的工作和生活状态下他们很难在打工地定居。即使那些在当地城镇打工的短距离农民工也认为他们很难在城镇定居，因为不稳定的工作和较低的收入很难使他们获得"稳定"感、"舒服"感和归属感。最后，所谓"城市客人"也并不完全相同，其性质还是取决于他们在城市做客的动机。并不是所有的农民工都将"城市客人"生活视为承担"农村居民"责任的手段。有些农民工打工是为了满足农村生活的需要，比如提高农村

---

① "城市客人"常见于学术讨论中，但是，这种说法也反映了农民工本身的看法。在调查中，有一位农民工就明确地说，他不过是所在城市的"过客"。

生活水平、在农村家庭和社区中获得声誉、为孩子教育和婚姻做准备等。但是,也有些农民工打工的目的不是农村导向的,比如学技术、做生意等。无论在哪种情况下,在他们打工的过程中,他们还是认为打工生活是"暂时的",他们是城市的客人。总而言之,迁出地(家乡、农村)和打工地(外地、城市)之间居民地位的分化影响了农民工的工作和生活状态,并进而强化了他们"农村居民"和"城市客人"的身份认同,虽然也有些农民工发展出了要成为"城市主人"的愿望(即发展出了要在城市定居的愿望)。

居民地位分化及其变迁也影响了农民工对待打工生活的态度。具体而言,居民地位分化及其变迁使得他们对打工生活倾向于持有一种接纳的积极态度。更为重要的是,这种接纳态度和农民工的双重身份认同有一种相互强化的关系。一方面,与农民工的双重身份认同一起,居民地位分化及其变迁使得农民工对打工生活发展出了接纳的态度,或者说,居民地位分化及其变迁对农民工的接纳态度既有直接影响,也有通过身份认同而发生的间接影响。另一方面,对打工生活的接纳态度又强化了他们当前的双重身份认同。对农民工对待打工生活态度的分析表明,他们对打工生活的态度与他们的工具理性相关,也就是说,农民工往往将打工生活视为一种实现他们动机或目标的手段。因此,农民工对待打工生活的态度也要放在他们的动机和手段结构及其变化中进行分析。就居民地位分化及其变迁对农民工生活态度的影响而言,我们也要分析居民地位分化及其变迁对农民工打工动机的影响和对打工生活满足打工动机程度的影响。

首先,居民地位分化及其变迁影响了农民工的生活规划和打工动机。如果农民工将自己视为"农村居民",他们为什么不回到农村呢?如果他们仅仅将自己视为"城市客人",那么他们是否愿意在城市中定居呢?或者说,他们的生活规划是什么?他们如何实现他们的生活规划呢?调查发现,居民地位分化及其变迁影响了农民工的生活规划,从而为他们的打工行为提供了动力。由于农民工在工作地没有享受全面的居民地位,他们往往将自己视为迁出地的农村居民,将他们所来的农村视为自己的"家"。对于工作的城市,他们没有归属感和安全感。很多访谈对象明确地表示,他们来城市工作的目的就是提高他们所在农村社区的生活水平或者完成农村的家庭责任。长距离流动的农民工尤其如此。虽然很多农民工也曾经有过在城

劳动光荣：农民工群体及其结构化

市定居的意愿或者计划，但是居民地位的分化和城市定居的困难使他们逐渐打消了这种念头，因为他们感觉自己"不可能像当地居民一样在城市立足"。相反，他们在农村有"更舒服的感觉"和"更完整的生活"。这种"更舒服的感觉"和"更完整的生活"主要是指，他们在农村有赖以生存的土地，不用为失业而"担惊受怕"；在农村有亲戚朋友，不用为面对陌生人而不知所措；在农村有可以负担得起的医疗保险，年老以后也不会"给子女带来太多负担"；在农村可以参与公共事务，而在城市里只能被动地接纳现状；等等。居民地位地域性分割的影响也很明显。那些在当地打工的短距离农民工具有更强烈的城市定居意愿，因为随着户籍制度改革的深化，地域内的居民地位分割已经没有那么明显，城乡消费水平差距相对较小，城市定居的可能性进一步提高；而且，这种城市定居意愿持续的时间也比较长，因为居民地位的变迁使他们感觉到城市定居的希望越来越大。总而言之，居民地位分化和变迁对于农民工生活规划和打工动机的影响主要是通过来源地和打工地生活的比较与城市定居的可能性而产生的。

其次，居民地位分化及其变迁使得打工生活越来越能够满足打工动机。农民工的打工动机在打工过程中会发生变化，其中部分原因是居民地位分化及其变迁影响了他们在城市定居的可能性以及他们对待来源地和打工地生活的态度。但是，我们仍然可以将农民工在某一时点上的打工动机划分为"定居打工地"和"返回来源地"两种类型，而居民地位分化及其变迁影响了他们对这两种打工动机的选择。此外，居民地位分化及其变迁也使得打工生活能够在更大程度上满足农民工的需求或动机，因此使得他们对打工生活持有一种接纳态度。这可以从下面两种典型的农民工中找到其内在的逻辑。第一种典型的农民工是那些短距离、市内流动的农民工，他们更加可能发展出"定居打工地"的意愿，尤其是那些年富力强的中青年农民工。第二种典型的农民工是那些长距离、跨省份的农民工，他们往往认为以后要"返回来源地"，现在打工也是为了应付"家乡的花费"，多年在非技术性岗位上工作，也没有走上管理岗位的农民工，尤其如此。两种农民工在居民地位上存在的差异起码可以部分地解释他们在生活规划和生活态度上的不同。对于具有"定居打工地"意愿的、短距离流动的农民工而言，某一个地区的城镇居民和农村居民的居民地位逐渐趋于一体化，农民工在城市中的居民地位也逐渐提高。在城市和农村的生活水平差距不大的情况下，他们的收入使得他们能够在城市中买房子定居，尤其是当夫妻双方都在城市工作的情况下；他们的子女也能够在城市中接受义务教育；即使他们没有在城市里买房子，在城市里的生活成本也相对较低。这一切都让他们看到了实现"定居打工地"的可能性，这种可能性使得他们安于现在的打工生活，以期在未来能够实现定居的意愿。而对于第二种典型的农民工，在与当地城市居民生活的比较中，他们不仅能够体会到城市和农村生活之间的巨大差别，而且他们的子女也很难在其他省份接受义务教育。更为严重的是，本地居民和外来人口在居民地位上的差异，使他们感到"定居打工地"的可能性很小。但是，这些农民工的经济权益越来越得到保护，尤其是他们的工资收入有了比较完善的保障，较高的工资收入可以满足他们"应付家乡花费"的需求。

总　结

要理解农民工群体的结构化现象，农民工的打工生活方式要求不仅要对农村人口的迁移行为进行分析，而且要对他们迁移之后的工作和生活状态进行分析，因为农民工现象不仅涉及农村人口的流动和迁移行为，而且是一种"持续流动"和"不完全迁移"。这种"持续流动"和"不完全迁移"又是和他们在城镇中的工作和生活状态紧密相关的。那么，农民工在城镇中的生活状态如何？这种生活状态受到哪些制度性因素的影响？这种生活状态又如何影响他们的身份认同、认知方式和动机态度呢？

调查发现，我国当前居民地位的分化是影响农民工生活状态的主要因素之一。就农民工群体而言，影响他们生活状态的居民地位分化主要包括城镇居民和农村居民之间的居民地位分化、地域之间的居民地位分化、城市内部不同群体之间的居民地位分化、农民工居民地位结构的分化等。这些居民地位分化集中体现在农民工在打工地和来源地的不同生活状态上。这种不同的生活状态强化了他们"农村居民"和"城市客人"的双重身份认同，进而影响了他们对打工生活方式的认知和态度。

从生活状态上说，随着我国市场经济体制和社会福利制度的完善，作为一种劳动力，农民工的生活状态越来越取决于他们的工作方式和工资收入。因此，农民工的工作质量及其与企业之间的关系对他们的生活状态和动机态度的影响越来越大。因此，我们下一章将集中讨论农民工的就业方式及其对农民工生活状态和动机态度的影响。正如下一章所显示的，他们在城镇中的非正规就业和他们持有的"市场逻辑"不仅影响了他们的生活状态和对待打工生活的态度，而且也会影响他们对待居民地位分化的态度。

第九章
城市非正规就业和市场文化

　　第六章到第八章分析了影响农民工群体长期存在的三个制度安排：农村生产生活方式的变迁和农户自主性的提高、户籍制度改革和人口流动控制的放松、户籍制度改革和居民地位分化。这些制度安排对农民工群体结构化的影响主要是通过主观动机态度和客观生存状态的互动而进行的。也就是说，这些制度安排不仅影响了农民工群体的客观生存状态，也影响了他们的主观动机态度，而且客观生存状态和主观动机态度存在相互强化的关系。这种相互强化的关系使得农民工群体不仅有动力进城打工，而且也对打工生活发展出了一种接纳的态度。本章将关注第四个制度安排——城市非正规就业，这个制度安排对农民工群体长期存在的影响逻辑是相同的，即影响了他们的客观生存状态和主观动机态度及其相互关系。

　　农村生产生活方式的变迁和农户自主性的提高与户籍制度改革和人口流动控制的放松主要影响了农民工的"流动"或"迁移"行为，因为这两种制度安排为农民工的流动行为提供了动机和机会；居民地位分化和城市非正规就业则主要使得农民工"持续流动"或者处于"不完全迁移"状态中，因为这两种制度安排影响了他们的城市生产和生活状态，而这种生产和生活状态使得他们很难实现他们所谓的"定居"。在农民工看来，"迁移"或者"定居"主要包括两个层面：对于那些只身进城打工的农民工而言，他们所谓的"迁移"或"定居"主要是指所有的家庭成员（包括夫/妻和未成年子女）能够在城市中工作、生活和学习；对于那些所有家庭成员都能够来城市工作、生活或学习的农民工而言，"迁移"或者"定居"主要是指家庭能够在城市中获得独立而平等的社会地位，其中最主要的标志就是能

劳动光荣：农民工群体及其结构化

够在城市中有稳定的工作、与当地居民有持平的收入、有能力在打工地购买住房。对农民工打工经历的考察表明，当原来只身进城打工的农民工能够让所有家庭成员进城工作、生活或学习之后，他们仍然不认为完成了迁移或实现了定居，而是提出上面提到的那些更高的要求。因此，对于农民工"持续流动"的制度性解释便是要分析农民工不能实现"定居"或"完全迁移"的制度性影响因素。而农民工能否实现"定居"或"完全迁移"的重要影响因素就是他们的工作质量，因为农民工打工的目的是工作，而不是获得国家提供的福利；而且，与国家福利相比，农民工的工作质量是他们生活状态的决定性因素。

上一章讲到的居民地位分化虽然能够部分地解释农民工的"持续流动"，但是居民地位分化还不足以充分说明农民工的"持续流动"或"不完全迁移"。居民地位分化主要影响农民工的基本社会福利水平，但对他们的工作性质和工资水平并没有太大影响。另外，农民工进城的主要目的是在城镇里工作。此外，如果农民工能够在城市中获得稳定的工作、较高的收入，他们也没有必要生活在"持续流动"中了。因此，为了更好地理解农民工的结构化，仍然需要对他们的工作状态进行考察。从本研究的问题——农民工群体的结构化——来看，农民工群体的产生和长期存在的主要机制是市场（Li, 2008; Cai et al., 2008）；农民工的本质特征也是在劳动力市场中以劳动获得工资收入。因此，考察农民工的就业状况、企业和农民工的关系以及企业和国家的关系是十分必要的。关于农民工打工动机的分析表明，他们在城市的工作性质、劳资关系、收入水平和生存状态也是影响他们打工动机（尤其是打工地定居意愿）的主要因素。此外，无论他们的打工动机是什么，农民工的"持续流动"都与他们在城市中的就业和工作状态紧密相关。在农村生产生活方式变迁的背景下，农业收入和消费水平都发生了很大的变化。农业生产已经不能满足农民日益增长的物质文化生活的需要，因此农民工进城打工所赚取的工资成为农村家庭重要的收入来源。但是，在农民工开始在城市打工之后，他们的就业和工作很大程度上决定了他们在城市中的工资收入、生活水平、打工动机及其实现程度。

为了说明农民工的城市就业状况及其影响，本章将首先简要地介绍农民工就业的非正规特征；在此基础上，本章将分析农民工非正规就业的影响；最后，本章将从农民工的视角出发，分析农民工所持有的以身份为基础的市场逻辑,并说明农民工的市场逻辑是农民工非正规就业和居民地位分化背景下公民实践的主观认知基础。

农民工非正规就业及其城市生存状态

"非正规就业"(informal employment)的提出源于国际劳工组织(ILO)。早在20世纪60年代,国际劳工组织的人类学家Keith Hart就把进口替代工业和政府部门称为"正规部门",而那些低收入者则主要在"非正规部门"从事非正规就业。自那以后,关于非正规就业的研究便不断深化。更为重要的是,对于我国劳动力市场的研究表明了"非正规就业"概念的巨大解释力。首先,研究表明非正规就业的存在空间非常广泛。在最初的非正规部门或非正规经济研究中,非正规就业被视为非正规部门的衍生概念,并往往被界定为劳动者在非正规经济部门中的就业(张彦,2010)。比如,1991年的国际劳工大会上,ILO秘书长米歇尔·昂塞纳就指出,非正规经济部门的人员是指规模非常小的商品生产者或劳务提供者,大部分是独立的小业主,主要存在于发展中国家的城市地区;有些小业主仅仅雇用家庭成员,也有一些雇用为数不多的雇员或学徒。但是随着非正规就业研究的深入,非正规就业和非正规部门的概念逐渐发生分离。对我国非正规就业的分析表明,非正规就业不仅仅存在于非正规经济部门中,也存在于正规经济部门中。比如,张彦(2008)指明,经济不是非白即黑的。在白色经济和黑色经济之外,他提出了"第三种经济"的概念。所谓白色经济就是遵照法律和政府相关规定公开进行活动的透明经济;黑色经济是指处在隐蔽状态的、为各国法律明令禁止的走私、贩毒等经济行为;第三种经济包括不在白色经济中的那部分凭劳动换得货币收入的紫色经济及其中的隐性就业、完全合法但不好计算的家务劳动等橙色经济和不计报酬的在社区或社团从事公益性服务等绿色经济或义务经济。其中非正规就业则主要存在于白色经济和紫色经济中。其次,研究表明非正规就业的存在方式多种多样。从人员构成来说,我国的非正规就业主要由三部分劳动力构成:被旧体制抛出的失业下岗工人、流入城市的农民工、重返劳动力市场的女职工和老年"补差"职工等(金一虹,2000:93)。从就业的形式来看,我国的非正规就业主要包括以下几种区别于传统典型就业形式的就业类型:非正规部门的各种就业门类以及正规部门里的短期临时就业、非全日制就业、劳务派遣就业、分包生产或服务项目的外部工人等（薛昭鋆，2000）。

对于我国的农民工而言，他们的非正规就业之所以引起重视，还在于这种就业形式对他们的城市生活状态造成的不良影响。李强和唐壮（2002）指出，我国的非正规部门和非正规就业具有户籍分割、福利保障差、工作不稳定等特征。李烨红（2003）则指出非正规就业具有劳动时间弹性较大、雇佣关系不稳定、工资和劳动力成本较灵活等特征。在区分对非正规就业"现象的表述"和"本质的表述"的基础上，张彦（2010：64）列举了将非正规就业和正规就业区别开来的界定要素，包括就业与社会保障体系之间几乎没有制度性联系，或者虽有制度性规定但很少被遵守；劳动时间不固定，对照八小时工作制、五天工作制及国家法定工作日，具有不合乎劳动者意愿的任意性；收入不稳定，非标准工资雇佣方式（不乏采用计时或计件工资）；劳动关系不规范、不稳定，劳动契约随时可能被终止；没向政府部门申报，劳务收入经常处于税务监管的"盲区"，许多经营活动处在法律法规的边缘，不容易进行统计；家庭所有制及自我雇佣等工作状态。在此基础上，他将非正规就业定义为"那些在付酬、劳动时间、劳动关系、工作形态、社会保障及经营活动各方面存在不固定性、不稳定性或不规范性而与正规就业有性质上的区别的劳动就业形式"。张彦总结的非正规就业所具有的"本质特征"很好地说明了这种就业方式对劳动者的生存状态产生的影响。

调查发现，农民工的城市非正规就业的确符合当前关于非正规就业的研究所指出的那些表现特征。就本研究中的调查对象而言，鉴于安全考虑，建筑业和制造业内的企业大都为农民工购买了工伤保险，但是大部分没有为农民工购买或缴纳养老、医疗、失业和生育保险，也没有缴纳住房公积金。那些服务业内的企业甚至连工伤保险都没有。所有行业的农民工劳动时间都不固定，很多农民工每周要工作六天或者七天，每天的工作时间也通常会超过八小时。他们虽然能够得到更高的加班费，但是并没有是否加班的自由选择。农民工的收入也有了很大提高，但是与城市消费水平相比，还是不能够像当地居民一样生活。很多农民工的工资是计时计件工资，而且没有基本工资。劳动关系也很不规范。一方面，在没有签订劳动合同的情况下，企业可以任意地终止与工人的劳动关系；在有劳动合同的情况下，由于劳动合同不规范，企业也可以通过降低工资或者加大劳动强度的方式迫使工人主动提出辞职。另一方面，随着城市打工就业机会的增多，季节性的就业（如快递）也能够带来更高的工资收入，很多农民工不愿意被"拴死"在某一份工作上，而是保留自己的自由流动性。更为重要的是，他们认为，他们的职业前途也不会像当地工人那样光明。用劳动力市场分割理论来说，企业的内部市场具有明显的分化，农民工明显感觉到，那些具有高学历的、当地的工人或者外来的接受过高等教育的工人可以在企业中"立足"，而他们自己在企业中很难有更好的发展，甚至于工作都不稳定，工资也不会有太大的提升。

农民工的非正规就业影响了他们的城市生活状态，强化了他们"城市客人"和"农村居民"的身份认同。首先，在城市中，农民工的非正规就业（尤其是他们的工作方式）使得他们的生活方式不同于当地居民。因为他们的劳动时间较长，农民工的休闲时间远远低于城市居民。当地居民"回家做饭""看孩子""聚会"的时候，农民工还在坚持"出大力""卖力气"。农民工的住宿也是和当地居民相隔离的。农民工有的住在企业提供的宿舍里，有的住在企业为他们租的老城区或者远郊区的"破房子里"，有的则是自己在远郊区租用比较便宜的房子。而且，那些单身的农民工往往都要合住一间房子。农民工的日常消费行为也与当地居民存在很大不同：农民工很少去城市的大型商场消费，而是去附近的便利店；他们吃饭要么在食堂，要么自己在狭小的房间里做饭，要么去附近的小餐馆吃饭。所有这些当地居民和农民工之间的差异都强化了他们"城市客人"的身份。农民工认为他们就是来"打工""出力"的，而不是来"享受""生活"的。当然，其中的一个条件就是他们认为"来打工能够赚到钱"或者"能够学到本领"；而且，他们也认为，"打工赚到的钱越来越多了"，起码要"比在老家挣到的钱多"；年轻人还认为他们能够增长见识。

其次，农民工在城市中生产生活的不稳定性和不可预测性与他们在农村中生产生活的稳定性和可靠性形成了鲜明的对比，这也强化了他们"农村居民"的身份认同。调查发现，农民工进城打工都是为了实现自己的价值，"用劳动换得更好的生活"。访谈对象都表示，他们进城打工是为了过上"体面的生活"；为了让自己的家庭过上体面的生活，他们也都具有一种"自豪感"。对他们而言，所谓"体面的生活"就是要通过自己的劳动获得稳定的收入，过上更好的生活。但是他们在城市中的生产和生活并不能使他们在城市中体面地生活，因为他们和当地城市居民确实存在很大的差距。在这种情况下，农民工就会将自己在城市中的生产和生活方式与农村的生产和生活方式进行比较。城市中收入、就业和生活的"不稳定性"和"不体面"凸显了农村生活的"稳定性"和"体面"。即使对于那些不再参与农业生产的农民工而言，农村生活也是"有保障的"，因为他们可以和其他农村人一样生活，也可以通过自己在外打工让自己的家庭过上比其他家庭更好的生活。相比较而言，他们认为，自己的辛勤和努力并不能让他们在城市中获得更好的前途；他们感觉"无论如何努力，也不能像城里人那样在城里生活"，由于不能过上城里的体面生活，他们就感觉在城市生活是一种奢望，这也使得他们逐步放弃了在城市中定居的目标，转而树立更加现实的目标——为了在农村更好地生活而在城市中工作。这种现实目标的实现，可以让他们在农村体面地生活，也可以让他们感受到打工的意义。

也就是说，像居民地位分化一样，农民工在城市中的非正规就业及其生活方式也强化了他们的"城市客人"和"农村居民"的身份认同。这种身份认同使他们的打工动机趋于保守化，比如，将农村生活水平的提高或者个人的经验积累视为打工的目标；而且进城打工也能够实现这些更为现实的目标，这种更加现实的生活目标的实现，可以让他们找到进城打工的"意义"。另外，这些保守化的、现实性的打工意义又成为他们"持续流动"和"不完全迁移"生活的内在动力。因此农民工的城市非正规就业与他们的动机和态度也存在一种"同构性"和"互构过程"。

非正规就业的本质：非正规性探源

上一部分中提到，张彦（2010）将非正规就业的"本质特征"界定为"在付酬、劳动时间、劳动关系、工作形态、社会保障及经营活动各方面存在不固定性、不稳定性或不规范性而与正规就业有性质上区别的劳动就业形式"。但是，"为什么会出现付酬、劳动时间、劳动关系、工作形态、社会保障及经营活动不固定、不稳定和不规范的非正规就业呢？"这个追问表明，上面提到的这些"本质特征"只不过是非正规就业的外在特征或者表现，而非正规就业的本质特征在于这些外在表现背后的非正规就业的存在逻辑。也就是说，虽然非正规就业的"非正规性"是其鲜明的特征，但是这些特征也仅仅是非正规就业的外在表现，只能用来描述非正规就业的外在特征，并不能解释非正规就业的"非正规性"的产生过程和存在逻辑。为了揭示非正规就业的本质特征，这一部分将集中讨论非正规就业存在的一般逻辑，下文将从客观背景和主观基础两个方面讨论我国农民工非正规就业的存在逻辑。

首先，解释非正规就业的本质特征需要区分就业形态的犯罪性与非法性。也就是说，不合法的就业形态并不一定是犯罪性的就业活动。Castells 和 Portes（1989：15）的经典研究明确指明了非正规就业并不是犯罪性的就业和经营活动。他们指出，"很多经济活动被称为非正规经济，因为它们被社会规范界定为犯罪性的……当相关的法律得到严格执行的时候，这些经济活动往往是制度调节范围之外的经济机会。但是，犯罪性活动所具有的特殊性质将它们与非正规经济活动区分开来……'犯罪性'所表明的经济活动主要是用来说明物品和服务的生产具有违法性质"。从就业的性质来看，犯罪性就业和非正规就业的一个主要区别在于犯罪性就业往往是指生产违法的最终产品的经济活动，而非正规就业没有生产违法的物品和服务；而且非正规就业往往以劳动者的辛勤和积累为基础，并在总体上对经济发展和社会稳定有利。总而言之，非正规就业行为和经营活动并不是犯罪性的就业行为和经营活动。

其次，如果非正规就业行为不是犯罪性的就业行为，那么非正规就业行为一定是非法性的就业行为吗？Castells 和 Portes（1989：12）的分析也表明，非正规就业行为也不一定是非法性的就业行为。他们认为，"非正规经济（包括就业行为）并不是个人性的生活状态，而是具有特殊性质的收入创造过程。这个特殊性质就是：在类似的活动受到法律性和社会性调节的环境中，这些经济行为并没有受到社会制度的调节"。这里我们可以看到非正规就业行为和经营活动的核心特征在于"非调节性"，而这种调节可能具有两种性质：法律调节和社会调节。无论是不受法律调节还是不受社会调节，这些经济行为都可以成为非正规经济行为。当然，按照 Castells 和 Portes 的理解，非正规经济行为的另一个存在条件是，类似的经济行为受到了法律调节社会调节。也就是说，这些非正规经济行为是可以受到调节的，只是由于某种原因而没有受到调节。非正规就业的合法性问题也可以这样来理解：对经济行为的调节有多种方式，包括社会性的非正式调节，也有强制性的正式调节；强制性的正式调节主要通过国家进行；国家对经济行为的调节手段包括政策性调节和法律性调节两种，因为法律最终也是一种社会控制和社会调节手段（罗斯科·庞德，2010）。如果国家通过法律手段进行调节，即如果国家制定了相关的法律，但是法律并没有得到很好的执行，那么通过法律对经济行为进行调节便没有得到很好的执行，由此产生的非正规就业就具有不合法的性质。如果国家并没有制定相关的法律对某个人群或某种行业/职业进行调节，而是通过一系列的政策或决议对这些经济行为进行调节，那么由于国家调节的缺位而产生的非正规经济行为就不具备非合法性，而仅仅具有非调节性。很多经济行为可能由于没有进入国家调节的视野，是由非正式的社会规范进行调节的，那么社会调节的确使非正规就业不具备非合法性，而仅仅具有非调节性。

以上分析表明，非正规就业的本质特征在于其"非调节性"。现代"政治经济"（political economy）的发展使得经济行为由原来的"家庭经济"（economy 的本来含义就是家政管理）演变为"国家经济"（national economy）。在这个转变的过程中，国家成为现代经济行为调节的核心力量。因此，现代"政治经济"的发展也使得"政治经济学"得以产生并关注国家在经济发展之中的作用范围和作用方式（Caporaso and Levine，1992）。如果说国家是现代经济行为调节的核心力量，而非正规经济和非正规就业的"非正规性"根源在于"非调节性"，那么非正规经济和非正规就业的本质特征就是国家对经济行为的"非调节性"或者"失调"。

如果非正规就业的本质特征是国家对经济行为的"非调节性"，那么就业行为的"非调节性"为什么会出现呢？对这个问题的回答可以区分出非正规就业的四种状况。首先，国家因为忽视或者没有意识到某个人群或者某些行业的就业状况而没有对这种就业行为进行调节，这种非正规就业可以被称为"被忽视的非正规就业"（ignored informal employment）。比如，在企业组织结构和制度发生重大变化的时候，很多新型的就业关系还没有纳入国家调节范围之内，这种就业关系就会成为非正规就业。其次，某些就业状况虽然不具备犯罪性质，但是由于其隐蔽性或者普遍性而难以做出调节，这种非正规就业可以被称为"不可调节的非正规就业"（un-regulable informal employment）。

第九章 城市非正规就业和市场文化

在这种情况下,虽然非正规就业引起了国家的注意,但是由于这些就业非常隐蔽,国家往往很难对这些行为进行调节;或者由于国家力量的限制和国家制度的不完善,国家很难对普遍存在的非正规就业进行调节。比如,De Soto(1989)所研究的拉美国家中,非正规就业大量存在的原因主要在于国家的重商主义政策所具有的保护主义性质使得国家力量受到了限制、国家政策落后于当代国民经济的发展。再次,由于科技的进步和劳动力市场的变化,企业组织方式和就业模式也发生了很大的变化,为了适应经济发展的需要,很多国家采取了"管制解除"(deregulation)的政策,使得很多劳动关系不再受到调节,从而产生了非正规就业,这种非正规就业可以被称为"管制解除式的非正规就业"(deregulated informal employment)。比如,二战之后,西方国家经历了经济发展的黄金时期,面对社会主义思潮对资本主义体制的批判,西方国家在"福利国家"思想的指导之下加大了对劳动关系的调节力度,对工作环境、工资收入、社会保障等方面进行了全面调整。但是,随着资本主义发展困境的出现,西方国家在新自由主义思潮的影响下逐渐采用了解除管制的措施,使得一些非标准就业关系(non-standard employment)大量出现。而且,这些就业关系往往集中在次级劳动力市场中(Kalleberg,2001;Berg,2001)。最后,很多就业关系不仅没有受到国家的调节,还受到国家的鼓励,从而达到国家发展的总体目标,这种非正规就业可以被称为"受鼓励的非正规就业"(encouraged informal employment)。正如下文所阐述的,我国农民工的非正规就业的起源虽然是国家不可预料的,但是其发展很大程度上源于国家政策的鼓励。

如果说"管制解除式的非正规就业"和"不可调节的非正规就业"很大程度上是由于外在条件的限制而使得国家没有对就业关系进行调节的话,那么"被忽视的非正规就业"和"受鼓励的非正规就业"主要是国家政策的内在原因——忽视或者鼓励。如果说"管制解除式的非正规就业"和"受鼓励的非正规就业"是政府积极作用的结果,那么"不可调节的非正规就业"和"被忽视的非正规就业"则是国家受外在条件的限制而做出的被动选择。因此,根据国家对非正规就业的不调节行为的背景和作用性质,非正规就业可以有四种理想类型,如表9-1所示。

表 9-1　非正规就业的类型

国家的作用	国家作用的背景	
	外在因素	内在因素
积极作用	管制解除式的非正规就业	受鼓励的非正规就业
被动适应	不可调节的非正规就业	被忽视的非正规就业

客观背景：国家与市场

从农民工就业的外在特征来看，农民工的非正规就业使得他们在付酬、劳动时间、劳动关系、工作形态、社会保障等各方面存在不固定性、不稳定性或不规范性。像居民地位分化一样，农民工在城市中的非正规就业及其生活方式也强化了他们的"城市客人"和"农村居民"的身份认同。这种身份认同使得他们的打工动机趋于保守化。这些保守化的、现实性的打工意义又成为他们"持续流动"和"不完全迁移"生活的内在动力。上一部分又进一步对非正规就业的本质特征进行了剖析，认为非正规就业应该与犯罪性就业区别开来。虽然有些非正规就业具有非合法性，但是一些非正规就业很难用现有法律进行界定和分析，因此非合法性并不是非正规就业的本质特征。非正规就业的本质特征在于这些就业形态的非调节性，而调节方式可能是法律性的，也可能是政策性的，还可能是社会性的，这也是合法性和非合法性并不能区分正规就业和非正规就业的原因。随着当代国民经济的发展，国家政策在经济行为调节中发挥着越来越重要的作用，也应该发挥更加合理的作用。因此，现代经济中非正规就业的"非正规性"主要源于国家政策没有对这些就业形态进行规范性、稳定性的调节。这一部分将具体分析国家对农民工就业政策的演变及其对农民工非正规就业的影响。

就其本质而言，非正规就业是一种劳资关系形态。劳动力市场形成的关键是劳动力的商品化，因为商品化过程使得劳动力和企业发生了市场交换关系。劳动力的商品化和劳资关系的形成是一个问题的两个方面：按照马克思的观点，商品只有在交换关系中才能实现（Marx，1992）。但是，资本和劳动力之间的天然矛盾关系使得企业为了追求更高的利润而增加农民工的劳动时间和工作强度、降低工作环境质量和工资水平、推卸社会保障责任（Harvey，2010）。按照波兰尼的观点，所有的经济现象都不是独立和自发的过程，而是"嵌入"（embedded）社会关系和社会制度及其变迁中的；作为一种"虚拟商品"，劳动力的商品化尤其需要社会的支持和保护（Polanyi，2001a；Webster，Lambert，and Bezuidenhout，2008）。同样，企业和农民工的劳资关系主要是通过市场交换发生的，其中也发生了农民工劳动力的商品化过程。虽然农民工劳动力商品化的形式日趋多样化，比如土地流转制度改革使得很多农民在将自己承包的土地再承包之后成了农场工人，但农民进城打工并以劳动换取工资是最主要的劳动力商品化形式。农民工劳动力商品化的过程也是"嵌入"我国计划经济体制向市场经济体制转变的过程中的。因此，城市非正规就业应该放在我国劳动力市场发展的大背景下进行考察。从就业制度来看，计划经济体制向市场经济体制转型的主要特征就是市场作用的扩展和国家作用的调整（Pun and Lu，2010；Fan，2004）。

就农民工劳动力市场而言，国家的调控政策主要经历了两个阶段：第一个阶段是国家政策调整的缺失阶段；第二个阶段是国家政策调整的完善阶段。总体而言，国家对于农民工劳动关系的调整在不断规范和加强，但是到目前为止国家对于农民工就业行为的调整力度还很不足，这也使得农民工的非正规就业长期存在。

第一个阶段是农民工劳动力市场的形成阶段。在这个阶段里，我国的计划经济体制逐渐向市场经济体制过渡，农村居民开始进城打工，农民工劳动力市场逐渐形成。但是，急剧的社会变迁使得国家劳动和就业政策相对滞后，没有对大量出现的农民工就业行为进行合理的调节。改革开放以前，我国实行的是计划经济体制，在就业方面采取的是政府统一分配、统一安置和统一管理的制度。这一制度的最大特点是，对于劳动力的安排是从上向下分派指标，将学校毕业生和剩余劳动力安置到企事业单位中，但是具体的企事业单位并没有雇用和辞退员工的自主性。在农村，农民到了劳动年龄就会自然就业，一律成为人民公社的社员，在生产队中进行统一安排的农业生产。除了国家分派来的极少的招工、招干、从军等指标外，农村劳动力不允许自由流动。改革开放以后，我国农村生产生活方式发生了重大变化。家庭联产承包责任制的实施使得农村家庭获得了生产和生活的自主性。农村家庭自主性的获得不仅提高了农业生产效率，从而产生了大量的剩余劳动力，而且使得农村家庭获得了进城打工以提高家庭收入的动力。另外，农村居民也被允许进城务工、经商。农民工劳动力市场开始形成。户籍制度改革和人口流动控制的放松为农村居民进城打工提供了条件。同时，乡镇企业的发展、国有企业的改革、外资企业的发展也为农村居民进城打工提供了机会。1983年，国家决定撤销人民公社建立乡（镇）政府，撤销生产大队建立村民委员会，这标志着高度集中的人民公社体制宣告解体。1984年，中共中央《关于一九八四年农村工作的通知》，提出"允许务工、经商、办服务业的农民自理口粮到集镇落户"；同年10月，国务院发布了《关于农民进入集镇落户问题的通知》，进一步要求各地要积极支持农民进入集镇务工、经商、办服务业。1986年，国务院发布的《国营企业招用工人暂行规定》所提出的城市用工制度允许国营企业招收农村工人。1992年之后，农民工的非正规就业更加说明了"受鼓励"的性质。邓小平南方谈话明确了改革开放中的一些关键理论问题，统一了思想，掀起了改革发展的新高潮。农民工政策也由"堵"的政策全面向"疏"的政策转变。1993年，党的十四届三中全会通过《中共中央关于建立社会主义市场经济体制若干问题的决定》，把开发利用和合理配置人力资源作为发展劳动力市场的出发点，通过广开就业门路，发展乡镇企业和建设小城镇，鼓励和引导农村剩余劳动力逐步向非农产业转移和地区间的有序流动。

但是，在农民工劳动力市场形成的过程中，国家并没有采用更多的调节政策：一方面，国家没有针对农民工劳动力市场采取相应的调节政策；另一方面，国家甚至还对农民工的就业采取了严格的管理和限制措施。随着"文化大革命"的结束，大量知识青年返城，城市就业压力凸显。为了解决城镇劳动力的就业问题，防止过多的农村人口涌向城市，1981年国务院发布的《关于严格控制农村劳动力进城做工和农业人口转为非农业人口的通知》对农村劳动力向城市转移采取了严格的限制措施，严格控制从农村招工，认真清理企事业单位使用的农村劳动力，加强户口和粮食管理，加强城市用工单位对使用农村劳动力的管理。1988年起，经济过热引发了严重的通货膨胀，社会总的供求关系严重失衡。1989年国务院办公厅发布《关于严格控制农民工外出的紧急通知》，民政部和公安部发布《关于进一步做好控制农民工盲目外流的通知》，要求加强对农村劳动力转移的控制，严格限制当地农民工盲目外出，强调农村剩余劳动力的转移采取"离土不离乡"的措施，就地消化、转移、吸收，清退来自农村的计划外用工，控制乡镇企业贷款，关、停、并、转了一批经济效益差的乡镇企业。1985年，公安部下发文件，在全国范围内制定了一个管理暂住人口的办法。1985年以后，暂住证制度推广到所有城镇。随之而来的是，几乎所有的省份都在它们权限范围内制定了管理暂住人口的地方性政策，农村转移的劳动力无法获得与城市劳动力同等的就业机会、劳动报酬、社会福利等经济社会待遇，城市内部形成了二元体制（郑建辉、王雄伟，2015）。

由此可见，在农民工非正规就业发展的第一个阶段，非正规就业的发展经过了自发到政府鼓励的过程，政府对待农民工非正规就业也逐渐由"堵"的限制政策转向"疏"的鼓励政策。但是，农民工的就业形态并没有直接引起国家政策的重视，因为国家政策并没有针对农民工的劳动关系做出调整，国家调节主要是通过政策的形式对农村人口的流动进行管理和控制。1993年12月，劳动部印发《关于建立社会主义市场经济体制时期劳动体制改革总体设想》，提出以培育和发展劳动力市场为中心，废除统包统配的就业政策，形成劳动者自主选择、企业自主用人制度，逐步打破城乡之间、地区之间劳动力流动限制。这个文件集中体现了农民工非正规就业及其相关政策的发展趋势。

第二个阶段是国家调整政策的完善阶段。在这个阶段，国家适应社会主义市场经济的发展趋势，逐步完善劳动力市场的调控和管理规范。但是，在经济发展的指挥棒下，国家政策没有充分对农民工的就业行为进行调节，使得农民工的就业持续地具有"非正规性"。1994年7月，第八届全国人民代表大会第八次会议通过了《中华人民共和国劳动法》，这为城乡居民的劳动就业行为和企业的招收录用行为提供了法律依据。《中华人民共和国劳动法》的通过也是国家对农民工非正规就业调整方式的重大转变，即从政策性调节到法律性调节的转变。非正规就业是一种劳动关系形态，而且资本和劳动之间往往因资本的优越地位而使得劳动力处于不利的谈判地位。资本和劳动力之间的天然矛盾关系使得企业为了追求更高的利润而增加农民工的劳动时间和工作强度、降低工作环境质量和工资水平、推卸社会保障责任（Harvey，2010）。在非正规就业的劳动关系中，劳动力尤其需要国家采取相应的措施来调整劳资关系，保障作为"虚拟商品"的劳动者的正当权益。劳动部印发的《关于贯彻执行〈中华人民共和国劳动法〉若干问题的意见》的第四条规定，"公务员和比照实行公务员制度的事业组织和社会团体的工作人员，以及农村劳动者（乡镇企业职工和进城务工、经商的农民除外）、现役军人和家庭保姆等不适用劳动法"。也就是说，"农民工"进城务工后就是一名劳动者，其在与用人单位形成的劳动关系中享有《中华人民共和国劳动法》规定的全部劳动权利。国家通过法律手段对非正规就业进行调节，那么资本和劳动力之间形成的非正规就业便具有非合法性。在劳动法制定之后，国家又制定了一系列相关政策来调节农民工的非正规就业关系，这些政策使得农民工劳动力市场的国家调节政策更加完善和符合实际。1994年11月，劳动部发布了《农村劳动力跨省流动就业管理暂行规定》，试图将农村劳动力的转移纳入行政管理范围，通过采取完善劳动力市场机制，健全市场规则、秩序，运用管理、服务、调控等手段，推动劳动力跨地区有序流动。进入21世纪后，国务院办公厅于2003年发布的《关于做好农民进城务工就业管理和服务工作的通知》指出，农村富余劳动力向非农产业和城镇转移，是工业化和现代化的必然趋势；农民工已经成为我国产业工人的重要组成部分，是工业化、城镇化、现代化的重要推动力量。2006年3月，《关于解决农民工问题的若干意见》第一次系统地从切实解决拖欠和克扣农民工工资问题，改善农民工的生产、生活条件，做好农民工培训工作，多渠道安排农民工子女就业，加强对农民工的管理等方面着手解决农民工问题。2008年实施的《中华人民共和国就业促进法》更加明确地规定，农村劳动者进城就业享有与城镇劳动者平等的劳动权，不得对农村劳动者进城就业设置歧视性限制。

以上分析表明，在第二个阶段中，非正规就业调节政策发生了两个方面的变化：首先，国家采用了法律性措施对劳动关系进行调节，使得非正规就业有了"非合法性"；其次，国家越来越关注农民工的非正规就业，不仅从法律上赋予了农民工与城镇劳动者平等的劳动权，而且针对农民工的生产生活方式制定了更加具体的政策。但是，在第二个阶段中制定的法律和政策很大程度上具有理想性质，因为这些法律和政策的执行还没有得到保障。这些法律和政策没有得到有效的执行，主要有三个方面的原因。首先，从企业的角度来看，企业经营的主要目的是降低生产成本和获得更大利润。其中，劳动力成本是生产成本的重要组成部分。即使存在规范劳动关系的法律,企业的谋利本质也使得它们倾向于降低劳动成本以增加企业利润,包括降低或保持工人的收入水平、在一定收入水平上增加劳动时间、降低工人社会福利等。企业为什么会具有谋利的本质呢?按照哈维(Harvey, 2010)的观点,企业的谋利行为源于剩余资本的吸纳问题(absorption of surplus capital)。资本和货币的最大区别就在于资本是为了获得更多的资本;但是,在资本不断积累的过程中,资本的规模不断扩大,需要更多的投资来吸纳剩余资本。最终,剩余资本的吸纳会带来马克思和波兰尼所指出的社会问题:剩余资本的不断投资,会造成资本的集中和社会的两极分化;资本的过度集中也使得劳动者生活于没有任何社会保护的境地,因此威胁到人类生存和社会秩序。这也是资本积累和生产过程需要得到社会和国家的调节的真正原因。国家的调节也就涉及了法律和政策不能有效执行的第二个方面:地方政府对法律和政策的执行力度不足。国家法律和政策的执行依赖于地方政府的执行力度,但是就农民工的劳动关系而言,地方政府执行相关法律和政策的动力和力度非常不足,甚至采取"非正规操作"(informal practice)并使得农民工的非正规就业长期存在(Huang, 2009)。地方政府为什么没有严格执行相关的法律和政策呢?地方政府既有利益的计算,也有政治的考量。20年代90年代中期,财税体制改革赋予了地方政府一定的财政自主权。财政分权使得地方政府有动力来发展地方经济,从而增加地方政府的财政收入(Montinola et al., 1996; Lee, 2007; Wong and Bird, 2008)。另外,改革开放之后,国家政策以经济建设为中心。为了促进经济发展,地方政府和官员的评价体系也向经济发展倾斜。因此,地方政府往往将经济发展放在优先地位。为了促进经济发展,地方政府便采取能够吸引投资的措施,其中,降低劳动力成本和土地使用成本成为吸引外资的主要措施。因此政府的非正规操作就是指没有严格按照法律和政策对劳动关系进行调节的政府行为,这些行为使得农民工的非正规就业成为吸引投资的主要手段(Huang, 2009, 2010; Wu, 2009; Lee, 2007)。最后,农民工的工作动机和就业方式也使得相关法律和政策难以执行。调查中发现,很多农民工进城打工的主要目的是获得更高的收入,就业的主要手段是非正式社会网络的介绍。为了获得更高的收入,在熟人和朋友介绍了工资更高的工作机会之后,他们往往会辞去现在的工作。也就是说,农民工的就业具有很大的不稳定性。很多农民工本身也不想受到法律和政策的限制。当然这并不是说农民工不想拥有稳定的工作，而是说，在各种因素的影响下，他们在选择稳定的工作和较高的工资的时候，由于他们不能够在城市中稳定地生活，他们往往会选择较高的工资。农民工的流动性也使得法律和政策难以严格执行。

主观基础：作为意识形态的"市场文化"和居民地位的商品化

农民工的非正规就业影响了他们的物质生活条件，与客观物质形态相对应的就是主观的意识形态。如果农民工的长期存在代表着一种劳动力市场秩序的话，这种社会秩序的存在依赖于物质生活条件和主观意识形态之间某种程度的吻合。尤其是，主观的意识形态为行动者提供了一种认知框架，从而使得他们能够解释和接纳这种客观的物质生活状态。调查发现，与农民工非正规就业相对应的意识形态是一种"市场文化"或"市场逻辑"。这一部分首先介绍意识形态的概念，然后具体说明农民工所持有的市场意识形态，最后说明市场意识形态所形成的农民工对居民地位持有的商品化认识。

所有的经济系统都是社会性的意义体系，国家在这种意义体系建构过程中发挥着重要作用。从一般层次上说，Swedberg（2005）认为，经济行动是一种社会行动，但是经济行动是嵌入社会中的，经济制度也是社会建构的结果。就市场经济而言，"商品"也是社会界定的一种意义（Carruthers and Babb, 2000; Zelizer, 2001）；在市场经济中，人类被社会性地定义为劳动者（Webster et al., 2008; Polanyi, 2001）；自然存在的土地被界定为一种商品（Harvey, 2010; Polanyi, 2001）；货币的存在和价值也是社会性的界定的意义（Ferguson, 2008; Polanyi, 2001）。这种意义是如何建构的呢？制度经济学强调意识形态在降低交易成本上所发挥的重大作用，即社会成员持有的道德规范和认知规则保证了交易的顺利进行，从而降低了讨价还价引起的成本。North（1981：48）将指导和调节行动者日常行为的一系列习惯、规范和行为准则称为"前理论性的意识形态"（pre-theoretical ideology）。因此，意识形态不仅仅是一种社会批判的价值性工具，而且是对社会行为和社会秩序进行客观分析的理论性工具。从这种客观视角出发，North（1981）实质上区分了意识形态的三个方面：从认知方面来说，意识形态为行动者提供了一个进行决策的世界观;从规范方面来说,意识形态使得行动者的生活状态合法化;从实践方面来说,意识形态可以帮助行动者组织和调整他们的日常生活体验。

就劳动力市场而言,人类劳动的商品化和劳动力市场一定程度的正常运行依赖于行动者在某种程度上接受了劳动所谓商品的意义。Althusser(1971:132-133)更加直接地指出,"我想说的是,劳动力的再生产不仅需要劳动力所掌握的劳动技术的再生产,同时还需要规则和劳动力对规则服从的再生产。也就是说,劳动力的再生产需要劳动者对于主导意识形态的服从的再生产,需要使剥削和统治成为可能的主流意识形态的合理操纵的再生产。只有这样,这些因素才能为统治阶级的统治提供话语基础"。从另一个层面来说,对意识形态客观作用的分析与文化分析出现了融合。因为文化研究(cultural study)也强调文化在社会秩序——尤其是社会不平等秩序——的维持中所发挥的作用。比如 Wills(1977)就认为在工人阶级的工作和工人阶级的劳动者之间存在一种文化层面的因素,这种文化因素限制了工人阶级的预期和态度。而且,这种文化因素和官方的意识形态可能不同,比如工人阶级的孩子们更多地强调成熟性和男性特质,而且这种观念使他们对学业产生了一种鄙视态度。

更为现实的状况是,行动者可能持有多种意识形态或者文化观念,这些文化观念的冲突可能会打破现有的社会生活和社会秩序,而文化观念的整合可能维持现有的社会生活状态和社会秩序。这些意识形态或文化观念的来源主要有三个:理论的、前理论的和官方的。对劳动力市场中劳动者所持有的意识形态而言,理论的意识形态主要是学术界的观察者所提出的关于劳动力市场的各种系统分析框架,包括古典经济学理论、马克思主义政治学理论、人力资本理论和劳动力市场分割理论等(Fine,1998)。前理论的意识形态主要是劳动者本身所持有的关于劳动力市场的认知和评价。正如 North(1981)所说,前理论的意识形态可以影响劳动者的动机、态度和认知。官方的意识形态主要涉及权力和知识的相互关系(Foucault,1977,2006),即作为知识的意识形态可以视为权力运行的内在组成部分。在国家层面上,国家意识形态可以用来影响行动者的认知框架从而影响他们的前理论性评价和认知(Althusser,1971)。

劳动光荣：农民工群体及其结构化

调查发现，农民工对于他们在城市的非正规就业的认知主要受到了"市场文化"或"市场逻辑"的影响。在"市场文化"的影响下，农民工所持有的前理论的意识形态是一种市场意识形态。这种意识形态使得农民工认为他们是"低级工人"。农民工认为，在当前的劳动力市场中"有很多类型的工人"，包括"大学生""城里人"等，但是，这些大学生和城里人都是"高级工人"，而他们自己是"低级工人"。"高级工人"的收入很高，工作也很稳定，劳动合同比较规范，劳动时间比较标准，社会福利比较全面，住宿在自己家里或者租用的现代化公寓里，消费也主要在大商场里，生活用品也比较有档次。相反，"低级工人"工资不高，工作也不够稳定，劳动合同比较随意，老板的态度也不好，经常加班，社会保障不全面也不管用，要么住在工厂宿舍里，要么住在租用的拥挤的宿舍里，省吃俭用。而且大部分农民工认为，"高级工人"和"低级工人"的这种差别也是合理的。为什么呢？这就涉及他们的前理论的意识形态对于他们对待物质生活的态度的影响了。调查发现，农民工的这种市场意识形态主要包括两个方面：市场供求逻辑和人力资本观念。这两种观念使得很多农民工接受了作为"低级工人"的市场地位。首先，大部分农民工认为，与"大学生"和"城里人"相比，农民工的数量还是非常庞大的。由于他们没有关于我国劳动力市场总体供求状况的准确统计数据，他们往往根据自己的经验得出结论：中国农民工供过于求，因为"现在越来越多的农村人到城里打工"，其中"越来越多的妇女也进城打工了"，"很多年轻人不愿意上学，初中毕业就出来打工了"。而且"如果村里人不外出打工，就会被认为是懒人"。此外，"只要有一个老人进城打工，其他的老人如果不外出找活儿或者以其他方式挣钱，就会被认为懒惰；只要有一个妇女进城打工，其他的妇女如果不外出打工或者找其他活儿挣钱，也会被认为懒惰"。总而言之，"越来越多的村里人外出打工"使得他们认为在劳动力市场上，农民工供过于求，在供过于求的情况下，为了挣钱，他们不得不接受以非正规就业的方式在城里工作，否则他们也没有什么出路。当然所谓的出路，就是为了实现自己的预期而存在的机会。这里不否认，有很多农民工，尤其是年轻人，也想在未来某个时点不再打工了，但是打工仍然是他们目前最现实的选择。其次，大部分农民工认为，与"大学生"和"城里人"相比，他们所拥有的人力资本比较少，因此只能从事技术要求比较低的工作。这也涉及企业内部市场的状况,即技术水平不同的工人在企业中的发展前景问题。农民工倾向于认为,"高级工人"和"低级工人"对于企业的作用是不一样的,企业的发展更依赖于"高级工人"对于产品的开发、市场的开拓等,而"低级工人"只能在生产第一线。因此,两种工人的职业发展前景也是不同的,"高级工人"在未来可以获得更高的收入和更优越的生活,这也使得农民工对于未来的城市生活没有信心。

第十章
农民工群体与我国的实践性发展

到目前为止，以劳动体制理论为基础，本书已经从宏观结构制度和微观生活体验两个方面对我国农民工群体的结构化现象进行了分析。在对本书的主要结论进行总结的基础上，本章将讨论农民工群体的结构化及其劳动体制分析对我国社会发展道路的启示，并在农民工群体结构化和我国"实践性发展"的关系中考察今后农民工政策的着力方向。农民工群体的结构化过程所涉及的微观层次上的客观生存状态和主观动机态度很大程度上是由宏观层次上的社会制度变迁所形塑的。进一步理解这些社会制度变迁，又需要从我国社会变迁的总体脉络中进行考察，需要对我国的社会发展道路进行更加深入的理解。另外，对我国发展道路的总体把握，又有助于理解我国农民工群体的形成、发展和未来，从而更好地服务于农民工政策的制定。

当前的"社会转型理论"和"三元社会结构理论"很大程度上不能历史地、实践地理解农民工群体的结构化现象，因此本章将提出我国"实践性发展道路"的概念，从而更好地理解农民工群体的形成、发展和未来。首先，农民工群体的结构化及其劳动体制分析表明：(1) 社会转型理论虽然强调我国的社会转型过程，并将农民工视为一个转型现象，但是这个理论具有强力的价值预设，没有充分重视我国社会发展的独特性和历史性，因此不能实践性地分析我国独特的社会发展道路及其中的农民工群体结构化现象；(2) 三元社会结构理论虽然指出了我国农民工群体存在的长期性及其制度基础，但是并没有考察我国发展的历史进程，因此也没有将农民工群体的结构化视为一个历史过程。"实践性发展"的理念认为：(1) 农民工群体的结构化现象必须放在我国实践性发展的道路和进程中进行考察，而不能像社会转型理论那样用价值预设进行理想性分析,也不能像三元社会结构理论那样仅仅对我国的发展进行静态分析;(2)农民工群体的结构化现象是我国社会发展中长期存在的现象,因此必须客观地加以对待,尤其是要对这个群体长期存在的劳动体制进行深入分析;(3)农民工群体也是我国实践性发展过程中的历史性现象,随着我国实践性发展的推进,坚持和完善中国特色社会主义制度、推进国家治理体系和治理能力现代化必然会实践性地解决农民工问题。

农民工群体的结构化及其劳动体制

农民工与典型的农民和工人在多个方面具有不同的特征(甘满堂,2001;Wang,2005),这也导致了"农民工"概念界定的多样性。有的学者强调农民工的产业特征,认为农民工是在从传统农业社会向现代工业社会转型的过程中产生的准产业工人(吴海峰,2009;何美金、郑英隆,2007)。有的学者强调农民工的身份特征,认为农民工是兼有两种身份和双重角色的人群:具有农业户口,却在城镇从事非农业生产(国务院研究室课题组,2006;沈立人,2005)。还有的学者强调农民工的行为特征,认为农民工的特征体现在迁移行为、产业特征、工作环境、居住方式、家庭生活等多个方面,并将农民工称为"打工者"或者"新工人"(王颖,2005;吕途,2012;汪勇,2007)。综合而言,农民工可以界定为以其特有的"打工生活方式"为特征的劳动者。所谓打工就是离开拥有农村户口及其相关权益的村落,在没有接受高等教育的情况下流动到城镇从事非农生产劳动。

1978年进行经济改革的时候,我国总人口的82%都是农村人口(Li,2008)。1978年以前,我国实行的计划经济体制将这些人口组织起来,形成了从事农业生产的、"三级所有,队为基础"的公社(Unger,2002)。更为重要的是,户籍制度对农村人口的流动进行了严格控制,他们很难从农业转移到非农业部门中(Chan,2009)。改革开放以来,农民工群体的规模不断扩大,在城镇劳动力市场中的比例和分布也趋于稳定,呈现了"群体结构化"的趋势。所谓农民工群体的结构化是指在相当长的历史时期内以打工生活方式为特征的农民工群体在城镇劳动力市场中占据稳定比例的过程和现象。这个过程主要表现为:(1)农民工群体的绝对规模越来越大;(2)作为劳动力市场的组成部分,农民工群体在城镇劳动力市场中占据着稳定的比例;(3)农民工群体具有区别于其他劳动力的生活方式;(4)农民工群体已经存在了很长时间,而且还会存在相当长的历史时期。

我国农民工群体的结构化与世界上各国都曾经或正在经历的工业化和城市化进程相关。但是,农民工群体的结构化是我国的特殊现象。因此理解农民工群体的结构化现象必须在工业化和城市化的结构转型背景下对我国的社会发展进程进行考察,而且也必须考察我国社会整体变迁对农民工的生存状态和动机态度的影响,从而揭示农民工群体结构化的内在机制。

当前的农民工研究中,主流的移民理论、城市化理论、阶级形成理论都从社会结构和社会行动两个层面上对农民工群体的产生原因、发展现状和未来走向做出了深入分析。但是,囿于各自的价值取向和理论假设,三种视角分别对农民工的迁移行为、城市融入、劳资关系的考察仍存在不足,难以揭示农民工群体结构化的发生机制。移民理论虽然强调农民工的迁移行为,但是并没有充分解释农民工"持续流动"、"不完全迁移"和边缘生存的现象。城市化理论对农民工在城市中边缘化的生活状态的关注一定程度上弥补了移民理论的不足,但是没有说明农民工为什么在边缘化的生活状态下还坚持在城市中辛苦工作。阶级形成理论对于农民工抗争行为的研究关注的是作为突发事件的抗争,而不是农民工的日常生活常态,因此也不足以解释农民工群体的不断扩大和长期存在。

劳动体制理论强调农民工的劳动力本质及其社会生活特征,直接考察被主流理论视为背景和假设的"农民工的劳动力本质特征",从而为分析农民工群体的结构化提供了更加综合的研究视角。但是,当前的农民工研究中,劳动体制理论及其应用也存在价值导向偏颇、内涵界定模糊、分析路径片面等问题,需要进行完善以充分发挥其客观分析能力。为了弥补劳动体制理论的不足并更好地发挥其解释力,本书将劳动体制理论视为一种从社会结构和社会行动两个层次上对国家管理、社会再生产和市场机制所构成的劳动关系进行综合考察的客观性理论视角。在此基础上,本书从以下三个方面分析了农民工群体结构化的发生机制:(1)从社会行动的视角分析农民工的生存状态、打工动机和打工态度;(2)从社会结构的视角分析相关的国家政策、社会文化和制度变迁;(3)从作用机制的角度分析社会制度变迁、生存状态和动机态度的相互作用。

访谈资料表明，农民工的客观生存状态和主观动机态度都呈现多样性特征，而且两者之间存在"互构"关系。一方面，客观生存状态很大程度上决定着主观动机态度；另一方面，主观动机态度又支撑着客观生存状态。打工生存状态是指农民工客观的生产和生活状况，包括产业特征、职业特征、迁移距离、城市规模、工作条件、居住条件、家庭生活、消费结构等。打工动机就是农民工通过打工生活所要满足和实现的需要和目的。打工态度是指农民工对打工生活方式的接纳程度。根据地理取向和社会取向，农民工的深层打工动机可以划分为个体荣誉、个体前途、居家需求、家庭发展四类。个体荣誉主要是通过打工生活来换取个人较高的家庭地位和声誉的动机。个体前途主要是指通过打工生活来学习技术、了解社会从而谋求个人更好的职业前景的动机。居家需求就是指通过打工来满足家庭生活需要的动机。家庭发展是指通过打工完成向城市的迁移从而为家庭赢得更好的生活和更多的机会的动机。农民工的打工动机和生存状态存在"互构"关系：一方面，生存状态很大程度上决定着打工动机；另一方面，打工动机又支撑着打工的生存状态。那些年轻、刚刚毕业和开始打工、单身的农民工没有家庭责任的紧迫压力，因此更关心自己的职业前途。老年人和女性农民工进城打工，虽然也可以贴补家用，但更多的是为了赢得个体荣誉。那些家庭责任比较重的农民工，往往都把挣钱放在首位，以满足居家需求。而且，由于家庭支出大，他们感觉迁移到城市几乎是不可能的事情。最后，掌握了一些专业技术后成为技术人员或晋升到了管理岗位的农民工，工作比较稳定。即使收入不像建筑业农民工那么高，他们也感到前途具有可预测性，因此发展出了相对具体的城市定居计划。

农民工对待打工生活的态度不同于他们对待当前工作的态度；当前工作不过是打工生活方式的一种选择。因此，前者可以称为打工态度，后者可以称为工作态度。访谈发现，那些对当前工作接纳程度低的农民工也可能对打工生活方式持有较强烈的接纳态度。农民工的生存状态和生活态度之间也存在"互构"关系。影响打工态度的主要因素是打工动机和替代选择的可能性认识，这两种因素虽然都是主观因素，但是与生存状态和生活经历有紧密联系。首先，很大程度上由生存状态决定的打工动机给打工生活提供了理由。从他们的生活经历上看，所有的农民工都曾经尝试过其他的选择，但是他们认为这些尝试都"非常困难"或"已经失败"了。这些困难和失败强化了他们对打工生活的接纳态度。

如果农民工的客观生存状态影响了主观动机态度,那么当前的社会制度变迁不仅影响了农民工的生存状态,也影响了他们的价值观念和认知方式,进而影响了他们的动机态度。这些制度因素主要包括农村生产生活方式的变迁、户籍制度改革和居民地位分化、城市非正规就业和市场文化。改革开放以来,家庭联产承包责任制逐渐确立,深刻地影响了农村生产生活方式。尤其是,农民家庭成为农业生产和农村生活的主体。调查发现,农民家庭生产自主性增强和农业生产效率的提高、农村家庭生活独立性的增强和农村亲属网络的复兴、个人家庭意识的强化都深刻地影响了农民家庭的生存状态和价值观念,进而影响了农民工的打工动机和态度。改革开放以来,户籍制度的渐进改革使得人口流动控制不断放松,为农民工群体的产生提供了条件。同时,户口地位价值的差异仍然存在,这不仅影响了农民工在城市中的客观生存状态,也影响了农民工的身份认同。此外,户籍制度的持续改革也增强了农民工在城市定居的希望,从而为部分农民工提供了更强烈的动机。所谓非正规就业就是"在付酬、劳动时间、劳动关系、工作形态、社会保障及经营活动等各方面存在不固定性、不稳定性或不规范性而与正规就业有性质上区别的劳动就业形式"(张彦,2010)。农民工的非正规就业对他们的生存状态产生了重要影响,包括福利保障差、工作不稳定、工资收入低、工作环境差等(李强、唐壮,2002;李烨红,2003)。与非正规就业相对应的认知方式是"市场文化"或"市场逻辑"。作为一种前理论的意识形态,这种认知方式深刻地影响着他们的动机、态度和认知(North,1981)。这种意识形态使得农民工认为他们是"低级工人",并接纳了打工生活方式。他们的"市场化"认知方式中也强调市场供求逻辑和人力资本观念。首先,访谈对象都认为,与"大学生"和"城里人"相比,他们是"低级工人",人力资本相对缺乏。其次,访谈对象也倾向于认为,农民工的数量是非常庞大的,处于供过于求的状态。虽然没有准确的统计数据,但经验告诉他们:农民工供过于求,因为"现在越来越多的农村人到城里打工","越来越多的妇女也进城打工了","很多年轻人不愿意上学,初中毕业就出来打工了"。

我国的"实践性发展":农民工群体的结构化的启示

本研究首先用"农民工群体结构化"的概念对当前我国农民工的现状进行了描述,然后用劳动体制理论分析了农民工群体结构化的机制。分析表明:与西方发达国家和其他发展中国家相比,农民工群体的结构化是我国城市化和工业化过程中出现的特殊现象。农民工群体的本质是劳动力,因此理解农民工群体的结构化必须全面考察劳动体制,包括微观层次上的客观生存状态和主观动机态度与宏观层次上的制度背景及其相互关系。尤其是,农民工群体的结构化是一个过程,必须放在我国社会制度的变迁过程中进行考察。另外,从我国社会制度变迁的角度来考察农民工的结构化过程,也有助于理解我国社会制度变迁的过程和性质。

针对我国农民工群体的产生、发展和前景问题,当前关于我国社会制度变迁的过程和前景的主流理论是"社会转型理论"和"三元社会结构理论"。但是,社会转型理论带着理想的发展模式看待我国社会变迁的现实,难以把握我国社会变迁的独特性和历史性;三元社会结构理论仅仅关注我国当前的社会结构形态,而没有将社会结构和社会制度变迁放在更大的历史进程中,因此呈现悲观色彩。农民工群体的结构化过程及其劳动体制分析表明,我国的社会结构和社会制度变迁是一个独特的历史过程,是中国共产党领导下的实践性发展过程。也就是说,我国的社会结构和制度变迁是一个"实践性发展"。

"农民工群体结构化"概念对农民工群体产生和现状的动态性描述,综合了关于农民工产生、发展和未来的两种现有观点——社会转型理论和三元社会结构理论——也克服了这两种观点的缺陷。社会转型理论是分析我国社会发展的主流理论观点,这种观点直接体现在关于我国农民工群体的研究上。三元社会结构理论更是通过对农民工群体进行考察而建构的关于我国社会发展的一种理论观点。因此,"农民工群体结构化"概念对于我国社会发展理论也具有启示意义,能够更好地理解我国的总体社会发展进程。

社会转型理论认为我国在同时经历从农业社会向工业社会的结构变迁和从社会主义计划经济体制向社会主义市场经济体制的制度变迁。但是,

劳动光荣：农民工群体及其结构化

这种理论一开始就有一种价值倾向，抱着"工业化"、"城市化"和"市场经济"等价值理念对农民工群体进行研究。其结果必然是对农民工群体的存在进行激烈的批判，认为农民工群体的存在是不合理的，是违背社会发展规律的。此外，该理论也认为，农民工群体的存在不符合社会发展规律，不符合西方社会的发展轨迹，断言我国农民工只是一个暂时的现象，随着工业化和城市化进程的开展，农民工群体会很快消失。但是，这种理论视角下的结构分析和制度分析与现实中的事实显然有些出入，因为农民工群体毕竟已经存在了四十几年。与此相关的方法论问题是，社会转型理论并没有充分而客观地对农民工的打工动机、打工态度进行分析，或者没有将农民工的主观动机态度和客观生存状态及社会制度变迁的背景结合起来。当然，社会转型理论也有其合理性，那就是用变化的观点看问题，将农民工群体的产生和发展视为社会变迁的一个组成部分。但是这个动态的观点也有其模糊之处，即社会变迁的时间视野问题：社会变迁要经过多长时间呢？由于其深刻的价值判断因素，持有社会转型理论视角的学者往往倾向于将社会转型的时间缩短，因为他们往往会急迫地促进"社会进步"和"社会发展"。这也与我国长期以来秉持的渐进式改革道路不符。

三元社会结构理论认为我国的发展历程具有特殊性，不能完全用西方的道路作为参照，也不能用西方的价值观念进行评价，而是要立足于我国发展的实际对我国发展状态和道路进行具体分析。其中，我国在工业化、城市化、市场化的过程中所产生的农民工群体就是我国发展过程中出现的特殊现象。从"城乡二元结构"向"三元社会结构"的转变是改革开放以来我国社会变迁的主要特征。在这个过程中，农民工群体在行业分布、就业特征、收入水平、收入结构、社会保障、生活方式等方面形成了不同于城市居民和农村居民的特征。但是，三元社会结构理论往往还是对农民工群体的外在特征进行表述，而没有充分强调"三元社会结构"和农民工群体的产生过程，也没有将农民工群体放在更长的历史时期内进行考察。因此，这种理论观点很难对农民工群体的未来进行把握。

"农民工群体结构化"的概念力图在社会转型的大背景下对农民工群体的长期存在和不断扩大进行历史性考察，从而为未来的社会转型提供经验性分析。与三元社会结构理论不同，"农民工群体结构化"的观点将农民工群体的产生、壮大和现状放在历史过程中进行考察。这种强调历史过程的分析表明，当前的"三元社会结构"不是一成不变的；农民工群体的产生和扩大是一个过程，我国快速的城市化也是一个过程，同样"不足的城市化"也是一个过程；在我国工业化和城市化的进程中，随着经济的发展和国家政策的调整，农民工群体将来也会发生很大变化。与社会转型理论不同，"农民工群体结构化"的概念力图将价值观念和客观研究区别开来，客观地看待我国农民工群体结构化的事实。首先，无论从我国整体的发展态势来看，还是从农民工群体的生活状态来看，农民工群体肯定是一个过渡现象，是社会转型过程中的一个阶段性现象。但是，为了同时实现经济发展和社会稳定的目标，我国社会转型的过程和前景是不可预料的，需要"摸着石头过河"的探索，需要充分考虑我国的国情，不能完全以西方的社会模式为参考框架。其次，"摸着石头过河"的渐进式改革过程需要更加客观地分析我国社会的发展轨迹和现状，从而为国家政策提供客观的分析结果。对"农民工群体结构化"的分析力图以经验事实为依据对农民工群体的发展历史和现状进行客观分析，从而为我国的进一步改革提供事实依据。

更确切地说，我国在工业化和城市化过程中出现的农民工群体结构化现象是我国"实践性发展"的一个重要表现。所谓"实践性发展"，是指我国的发展是一个以我国的历史和国情为基础的实践过程。虽然我国的发展与西方其他国家在表现上具有相似性，但是我国的发展道路与西方国家存在很大差异。从表现来说，我国出现的工业化和城市化等结构性变化，与西方发达国家以及其他发展中国家具有相似性，是全球范围内现代化进程的普及和推进。从发展道路来看，我国的现代化过程有着自己独特的逻辑和特色。我国农民工群体的出现和长期存在，是我国的现代化过程不同于西方发达国家和其他发展中国家的重要特征。这种"实践性发展"的理念不同于以西方发展模式为参照的社会转型理论。我们必须强调我国发展的独特性和历史性，走中国特色社会主义现代化道路。这种"实践性发展"的理念也不同于以价值导向为参照的各种社会批判理论，我们必须在价值导向的基础上，走更加符合中国国情的实践性发展道路。

我国"实践性发展"中的农民工群体

由于我国农民工群体的结构化受到我国整体社会结构和社会制度变迁

的影响，我国农民工群体的历史及其前景必须放在我国实践性发展道路的整体脉络中进行考察。总体而言，我国的实践性发展经历了国家总体控制（1949～1978）、国家放权改革（1978～2012）和国家治理现代化（2012～　）三个阶段。其中，国家职能的调整是这个实践过程的重要内容。相应地，随着国家职能的调整，农民的生产和生活方式也发生了巨大的变化，城市劳动就业体制发生了巨大变革，户籍制度对人口流动的控制也逐步减弱。农民工群体的出现和结构化正是在国家放权改革阶段产生的。作为一个长期存在的现象，今后的国家治理体系变革必须面对农民工现象，并根据社会经济的变化，与时俱进，制定实践性的发展政策，逐步解决农民工问题。

工业革命以来，科技发展使得西方社会首先经历了现代化进程。自1840年鸦片战争以来，我国一直在追求民族独立、人民解放和国家富强。在贫穷落后的背景下，国家组织是实现国家独立富强的关键性因素。正像亚历山大·格申克隆所说，现代化后发国家拥有先发国家不曾拥有的机遇和条件，也面临着先发国家不曾遇到的压力和挑战，因此也会采取不同于先发国家的发展道路，即国家主导的工业化道路（Gerschenkron，1962：5－30）。此外，传统的政治、社会整合机制被打破之后，我国社会呈现了碎片化的状态，需要强势的组织化力量重建社会秩序（唐皇凤，2009）。历史证明，封建落后的清朝政府、军阀割据的北洋政府、山头林立的国民政府都难以建立稳定的社会秩序，难以充分统合社会资源以实现民族独立和国家富强（王绍光，2014）。1949年，新中国经过社会主义革命建立的国家总体控制的治理体系，是国家主导的社会主义现代化建设道路的构成要素，适应了当时我国社会经济发展的需要（谢立中，2000：19～24）。

1949年新中国成立到改革开放的国家总体控制时期，又可以划分为两个阶段。1949年到1958年是国家总体控制治理体系的形成和确立阶段。新中国成立之初，在革命经验、苏联模式和具体国情的基础上，我国建立了对经济、财政、贸易、交通和军事工业进行统一领导和管理的人民政府。1953年，为了克服部门和地方的分散主义，中共中央逐步确立了党对政府、中央对各部门、中央对地方的领导地位，形成了各级党委分口负责政府工作的体制。在没收官僚资本、完成土地改革、统一财政经济之后，对农业、手工业、工商业的社会主义改造确立了全民所有制和集体所有制的绝对优势地位，建立了对劳动、工资、生产、销售、社会保障、教育、科技的计划管理体制（吴国衡，1994）。对城市和农村基层治理体系的改造使得国家力量直接深入基层社会，传统的家族组织、自治组织和民间结社基本上被消解（陆学艺，2010）。1958年到1978年是国家总体控制治理体系的微调时期。这一时期，党和国家虽然多次调整党政关系、政企关系、中央和地方关系，但是国家总体控制的治理体系框架并没有发生根本性转变（周振超，2009；陈红太，2003；刘琳，2005）。

由于适应了当时的国内外社会经济形势，国家总体控制的治理体系总体上打破了旧的社会结构和社会组织，极大地提高了国家治理能力，通过集中力量办大事，实现了维持社会稳定、恢复国民经济、推进现代化进程的目标（林尚立，2000：147）。新中国成立之初，面对战争和通货膨胀带来的经济崩溃，国家采取的宏观经济措施成功地抑制了通货膨胀，恢复了财政平衡，实现了经济复苏（Perkins，1966）。改革开放前，我国建立了一个基本完善的工业和交通体系，在农村进行了大规模的水利和基本农田建设。世界银行估计，1950年到1975年，我国人均国民生产总值的年增长率为4.2%，大大超过了包括巴西、埃及、印度、印尼、墨西哥在内的大部分发展中国家（Morawetz，1978）。

在国家总体控制时期，大规模的合法性农民工群体是不存在的。由户籍制度、人民公社制度、劳动就业制度等组成的城乡二元体制将城市和农村居民固定在特定的区域和行业中。人口流动的渠道也非常有限，包括国有企业招工、政府征地、高校招生、行政招干、参军、自然灾害等。而在这些正当渠道之外的人口流动，往往被视为非法迁移，并加以严格控制。通过国有化和集体化，几乎所有的资源和劳动力都被改造和重组为行政化的公共功能单位，实现了国家对物质生产和分配的集中控制。统计数据显示，1949年到1953年的新民主主义时期，市场机制和私有经济在经济领域仍然起着重要作用，而且非公有制经济组织的数量还有所增加。自1954年起，公有制经济组织的比例不断上升。1958年社会主义改造完成后，工业、商业和服务业的经济组织几乎实现了百分之百的公有化。在农村，经过土地改革、合作化运动和人民公社运动，传统家庭经营也完成了向集体经济组织的转型。与国有化和集体化相伴的是经济组织中行政化体制的建立和经济、政治、社会职能的融合。在经济产销方面，国家建立了经济计划和管理部门，把国民经济的产品生产、劳动力供给、物资供应、产品分配等各个环节都纳入计划管理范围；农业生产也必须执行生产计划，统购统销。在组织方面，经济组织经营管理人员一般都被赋予国家干部身份，纳入行政体系之中；普通职工也按照国家劳动人事管理制度获得相应的身份和待遇。在农村，政社合一的管理体制使得农村集体经济组织具有农村基层政权的性质。集体组织承担了大量的经济、政治、行政和社会功能，呈现功能目标的高度复合化。

在我国确立了社会主义基本制度、建立了工业和农业基础设施之后，在进一步发展经济的过程中，国家总体控制的治理体系也凸显了在调动社会力量和社会资源方面激励不足和效率低下的问题，造成了发展潜力和现实发展之间的反差。在企业层面上，计划经济强调一致性和协调性，不利于市场竞争和企业自主性，因此企业仅仅是为了完成计划，而缺乏动力进行技术创新和提高生产率。在个体层面上，计划经济对就业和工资进行严格的管理，"搭便车"现象非常严重。此外，国内外局势已经发生了很大变化，国家发展目标和治理体系却没有进行相应的调整，对意识形态和国防的强调时常超过对社会经济发展的考虑。与此同时，强调经济发展与和平开放的"亚洲四小龙"却取得了经济腾飞，不仅说明了时代主题的变化，也为我国的改革开放提供了参照。

1978年党的十一届三中全会到2012年党的十八大期间，我国的国家治理体系发生了根本性变革，其基本特征是国家进行了渐进性放权改革，市场力量和社会力量加速发展。这一时期的国家治理体系变革又可以划分为两个阶段：1978年到2000年的国家主导改革阶段和2001年到2012年的市场和社会力量大发展阶段。在国家主导改革阶段，国家力量仍然保持着强大的掌控力，影响着市场和社会力量的发展。渠敬东等人又将这一时期的发展划分为两个阶段：1978年到1989年双轨制下的二元社会结构；1990年到2000年社会分配新格局的确立（渠敬东、周飞舟、应星，2009）。2001年，我国加入世界贸易组织后，中国特色社会主义市场经济体制已经比较完善，市场力量取得了迅速发展，政府职能的调整、市场经济的局限和社会问题的凸显也使得社会组织取得了长足发展。

和平与发展已经成为时代主题的新形势下，党和国家调整了基本路线，将工作重心转移到经济建设上来，完善和加强了党的领导，转变了政府职能，实施了对市场组织和社会组织的放权改革。1978年到2012年的放权改革更加充分地调动了社会力量和社会资源，社会经济发展取得了巨大的成就，造就了"中国奇迹"。1952年，我国国内生产总值只有679亿元，到1978年增加到3645亿元，2011年达到了472115亿元；2011年的经济总量比1952年增加了77倍。1978~2011年，我国经济增长率保持在每年近9.9%的速度；人均国民生产总值的年平均增长率高达8.8%。1978年，我国经济总量居世界第十一位；2010年超过日本，成为世界第二大经济体。产业结构不断优化，经济增长由主要依靠第二产业带动转向依靠三大产业共同带动。2012年，第三产业增加值占国内生产总值的比重首次超过第二产业，成为国民经济第一大产业。随着经济快速增长，居民收入连续跨越式提升。1978年，全国居民人均可支配收入仅171元，2009年突破万元大关，达到10977元，2014年突破了2万元大关。

　　计划经济体制时代形成的"三级所有，队为基础"的农村经济体制改革，逐步转变为以农村家庭为单位的市场化经济体制。农村家庭联产承包责任制的广泛推行，使农民家庭获得了土地使用权、生产经营权、劳动力配置权、经营收益权，农村家庭成为相对独立的市场主体。20世纪80年代中期以后，城镇国有企业改革启动，先后实行了承包经营、租赁经营、劳动合同制等经营形式和劳动管理体制。90年代，以建立现代企业制度为核心的产权改革中，大批中小型国有企业转制为非公有制企业；没有实行私营化的国有企业则开始了股份制改革，形成了国有独资企业和国有控股企业两种国有企业形式。与此同时，国有企业的"去社会化"改革，将单位制下国有企业的社会功能转移给政府、社区或市场，进一步强化了国有企业的经济功能。充分调动和统合社会资源的另一项内容是恢复、鼓励、引导和促进非公有制经济的发展，不断赋予非公有制市场主体更多的制度空间和社会资源。对非公有制经济的发展，党和国家渐进地提出了"利用论""补充论""重要组成论""同等待遇论"。基于对非公有制经济地位的认识，党和国家也不断加大放权力度，为非公有制经济发展创造了更大的制度空间，提供了更有利的发展条件。

　　正是在我国发展的这个阶段，农民工群体出现了，而且农民工群体的规模不断扩大，呈现结构化的特征。正像本书所分析的那样，农村生产生活方式的变迁不仅为农民工群体的产生和持续存在提供了条件，而且也提供了动力；城镇非公有制企业的发展为农民工群体的产生和持续存在提供了机会；市场经济文化和制度的大力发展，也为农民工群体的产生和持续存在提供了文化和制度基础。

经过三十几年的高速发展，社会经济发展为国家治理体系建设提出了新的挑战和要求。我国面临着"中等收入陷阱"，即一个国家发展到中等收入阶段（人均国内生产总值在 3000 美元左右）后，可能出现贫富悬殊、环境恶化甚至社会动荡等问题，导致经济发展徘徊不前（蔡昉，2011b；雷米·卡拉斯，2011）。这要求我国经济从高速增长阶段向高质量发展阶段转变。城乡之间和区域之间的发展不平衡问题日益突出。在经历了不平衡加剧之后，2000 年以来区域之间的相对不平衡虽然有所缓解，但是绝对不平等在加剧（陈飞翔等，2007；覃成林等，2011；杨荫凯等，2010）。城乡之间的收入差距总体上呈现不断扩大的趋势，城乡收入比从 1985 年的 2.10 上升至 2013 年的 3.03（吕炜等，2015）。生态环境问题日益突出（曹执令、杨婧，2013；王敏、黄滢，2015），市场经济转型中的劳资矛盾、政府行为引发的官民矛盾等社会矛盾也趋于紧张（吴忠民，2012；李琼英、朱力，2015）。这些现象和问题涉及社会经济的整体发展，客观上要求进一步调整国家治理体系，加强市场的规制，完善社会整合制度，统合各种力量和资源（何艳玲，2013）。正是在这样的背景下，党和国家提出了完善和发展中国特色社会主义制度、推进国家治理体系和治理能力现代化的全面深化改革的目标。

党的十八大以来，在坚持和完善中国特色社会主义制度、推进国家治理体系和治理能力现代化方面，党和国家取得了重大进展。首先，我国走出了单纯的"摸着石头过河"的探索性模式，强调加强顶层设计和"摸着石头过河"相结合，明确要坚持和完善中国特色社会主义制度。2014 年 2 月，习近平在省部级主要领导干部学习贯彻十八届三中全会精神全面深化改革专题研讨班上的讲话中，明确指出"一个国家选择什么样的治理体系，是由这个国家的历史传承、文化传统、经济社会发展水平决定的，是由这个国家的人民决定的。我国今天的国家治理体系，是在我国历史传承、文化传统、经济社会发展的基础上长期发展、渐进改进、内生性演化的结果"（习近平，2014）。党的十九届四中全会更加明确地提出了我国国家制度和国家治理体系具有的多方面的显著优势。这也成为我们坚定中国特色社会主义道路自信、理论自信、制度自信、文化自信的基本依据。其次，我国发展目标更加具体。"中国梦"的提出和"两个一百年"奋斗目标的细化，为国家治理体系现代化设定了总体指向。2012年11月29日，习近平在国家博物馆参观"复兴之路"展览时，第一次阐释了"中国梦"的概念，明确了国家治理体系变革的价值目标和根本动力（韩喜平、巩瑞波，2018）。"两个一百年"的奋斗目标则将"中国梦"具体化为实践的目标（朱炳元，2018）。从治理内容来说，"创新、协调、绿色、开放、共享"的新发展理念为国家治理体系变革提出了总体要求。再次，"亲""清"新型政商关系的提出及相关制度的出台，体现了整合市场力量和国家力量的努力。从国家治理的角度来看，国家力量和市场力量都是社会公共利益的实现途径。但是，国家和市场相互关系的体制机制不完善导致了一些妨碍社会公共利益实现的"市场失灵"和"监管失灵"，即市场组织为了盈利，而不顾甚至破坏社会公共利益，国家组织及其工作人员为了私人利益而滥用权力或不作为、慢作为、乱作为（鲍金红、胡璇，2013；王彩霞，2011）。2016年3月4日，习近平总书记在看望参加全国政协十二届四次会议的民建、工商联委员时，第一次用"亲"和"清"两个字精辟概括并系统阐述了新型政商关系。所谓亲，就是通过调整政商关系，整合两种力量，既支持民营经济的发展，又促进社会经济的整体发展。所谓"清"，就是要规范领导干部和民营企业家的行为，避免监管失灵和市场失灵的出现，更好地维护和实现社会公共利益。最后，从治国理政的角度出发，通过系统化的制度设计，推进社会组织的发展，加强对社会组织的整合，走中国特色社会组织发展之路。从理念来说，党的十八大以来确立了从治国理政的角度对待社会组织的价值观念。就社会组织的发展和作用而言，公民社会理论和法团主义理论都难以理解和指导我国的社会组织发展，因为前者强调社会组织与国家的对抗制衡，忽略两者的合作和统合，而后者强调国家对社会组织的主导控制，没有重视社会组织的能动性（Fewsmith，2013；Howell，2012；纪莺莺，2013）。党的十八大以来的社会组织发展理念突破了两种理论视角的限制，确立了以治国理政为导向的社会组织发展理念，强调激发社会组织活力及其在社会治理中的作用（苏曦凌，2006；郁建兴、沈永东，2017）。2016年，中共中央办公厅、国务院办公厅印发《关于改革社会组织管理制度促进社会组织健康有序发展的意见》，明确提出"走中国特色社会组织发展之路"，集中体现了从国家治理的角度推进社会组织发展的战略思路。就整合社会组织的力量而言，政府购买社会组织服务的制度设计最为典型。从资金保障来说，自2012年开始，中央财政每年安排2亿元专项资金用于购买社会组织服务。从制度保障来说，一系列制度规范的出台，使得政府购买社会组织服务进一步规范化。2013年9月，国务院办公厅发布《关于政府向社会力量购买服务的指导意见》；2014年12月，财政部、民政部、国家工商总局印发《政府购买服务管理办法》；2016年12月，财政部、民政部发布《关于通过政府购买服务支持社会组织培育发展的指导意见》。

总结：农民工群体的未来和国家政策

在完善和发展中国特色社会主义制度、推进国家治理体系和治理能力现代化的新阶段，农民工群体的问题和前途是党和国家必须面临和解决的问题；同时，我国实践性的发展道路也为解决农民工问题指明了方向。

从农民工群体的产生、发展和前景来看，我国的农民工群体呈现结构化态势。从长期来看，农民工现象是一个过渡现象，是我国社会实践性发展过程中出现的特定历史现象。但是，从短期来看，农民工群体巨大的规模、不完全的迁移、城市边缘化的生存状态都对我国城市和农村的稳定和发展提出了挑战。因此，在推进我国国家治理体系和治理能力现代化的过程中，完善和发展中国特色社会主义制度必须应对农民工问题。解决农民工问题，也必然有助于完善和发展中国特色社会主义制度，推进我国从高速增长阶段向高质量发展阶段转变。

农民工群体结构化的劳动体制分析表明，农民工群体的结构化现象不仅涉及农民工的主观动机态度和客观生存状态，而且是由我国社会结构和制度变迁所形塑的。具体而言，社会制度变迁不仅影响了农民工的生存状态，也影响了他们的价值观念和认知方式，进而影响了他们的动机态度。这些制度因素主要包括农村生产生活方式的变迁、户籍制度改革和居民地位分化、城市非正规就业和市场文化。因此，针对农民工问题，推进国家治理体系和治理能力现代化必须从制度层面入手，全面地完善社会结构和社会制度。另外，由于农民工群体涉及我国社会结构和制度的方方面面，以解决农民工问题为切入点来完善和发展中国特色社会主义制度，也一定能够更好地推进国家治理体系和治理能力的现代化，推进我国从高速增长阶段向高质量发展阶段转变。

此外，我国的"实践性发展"在经历了国家总体控制和放权改革之后，党和国家提出了完善和发展中国特色社会主义制度、推进国家治理体系和治理能力现代化的目标和原则，也为解决农民工问题指明了方向。结合完善和发展中国特色社会主义制度、推进国家治理体系和治理能力现代化的目标和原则，今后的农民工政策应该注意以下几点。

第一，农民工政策要同时考虑短期的发展态势和长期的发展趋势。农民工群体的结构化过程表明，农民工群体在我国城镇劳动力结构和我国社会人口结构中已经占据了比较大的比例，而且自20世纪90年代以来这个比例就比较稳定。因此，从短期来看，一定要关注农民工群体的需求和预期，切实保护农民工及其子女的合法权益。否则，他们所面临的家庭分离、持续流动、工资拖欠、留守儿童、边缘生存等生存状态会催生他们的不满，最终影响社会的稳定和发展。在我国"实践性发展"的过程中对农民工群体的考察表明，从长期来看，农民工群体是我国发展过程中出现的独特的历史性现象，最终会走向消亡，过上安居乐业的生活。因此，在完善和发展中国特色社会主义制度的过程中，一定要从长远考虑，加强顶层设计，使具体的农民工政策符合农民工群体和我国社会发展的长期趋势。

第二，农民工政策要同时考虑农民工微观层面上的主观感知和生存状态与宏观层面上的制度设置。农民工群体结构化过程的劳动体制分析表明，农民工群体的存在和发展首先依赖于他们的打工动机和打工态度。打工的动力和对打工生活的接纳态度使得农民工群体参与到了我国社会的高速发展过程中，做出了不可磨灭的贡献。但是，农民工的打工动机和生活态度与他们的客观生存状态是一种"互构"的关系，而且市场文化也影响着他们的认知框架。他们的客观生存状态随着制度改革发生变化；社会文化变迁也带来了农民工群体利益意识的觉醒。这些又都会影响他们的打工动机和生活态度。因此，制度改革的速度问题就成为关键。在顶层设计的指导之下，有序而渐进的改革是保障社会稳定和发展的必要条件。过慢的制度改革，不符合我国社会发展的整体态势，也不能满足农民工的需求和预期；过快的制度改革，会迅速改变农民工的生存状态和需求预期，而后期的制度改革无法跟进的话，也会造成社会的不稳定。一个更现实的选择是，社会服务政策和制度改革政策同时进行。社会服务政策主要是针对农民工面临的现实生活问题，提供社会服务，满足当下的生活需求；制度改革政策主要是针对农民工群体的长期发展态势，逐步推进社会结构转型和社会制度变迁。

第三，农民工问题涉及多种社会结构的转型和社会制度的变迁，农民工政策也要综合考虑各种制度，分清轻重缓急，合理规划。农民工群体结构化的劳动体制分析表明，影响农民工动机态度和生活状态的文化、结构和制度主要包括农村的生产生活文化和制度、城乡结构、区域结构、户籍制度、就业制度和市场制度等。在推进我国国家治理体系和治理能力现代化的过程中，完善和发展社会主义制度的主要内容，在农民工问题上几乎都有体现。针对农民工问题，国家政策首先要从国家发展全局考虑，集中精力解决好急迫的问题，并逐步深化制度改革，推进国家治理的现代化。总体而言，以下几个问题应该摆在更加突出的位置。首先，促进城乡融合发展的乡村振兴战略关系到农民工的短期和长期利益，也关系到我国的短期和长期的稳定和发展，应该放在突出位置。农民工之所以出来打工，就是因为农村经济不发达造成了大量的剩余劳动力。农民工出来打工之后，很大一部分又要（或想要）回到农村。而且，在城市社会福利制度不完善的情况下，因经济波动而失业时，农民工也会回到农村。因此，农村发展至关重要。其中，城镇发展又是必要一环。在工业化和城市化的大趋势中，城镇化是我国工业化的必然结果，也是吸纳农村流动人口的重要渠道。因此，以城镇化为支撑的乡村振兴战略和城乡融合发展是今后农民工政策的主要方向。其次，区域发展战略是缓解大城市和发达地区人口压力的重要手段。农民工的主要流动趋势就是从欠发达地区向较发达地区流动，造成了大城市在人口、治安、社会保障等方面的压力。而且这种流动趋势也造成了欠发达地区的人才流失，使得欠发达地区的城市和农村发展变得更加困难。因此，国家对欠发达地区的支持和欠发达地区的发展规划显得极为重要。西部大开发战略、东北振兴战略等要落到实处，尤其是要结合地方优势，促进产业发展。

第四，我国实践性的发展道路表明，我国制度变迁的核心问题是各种社会资源的调动和整合，主要内容是国家、市场和社会的三种机制的调整。在新中国成立初期，面临一穷二白、一盘散沙、国家封锁等严峻局势，国家总体控制体系的建立很好地调动了社会资源，适应了我国社会发展的需要，实现了经济复苏，建立了基础工业体系。改革开放以来，通过市场经济的发展，进一步调整国家、市场和社会的关系，也在新形势下充分地调动了社会资源，实现了社会经济的高速发展。同样，在我国进入中国特色社会主义新时代的背景下，我国经济和社会发展面临的新问题和新挑战，也需要进一步调整国家、市场和社会的关系，形成合力，解决问题。就农民工问题而言，无论是提供社会服务还是进行制度变革，都要充分发挥国家、市场和社会的作用，形成合力。国家要在社会保障、教育就业等方面满足农民工的基本需求；市场制度也要不断完善，规范劳资关系，不断满足农民工的发展需求；社会组织也要在提供社会服务、维护合法权益方面发挥应有的作用。

参考文献

鲍金红、胡璇，2013，《我国现阶段的市场失灵及其政府干预的关系研究》，《学术界》第 7 期。

蔡昉，2007，《我国经济面临的转折及其对发展和改革的挑战》，《中国社会科学》第 4 期。

蔡昉，2010，《户籍制度改革与城乡社会福利制度统筹》，《经济动态》第 12 期。

蔡昉，2011a，《后刘易斯拐点》，《中国改革》第 1 期。

蔡昉，2011b，《"中等收入陷阱"的理论、经验与针对性》，《经济学动态》第 12 期。

蔡昉、都阳，2002，《迁移的双重动因及其政策含义——检验相对贫困假说》，《中国人口科学》第 4 期。

曹执令、杨婧，2013，《中国制造业环境污染水平测算与变化态势分析》，《经济地理》第 4 期。

陈飞翔、黎开颜、刘佳，2007，《锁定效应与中国地区发展不平衡》，《管理世界》第 12 期。

陈红太，2003，《从党政关系的历史变迁看我国政治体制改革的阶段特征》，《浙江学刊》第 6 期。

陈周旺、汪仕凯，2013，《工人政治》，复旦大学出版社。

崔丽霞，2009，《"推拉理论"视阈下我国农民工社会流动的动因探析》，《江西农业大学学报》第 2 期。

当前农民工工作和生活状况调查研究课题组，2011，《边缘化生存：农民工的工作和生活状况》，《宏观经济研究》第 1 期。

参考文献

都阳、王美艳，2010，《农村剩余劳动力的新估计及其含义》，《广州大学学报》第4期。

费孝通，[1941] 2004，《乡土中国》，北京出版社。

甘满堂，2001，《城市农民工与转型期我国社会的三元结构》，《福州大学学报》第4期。

高元禄，2009，《我国农村土地产权问题研究》，经济科学出版社。

工友之家，2013，《打工者居住现状和未来发展调查报告》，http://sri.iyiyun.cc/plus/view.php? aid=29，2014年6月8日。

郭立场，2011，《新生代农民工边缘化研究综述》，《安徽农业科学》第19期。

国家统计局，2010，《2009年农民工监测调查报告》，http://www.stats.gov.cn/ztjc/ztfx/fxbg/201003/t20100319_16135.html。

国家统计局，2013，《2012年全国农民工监测调查报告》，http://www.stats.gov.cn/tjsj/zxfb/201305/t20130527_12978.html。

国家统计局，2014，《2013年全国农民工监测调查报告》，http://www.stats.gov.cn/tjsj/zxfb/201405/t20140512_551585.html。

国家统计局，2015，《2014年全国农民工监测调查报告》，http://www.stats.gov.cn/tjsj/zxfb/201504/t20150429_797821.html。

国家统计局，2016，《2015年农民工监测调查报告》，http://www.stats.gov.cn/tjsj/zxfb/201604/t20160428_1349713.html。

国家统计局，2017，《2016年农民工监测调查报告》，http://www.stats.gov.cn/tjsj/zxfb/201704/t20170428_1489334.html。

国家统计局，2018，《2017年农民工监测调查报告》，http://www.stats.gov.cn/tjsj/zxfb/201804/t20180427_1596389.html。

国家统计局，2019，《2018年农民工监测调查报告》，http://www.stats.gov.cn/tjsj/zxfb/201904/t20190429_1662268.html。

国务院研究室课题组，2006，《中国农民工调研报告》，中国言实出版社。

韩长赋，2007，《中国农民工的发展与终结》，中国人民大学出版社。

韩喜平、巩瑞波，2018，《中国梦：现代化的中国智慧与中国贡献》，《马克思主义研究》第12期。

何美金、郑英隆，2007，《农民工的形态演变：基于我国工业化进程长期性的研究》，《学术研究》第11期。

何艳玲, 2013,《"回归社会":中国社会建设与国家治理结构调适》,《开放时代》第3期。

胡鞍钢、赵黎, 2006,《我国转型期非正规就业与非正规经济(1990—2004)》,《清华大学学报》(哲学社会科学版)第3期。

黄锟, 2011,《我国农民工市民化制度分析》,中国人民大学出版社。

黄乾, 2008,《农民工定居城市意愿的影响因素——基于五城市调查的实证分析》,《山西财经大学学报》第4期。

黄宗智, 1986,《华北的小农经济与社会变迁》,中华书局。

纪韶, 2011,《中国农民工就业状态的调研》,《经济理论与经济管理》第2期。

纪莺莺, 2013,《当代中国的社会组织:理论视角与经验研究》,《社会学研究》第5期。

江立华, 2003,《城市性与农民工的城市适应》,《社会科学研究》第5期。

金一虹, 2000,《非正规劳动力市场的形成与发展》,《学海》第4期。

卡尔·马克思, 1975,《资本论》(第一卷),人民出版社。

雷米·卡拉斯, 2011,《中国向高收入国家转型——避免中等收入陷阱的因应之道》,载林重庚、迈克尔·斯宾塞编著《中国经济中长期发展和转型》,中信出版社,第470~501页。

李路路、陈建伟、秦广强, 2012,《当代社会学中的阶级分析:理论视角和分析范式》,《社会》第5期。

李培林, 2003,《农民工:中国进城农民工的经济社会分析》,社会科学文献出版社。

李强, 2003,《影响中国城乡流动人口的推力与拉力因素分析》,《中国社会科学》第1期。

李强, 2012,《农民工与中国社会分层》,社会科学文献出版社。

李强、唐壮, 2002,《城市农民工与城市中的非正规就业》,《社会学研究》第6期。

李琼英、朱力, 2015,《现阶段我国劳资矛盾的类型、趋势及对策》,《中州学刊》第12期。

李烨红, 2003,《促进我国非正规就业发展的社会保障制度分析》,《湖北社会科学》第10期。

李莹、周永新，2012，《中国农民工社会政策的变迁：一个分析框架及其应用》，《中国人民大学学报》第5期。

李振京、张林山等，2014，《我国户籍制度改革问题研究》，山东人民出版社。

梁波、王海英，2010，《城市融入：外来农民工的市民化》，《人口与发展》第4期。

林尚立，2000，《当代中国政治形态研究》，天津人民出版社。

刘传江，2004，《农民工生存状态的边缘化与市民化》，《人口与计划生育》第11期。

刘传江、程建林、董延芳，2009，《中国第二代农民工研究》，山东人民出版社。

刘贵山，2008，《1949年以来中国户籍制度演变述评》，《天津行政学院学报》第1期。

刘琳，2005，《新中国成立以来党政关系的历史演变及启示》，《马克思主义研究》第3期。

陆学艺，2010，《当代中国社会结构》，社会科学文献出版社。

陆益龙，2003，《户籍制度：控制与社会差别》，商务印书馆。

陆益龙，2004，《超越户口：解读中国户籍制度》，中国社会科学出版社。

吕途，2013，《中国新工人：迷失与崛起》，法律出版社。

吕炜、杨沫、王岩，2015，《城乡收入差距、城乡教育不平等与政府教育投入》，《经济社会体制比较》第3期。

罗斯科·庞德，2010，《通过法律的社会控制》，商务印书馆。

毛泽东，1991，《毛泽东选集》，人民出版社。

潘泽泉，2011，《中国农民工社会政策调整的实践逻辑——秩序理性、结构不平等与政策转型》，《经济社会体制比较》第5期。

渠敬东、周飞舟、应星，2009，《从总体支配到技术治理基于我国30年改革经验的社会学分析》，《中国社会科学》第6期。

任焰、潘毅，2006，《跨国劳动过程的空间政治》，《社会学研究》第4期。

任远、邬民乐，2006，《城市流动人口的社会融合：文献述评》，《人口研究》第3期。

邵彦敏，2008，《中国农村土地制度研究》，吉林大学出版社。

沈立人，2005，《中国弱势群体》，民主与建设出版社。

沈原，2006，《社会转型与工人阶级的再形成》，《社会学研究》第2期。

苏曦凌，2006，《激发社会组织活力的政府角色调整——基于国际比较的视域》，《政治学研究》第4期。

苏昕，2013，《中国城市新移民的公民权研究》，社会科学文献出版社。

孙立平，2004，《转型与断裂：改革以来中国社会结构的变迁》，清华大学出版社。

覃成林、张华、张技辉，2011，《中国区域发展不平衡的新趋势及成因》，《中国工业经济》第10期。

谭明方，2016，《1949—2020：国家行为与农村土地所有权》，华中科技大学出版社。

谭深，2004，《农民工流动研究综述》，载中国社会科学院社会学研究所编《中国社会学年鉴》（1999~2002），社会科学文献出版社。

唐皇凤，2009，《新中国60年国家治理的变迁及理性审视》，《经济社会体制比较》第5期。

万向东，2009，《农民工非正规就业研究的回顾和展望》，《中山大学学报》（社会科学版）第1期。

汪勇，2007，《"农民工"称谓的历史演变及其启示》，《南京社会科学》第11期。

王彩霞，2011，《政府监管失灵、公众预期调整与低信任陷阱——基于乳品行业质量监管的实证分析》，《宏观经济研究》第2期。

王汉生、刘亚秋，2006，《社会记忆及其建构：一项关于知青集体记忆的研究》，《社会》第3期。

王敏、黄滢，2015，《中国的环境污染与经济增长》，《经济学》（季刊）第2期。

王绍光，2014，《国家治理与国家能力——中国的治理理念与制度选择》（上），《经济导刊》第6期。

王兴周、张文宏，2008，《城市性：农民工市民化的新方向》，《社会科学战线》第12期。

王雅林，1995，《生活方式研究评述》，《社会学研究》第4期。

王雅林，2006，《生活方式研究的社会理论基础——对马克思历史唯物主义社会理论体系的再诠释》,《南京社会科学》第 9 期。

王雅林,2013,《生活方式研究的现时代意义——生活方式研究在我国开展 30 年的经验与启示》,《社会学评论》第 1 期。

王雅林,2015,《生活范畴及其社会建构的意义》,《哈尔滨工业大学学报》第 3 期。

王毅杰、王薇,2004,《国内农民工研究的理论视角》,《当代中国研究》第 1 期。

王颖,2005,《中国民工潮:关于打工族生存状况的调查报告》,长征出版社。

温铁军,2002,《我们是怎样重新获得迁徙自由的》,《中国改革》第 5 期。

吴国衡,1994,《当代中国体制改革史》,法律出版社。

吴海峰,2009,《中国农民工问题的现状与发展趋势》,《毛泽东邓小平理论研究》第 9 期。

吴要武,2009,《非正规就业的未来》,《经济研究》第 7 期。

吴忠民,2012,《当代中国社会"官民矛盾"问题特征分析》,《教学与研究》第 3 期。

习近平,2014,《完善和发展中国特色社会主义制度推进国家治理体系和治理能力现代化》,《人民日报》2 月 18 日,第 1 版。

项飚,2000,《跨越边界的社区》,三联书店。

谢立中,2000,《当代中国社会变迁导论》,河北大学出版社。

熊波、石人炳,2009,《农民工永久性迁移意愿影响因素分析》,《人口与发展》第 2 期。

徐旭初、钱文荣,2009,《生存故事:50 位农民工访谈实录》,浙江大学出版社。

薛昭鋆,2000,《对我国发展非正规部门和鼓励非正规就业的几点认识和建议》,《中国劳动》第 7 期。

杨聪敏,2009,《改革开放以来农民工流动规模考察》,《探索》第 4 期。

杨瑾,2008,《和谐社会建构中的农民工社会融入问题与幸福指数研究》,《福建省社会主义学院学报》第 4 期。

杨可,2016,《劳工宿舍的另一种可能》,《社会》第 2 期。

杨荫凯、刘利、杨俊涛,2010,《中国区域发展不平衡的基本现状与缓解对策》,《中国经贸导刊》第 3 期。

叶鹏飞,2011,《农民工的城市定居意愿研究》,《社会》第 2 期。

郁建兴、沈永东,2017,《调适性合作:十八大以来中国政府与社会组织关系的策略性变革》,《政治学研究》第 3 期。

张福明,2012,《制度变迁视角下的城乡劳动力市场一体化研究》,中国社会科学出版社。

张彦,2008,《非正规就业:理论层面上的社会承认》,《上海财经大学学报》第 5 期。

张彦,2010,《非正规就业:概念辨析及价值考量》,《南京社会科学》第 4 期。

郑建辉、王雄伟,2015,《农村劳动力转移过程中的管理与创新研究》,东北师范大学出版社。

中国工运研究所,2011,《新生代农民工:问题·研判·对策建议》,中国工人出版社。

周振超,2009,《当代中国政府"条块关系"研究》,天津人民出版社。

朱炳元,2018,《实现"两个一百年"奋斗目标的内在逻辑》,《红旗文稿》第 5 期。

朱力,2002,《论农民工阶层的城市适应》,《江海学刊》第 6 期。

朱识义,2015,《户籍制度与农村土地制度联动改革》,法律出版社。

Afridi, Farzana, Sherry Xin Li, and Yufei Ren. 2012. *Social Identity and Inequality*: *The Impact of China's Hukou System*. Discussion Paper No. 6417, Institute for the Study of Labor, Zur Zukunft der Arbeit, Forschungsinstitut.

Ahlers, Anna L. and Gunter Schubert. 2011. "'Adaptive Authoritarianism' in Contemporary China: Identifying Zones of Legitimacy Building." In Deng Zhenglai and Guo Sujian (eds.), *Reviving Legitimacy*: *Lessons for and from China*, pp. 61 – 81. Lanham: Lexington Books.

Alexander, Peter and Anita Chan. 2004. "Does China Have an Apartheid Pass System?" *Journal of Ethnic & Migration Studies* 30 (4): 609 – 629.

Althusser, Louis. 1971. "Ideology and Ideological State Apparatuses." In Louis Althusser, *Lenin and Philosophy and Other Essays*, pp. 127 – 193. New York, NY: Monthly Review Press.

参考文献

Altmann, Matthias P. 2011. *Contextual Development Economics: A Holistic Approach to the Understanding of Economic Activity in Low-Income Countries.* New York, NY: Springer.

Archer, Margaret S. 1995. *Realist Social Theory: The Morphogenetic Approach.* New York, NY: Cambridge University Press.

Archer, Margaret. 1996. "Social Integration and System Integration: Developing the Distinction." *Sociology* 30 (4): 679–699.

Attané, Isabelle. 2002. "A Half Century of Chinese Socialism: The Changing Fortunes of Peasant Families." *Journal of Family History* 27 (2): 150–171.

Bao, Shuming, örn B. Bodvarsson, Jack W. Hou, and Yaohui Zhao. 2009. *The Regulation of Migration in a Transition Economy.* Discussion Paper No. 4493, Institute for the Study of Labor, Zur Zukunft der Arbeit, Forschungsinstitut.

Bauman, Zygmunt. 1990. *Modernity and the Holocaust.* New York, NY: Cornell University Press.

Bean, Frank D., Susan Gonzalez-Baker, and Randy Capps. 2001. "Immigration and Labor Markets in the United States." In Ivar Berg and Arne L. Kalleberg (eds.), *Sourcebook of Labor Markets: Evolving Structures and Processes*, pp. 669–703. New York, NY: Kluwer Academic/Plenum Publishers.

Bendix, Reinhard. 1964. *Nation-building and Citizenship.* New York: John Wiley and Sons.

Berg, Ivar. 2001. "Employment Relations and Work Structures in the United States: From Hudderfield to 'Industrial Democracy' and Back." In Ivar Berg and Arne L. Kalleberg (eds.), *Sourcebook of Labor Markets: Evolving Structures and Processes*, pp. 165–186. New York, NY: Kluwer Academic/Plenum Publishers.

Blecher, Marc J. 2002. "Hegemony and Workers' Politics in China." *The China Quarterly* 170: 283–303.

Blecher, Marc. 2009. "Globalization, Structural Reform, and Labor Politics in China." *Global Labor Journal* 1 (1): 92–111.

Blumer, Herbert. 1969. *Symbolic Interactionism: Perspective and Method.* Berkeley, Los Angeles, and London: University of California Press.

Bohner, Gerd and Michaela Wänke. 2002. *Attitudes and Attitude Change.* New York, NY: Psychology Press.

Bourdieu, Pierre and Loïc J. D. Wacquant. 1992. *An Invitation to Reflexive Sociology.* Cambridge, UK: Polity Press.

Bourdieu, Pierre, Jean-Claude Chamboredon, and Jean-Claude Passeron. 1991. *The Craft of Sociology: Epistemological Preliminaries.* New York, NY: Walter de Gruyter.

Bourdieu, Pierre. 1984. *Distinction: A Social Critique of the Judgment of Taste.* Cambridge, MA: Harvard University Press.

Bourdieu, Pierre. 1987. "What Makes a Social Class? On Theoretical and Practical Existence of Groups." *Berkeley Journal of Sociology* 32: 1 – 17.

Bourdieu, Pierre. 1990. *The Logic of Practice.* Stanford, CA: Stanford University Press.

Bourdieu, Pierre. [1963] 1979. "The Disenchantment of the World." In *Algeria 1960*, pp. 1 – 94. Cambridge: Cambridge University Press.

Boyle, Paul, Keith H. Halfacree, and Vaughan Robinson. 1998. *Exploring Contemporary Migration.* Harlow: Addison Wesley Longman.

Brandt, Loren and Thomas G. Rawski. 2008. "China's Great Economic Transformation." In Loren Brandt and Thomas G. Rawski (eds.), *China's Great Economic Transformation*, pp. 1 – 27. New York, NY: Cambridge University Press.

Branigan, Tania. 2013. "China's Welfare System: Difficult, Inflexible and Blatantly Unfair?" http://www.theguardian.com/global-development/2013/apr/23/china-welfare-system-inflexible-unfair.

Burawoy, Michael. 1976. "The Functions and Reproduction of Migrant Labor: Comparative Materials from Southern Africa and the Unites States." *American Journal of Sociology* 81 (5): 1050 – 1087.

Burawoy, Michael. 1983. "Between the Labor Process and the State: The Changing Face of Factory Regimes Under Advanced Capitalism." *American Sociological Review* 48 (5): 587 – 605.

Burawoy, Michael. 1985. *The Politics of Production: Factory Regimes Under Capital-*

ism and Socialism. London: Verso.

Burke, Peter J. and Jan E. Stets. 2009. *Identity Theory.* New York, NY: Oxford University Press.

Cai, Fang and Kam Wing Chan. 2009. "The Global Economic Crisis and Unemployment in China." *Eurasian Geography and Economics* 50 (5): 513 – 531.

Cai, Fang and Wang Meiyun. 2008. "A Counterfactual of Unlimited Surplus Labor in Rural China." *China and the World Economy* 16 (1): 51 – 65.

Cai, Fang, Albert Park, and Yaohui Zhao. 2008. "The Chinese Labor Market in the Reform Era." In Loren Brandt and Thomas G. Rawski (eds.), *China's Great Economic Transformation*, pp. 167 – 214. New York, NY: Cambridge University Press.

Cai, Fang. 2011. "Hukou System Reform and Unification of Rural-Urban Social Welfare." *China and World Economy* 19 (3): 33 – 48.

Cai, He and Jin Wang. 2008. "Factors Influencing the Migration Intentions of Rural Workers in the Pearl River Delta." *Social Science in China* 29 (3): 157 – 171.

Cai, Yongshun. 2010. *Collective Resistance in China: Why Popular Protests Succeed or Fail.* Stanford, CA: Stanford University Press.

Caporaso, James A. and David P. Levine. 1992. *Theories of Political Economy.* New York, NY: Cambridge University Press.

Carruthers, Bruce G. and Sarah L. Babb. 2000. *Economy/Society: Markets, Meanings, and Social Structure.* Thousand Oaks, California: Pine Forge Press.

Castells, Manuel and Alejandro Portes. 1989. "World Underneath: The Origins, Dynamics, and Effects of the Informal Economy." In Alejandro Portes, Manuel Castells, and Lauren A. Benton (eds.), *The Informal Economy: Studies in Advanced and Less Developed Countries*, pp. 11 – 37. Baltimore and London: The Johns Hopkins University Press.

Chai, Joseph C. H. and B. Karin Chai. 1997. "China's Floating Population and Its Implications." *International Journal of Social Economics* 24: 1038 – 1051.

Chan, Anita and Kaxton Siu. 2012. "Chinese Migrant Workers: Factors Constraining the Emergency of Class Consciousness." In Beatriz Carrillo and David S. G. Goodman (eds.), *China's Peasants and Workers*: *Changing Class Identities*, pp. 79 – 101. Northampton, MA: Edward Elgar.

Chan, Anita, Richard Madsen, and Jonathan Unger. 1992. *Chen Village Under Mao and Deng*. Berkeley, CA: University of California Press.

Chan, Anita. 2001. *China's Workers Under Assault*: *The Exploitation of Labor in a Globalizing Economy*. Armonk, NY: M. E. Sharpe.

Chan, Chris King-Chi and Pun Ngai. 2009. "The Making of a New Working Class? A Study of Collective Actions of Migrant Workers in South China." *The China Quarterly* 198: 287 – 303.

Chan, Chris King-Chi. 2009. "Strike and Changing Workplace Relations in a Chinese Global Factory." *Industrial Relations Journal* 40 (1): 60 – 77.

Chan, Chris King-Chi. 2010. *The Challenge of Labor in China*: *Strikes and the Changing Labor Regime in Global Factories*. London and New York: Routledge.

Chan, Kam Wing and Will Buckingham. 2008. "Is China Abolishing the Hukou System." *The China Quarterly* 195: 582 – 606.

Chan, Kam Wing. 1994. *Cities with Invisible Walls*: *Reinterpreting Urbanization in Post – 1949 China*. Hong Kong: Oxford University Press.

Chan, Kam Wing. 2009. "The Chinese Hukou System at 50." *Eurasian Geography and Economics* 50 (2): 197 – 221.

Chan, Kam Wing. 2010a. "A China Paradox: Migrant Labor Shortage Amidst Rural Labor Supply Abundance." *Eurasian Geography and Economics* 51 (4): 513 – 530.

Chan, Kam Wing. 2010b. "The Global Financial Crisis and Migrant Workers in China: 'There is No Future as a Laborer; Returning to the Village has No Meaning'." *International Journal of Urban and Regional Research* 34 (3): 659 – 677.

Chan, Kam Wing. 2010c. "The Household Registration System and Migrant Labor in China: Notes on a Debate." *Population and Development Review* 36 (2): 357 – 364.

Chan, Kam Wing. 2010d. "Fundamentals of China's Urbanization and Policy." *The China Review* 10 (1): 63 – 94.

Chan, Sow Hup and Hua Han Qiu. 2011. "Loneliness, Job Satisfaction, and Organizational Commitment of Migrant Workers." *The International Journal of Human Resource Management* 22 (5): 1109 – 1127.

Chang, Gene Hsin and Josef C. Brada. 2006. "The Paradox of China's Growing Under-Urbanization." *Economic Systems* 30: 24 – 40.

Charmaz, Kathy. 2000. "Grounded Theory: Objective and Constructive Methods." In N. K. Denzin and Y. S. Lincoln (eds.), *Handbook of Qualitative Research*, pp. 509 – 535. Thousand Oaks, CA: Sage.

Charmaz, Kathy. 2004. "Grounded Theory." In Sharlene Nagy Hesse-Biber and Patricia Leavy (eds.), *Approaches to Qualitative Research: A Reader on Theory and Practice*, pp. 496 – 521. New York: Oxford University Press.

Chen, Junhua and Fei Guo. 2010. "Accommodating Migrants in the Post-Reform Urban China: The Perspective of the Chinese Hukou System." *The International Journal of Interdisciplinary Social Sciences* 5 (2): 173 – 187.

Cheng, Tiejun and Mark Selden. 1994. "The Origins and Social Consequences of China's Hukou System." *The China Quarterly* 139: 644 – 668.

Chien, Shiuh-Shen. 2007. Institutional Innovations, Asymmetric Decentralization and Local Economic Development: A Case Study of Kunshan in Post-Mao China. *Environment and Planning C: Government and Policy* 25 (2): 269 – 290.

Connelly, Rachel, Kenneth Roberts, and Zhenzhen Zheng. 2011. "The Settlement of Rural Migrants in Urban China: Some of China's Migrants Are Not 'Floating' Any More." *Journal of Chinese Economic and Business Studies* 9 (3): 283 – 300.

Cooke, Fang Lee. 2005. *HRM, Work and Employment in China*. London and New York: Routledge.

Corbin, Juliet and Anselm Strauss. 1990. "Grounded Theory Research: Procedures, Canons and Evaluation Criteria." *Qualitative Sociology* 13: 3 – 21.

Crompton, Rosemary. 2008. *Class and Stratification* (3nd edition). Malden, MA: Polity.

De Soto, Hermando. 1989. *The Other Path: The Economic Answer to Terrorism*. New

York, NY: Harper and Row Publisher.

Dong, Jie. 2011. *Discourse, Identity, and China's Internal Migration: The Long March to the City*. Bristol, UK: Multilingual Matters.

Eder, Klaus. 1993. *The New Politics of Class: Social Movements and Cultural Dynamics in Advanced Societies*. London, Newbury Park, and New Delhi: Sage.

Elder, Glen H. 1998. "The Life Course as Developmental Theory." *Child Development* 69 (1): 1 – 12.

Elder-Vass, Dave. 2010. *The Causal Power of Social Structure*. New York, NY: Cambridge University Press.

Esping-Andersen, Gøsta. 1990. *The Three Worlds of Welfare Capitalism*. Cambridge, Polity Press and Princeton, NJ: Princeton University Press.

Fairebank, John King and Merle Goldman. 2006. *China: A New History* (2nd enlarged edition). Cambridge, MA: The Belknap Press of Harvard University Press.

Fan, C. Cindy and Mingjie Sun. 2008. "Regional Inequality in China, 1978 – 2006." *Eurasian Geography and Economics* 49 (1): 1 – 20.

Fan, C. Cindy and Wenfei Winnie Wang. 2008. "The Household as Security: Strategies of Rural-Urban Migrants in China." In Russell Smyth and Ingrid Nielsen (eds.), *Migration and Social Protection in China*, pp. 205 – 243. New Jersey, NY: World Scientific.

Fan, C. Cindy. 2002. "The Elite, the Natives, and the Outsiders: Migration and Labor Market Segmentation in Urban China." *Annals of the Association of American Geographers* 92 (1): 103 – 124.

Fan, C. Cindy. 2004. "The State, the Migrant Labor Regime and Maiden Workers in China." *Political Geography* 23: 283 – 305.

Fan, C. Cindy. 2008. *China on the Move: Migration, the State, and the Household*. London and New York: Routledge.

Fan, C. Cindy. 2011. "Settlement Intention and Split Households: Findings from a Survey of Migrants in Beijing's Urban Villages." *The China Review* 11 (2): 11 – 42.

Ferguson, Niall. 2008. *The Ascent of Money: A Financial History of the World*. New

York: The Penguin Press.

Fewsmith, Joseph. 2013. *The Logic and Limits of Political Reform in China*. Cambridge: Cambridge University Press.

Fine, Ben. 1998. *Labor Market Theory: A Constructive Reassessment*. London and New York: Routledge.

Foucault, Michel. 1977. *Discipline and Punish: The Birth of the Prison*. New York, NY: Random House.

Foucault, Michel. 2006. *Psychiatric Power: Lectures at the Collège de France, 1973 – 1974*. New York, NY: Picador.

Friedman, Eli and Ching Kwan Lee. 2010. "Remaking the World of Chinese Labor: A 30 – Year Retrospective." *British Journal of Industrial Relations* 48 (3): 507 – 533.

Gallagher, Mary Elizabeth. 2005. *Contagious Capitalism: Globalization and the Politics of Labor in China*. Princeton and Oxford: Princeton University Press.

Gallagher, Mary Elizabeth. 2007. *Contagious Capitalism: Globalization and the Politics of Labor in China*. Princeton, NJ: Princeton University Press.

Gao, Qin, Sui Yang, and Shi Li. 2013. "The Chinese Welfare State in Transition: 1988 – 2007." *Journal of Social Policy* 42 (4): 743 – 762.

Gerschenkron, Alexander. 1962. *Economic Backwardness in Historical Perspective*. Cambridge, MA: The Belknap Press of Harvard University.

Giddens, Anthony. 1979. *Central Problems in Social Theory*. Berkeley and Los Angeles: University of California Press.

Giddens, Anthony. 1982. *Profiles and Critiques in Social Theory*. London: Macmillan.

Giddens, Anthony. 1984. *The Constitution of Society: Outline of the Theory of Structuration*. Cambridge: Polity Press.

Giddens, Anthony. 1990. *Consequences of Modernity*. Stanford, CA: Stanford University Press.

Giddens, Anthony. 1991. "Structuration Theory: Past, Present and Future." In Christopher G. A. Bryant and David Jary (eds.), *Giddens' Theory of Structuration: A Critical Appreciation*, pp. 201 – 221. London and New York: Routledge.

Giddens, Anthony. 1994. "Living in a Post-Traditional Society." In Ulrich Beck, Anthony Giddens, and Scott Lash (eds.), *Reflexive Modernization*, pp. 56 – 109. Cambridge: Polity Press.

Giddens, Athony. 1980. *The Class Structure of the Advances Societies.* London: Hutchinson.

Gil, S. and Ira N. Gang. 2010. "Migration and Culture." In Gil S. Epstein, and Ira N. Gang (eds.), *Migration and Culture (Frontiers of Economics and Globalization Volume 8)*, pp. 1 – 22. Bingley: Emerald Group Publishing Limited.

Guo, Baogang. 2010. *China's Quest for Political Legitimacy: The New Equity-Enhancing Politics.* Lanham, MD: Lexington Books.

Guo, Taihui. 2014. "Rights in Action: The Impact of Chinese Migrant Workers' Resistances on Citizenship Rights." *Journal of Chinese Political Science* 19: 421 – 434.

Habermas, Jurgen. 1984. *The Theory of Communicative Action. Volume One. Reason and the Rationalization of Society.* Boston, MA: Beacon Press.

Habermas, Jurgen. 1987. *The Theory of Communicative Action. Volume Two. Life World and System: A Critique of Functionalist Reason.* Boston, MA: Beacon Press.

Han, Changfu. 2011. *Migrant Workers in China.* Singapore: Cengage Learning Asia Pte Ltd.

Hannan, Kate. 2008. "China: Migrant Workers Want Decent Work." *The Copenhagen Journal of Asian Studies* 26 (2): 60 – 81.

Hannum, Emily, Meiyan Wang, and Jenifer Adams. 2010. "Rural-Urban Disparities in Access to Primary and Secondary Education Under Market Reforms." In Martin King Whyte (ed.), *One Country, Two Societies: Rural-Urban Inequality in Contemporary China*, pp. 125 – 146. Cambridge, MA: Harvard University Press.

Hare, Denis. 1999. "'Push' Versus 'Pull' Factors in Migration Outflows and Returns: Determinants of Migration Status and Spell Duration Among China's Rural Population." *The Journal of Development Studies* 35 (3): 45 – 72.

Harvey, David. 2005. *A Brief History of Neoliberalism.* New York, NY: Oxford University Press.

Harvey, David. 2010. *The Enigma of Capital and the Crises of Capitalism*. New York, NY: Oxford University Press.

He, Baogang. 2005. "Village Citizenship in China: A Case Study of Zhejiang." *Citizenship Studies* 9 (2): 205-219.

He, Shaohui. 2008. "The Problems with Migrant Workers' Social Adaptation." *Youth Research* 11: 9-14.

Heisler, Barbara Schmitter. 2000. "The Sociology of Immigration: From Assimilation to Segmented Integration, from the American Experiences to the Global Arena." In Caroline B. Brettell and James F. Hollifield, *Migration Theory: Talking Across Disciplines*, pp. 77-96. New York and London: Routledge.

Hellman, Joel. 1998. "Winners Take All: The Politics of Partial Reform in Postcommunist Transitions." *World Politics* 50 (2): 203-234.

Homans, George C. 1974. *Social Behavior: Its Elementary Forms*. New York: Harcourt, Brace and World.

Howell, J. 2012. "Civil Society, Corporatism and Capitalism in China." *Journal of Comparative Asian Development* 11 (2): 271-297.

Huang, Gengzhi and Xue Desheng. 2009. "Review of Informal Employment Research in Urban China." *Tropical Geography* 29 (4): 389-393.

Huang, Philip C. C. 2009. "China's Neglected Informal Economy: Reality and Theory." *Modern China* 35 (4): 405-438.

Huang, Philip C. C. 2010. "The Theoretical and Practical Implications of China's Development Experience: The Role of Informal Economic Practices." *Modern China* 37 (1): 3-34.

Hugo, Graeme. 1982. "Circular Migration in Indonesia." *Population and Development Review* 8 (1): 59-83.

Hung, Eva P. W. and Stephen W. K. Chiu. 2003. "The Lost Generation: Life Course Dynamics and Xiagang in China." *Modern China* 29 (2): 204-236.

Hutchison, Elizabeth D. 2010. "Life Course Theory." In Roger J. R. Levesque (ed.), *Encyclopedia of Adolescence*, pp. 1586-1594. New York, NY: Springer.

Illich, Ivan. 2010. "Needs." In Wolfgang Sachs (ed.), *The Development Dictionary: A Guide to Knowledge as Power* (2nd edition), pp. 95-110. London and

New York: Zed Books.

Janoski, Thomas. 1998. *Citizenship and Civil Society*. New York, NY: Cambridge University Press.

Jiang, Bin, Revenor C. Baker, and Gregory V. Frazier. 2009. "An Analysis of Job Dissatisfaction and Turnover to Reduce Supply Chain Risk." *Journal of Operations Management* 27: 169 – 184.

Kalleberg, Arne L. 2001. "Evolving Employment Relations in the United States." In Ivar Berg and Arne L. Kalleberg (eds.), *Sourcebook of Labor Markets: Evolving Structures and Processes*, pp. 186 – 206. New York, NY: Kluwer Academic/Plenum Publishers.

Kandel, William and Douglas S. Massey. 2002. "The Culture of Mexican Migration: A Theoretical and Empirical Analysis." *Social Forces* 80 (3): 981 – 1004.

Katz, Eliakim and Oded Stark. 1986. "Labor Migration and Risk Aversion in Less Developed Countries." *Journal of Labor Economics* 4 (1): 131 – 149.

King, Russell, Ronald Skeldon, and Julie Vullnetari. 2008. *Internal and International Migration: Bridging the Theoretical Divide*. Sussex Centre for Migration Research Working Paper No. 52, University of Sussex, Brighton.

Knight, John, Deng Quheng, and Li Shi. 2011. "The Puzzle or Migrant Labor Shortage and Rural Labor Surplus in China." *China Economic Review* 22 (4): 585 – 600.

Korcelli, Piotr. 1994. "On Interrelations Between Internal and International Migration." *The European Journal of Social Sciences* 7 (2): 151 – 163.

Kung, James Kai-sing and Yimin Lin. 2007. "The Decline of Township-and-Village Enterprises in China's Economic Transition." *World Development* 35 (4): 569 – 584.

Kwan, Fung. 2009. "Agricultural Labor and the Incidence of Surplus Labor: Experience from China during Reform." *Journal of Chinese Economic and Business Studies* 7 (3): 341 – 361.

Larus, Elizabeth Freund. 2012. *Politics and Society in Contemporary China*. Boulder, CO: Lynne Rienner Publishers.

Lather, Patti. 1992. "Critical Frames in Educational Research: Feminist and Post-Structural Perspectives." *Theory into Practice* 31 (2): 87–99.

Lauby, Jennifer and Oded Stark. 1988. "Individual Migration as a Family Strategy: Young Women in the Philippines." *Population Studies* 42 (3): 473–486.

Lee, Ching Kwan and Yonghong Zhang. 2013. "The Power of Instability: Unraveling the Microfoundations of Bargained Authoritarianism in China." *American Journal of Sociology* 118 (6): 1475–1508.

Lee, Ching Kwan. 2007. *Against the Law: Labor Protests in China's Rustbelt and Sunbelt*. Berkeley and Los Angeles: University of California Press.

Lee, Leng and Xin Meng. 2010. "Why Don't More Chinese Migrate from the Countryside?" In Xin meng and Chris Manning (eds.), *The Great Migration: Rural-Urban Migration in China and Indonesia*, pp. 23–45. Northampton, MA: Edward Elgar.

Lemert, Charles. 2012. *Social Things: An Introduction to the Sociological Life* (5th edition). New York: Rowman and Littlefield Publishers, INC.

Lewis, W. Arthur. 1954. "Economic Development with Unlimited Supplies of Labour." *The Manchester School of Economic and Social Studies* 22 (2): 139–191.

Li, Bingqin. 2006. "Floating Population or Urban Citizens? Status, Social Provision and Circumstances of Rural-urban Migrants in China." *Social Policy and Administration* 40 (2): 174–195.

Li, Peiling and Wei Li. 2007. "Economic Status and Social Attitudes of Migrant Workers in China." *China and World Economy* 15 (4): 1–16.

Li, Shi. 2008. "Rural Migrant Workers in China: Scenario, Challenges and Public Policy." Working Paper No. 89, Policy Integration and Statistics Department, International Labor Office, International Labor Organization, Geneva.

Liu, Serena. 2007. "Social Citizenship in China: Continuity and Change." *Citizenship Studies* 11 (5): 465–479.

Liu, Xin. 2009. "Institutional Basis of Social Stratification in Transitional China." In Deborah Davis and Wang Feng (eds.), *Creating Wealth and Poverty in Postsocialist China*, pp. 85–96. Stanford, CA: Stanford University Press.

Lo, T. Wing and Guoping Jiang. 2006. "Inequality, Crime and the Floating Population in China." *Asian Criminology* 1 (2): 103 – 118.

Long, Guoying and Mee Kam Ng. 2001. "The Political Economy of Intra-Provincial Disparities in Post-reform China: A Case Study of Jiangsu Province." *Geoforum* 32: 215 – 34.

Losby, Jan L., John F. Else, Marcia E. Kingslow, Elaine L. Edgcomb, Erika T. Malm, and Vivian Kao. 2002. *Informal Economy Literature Review*. ISED Consulting and Research and The Aspen Institute.

Loyalk, Michelle Dammon. 2013. *Eating Bitterness: Stories from the Front Lines of China's Great Urban Migration*. Berkeley and Los Angeles, CA: University of California Press.

Luyn, Floris-Jan Van. 2008. *A Floating City of Peasants*. New York: The New Press.

López, José and John Scott. 2000. *Social Structure*. Buckingham, M. K.: Open University Press.

Mackenzie, Peter W. 2002. "Strangers in the City: The Hukou and Urban Citizenship in China." *Journal of International Affairs* 56 (1): 305 – 319.

Madrazo, Brenda and Ronald van Kempen. 2012. "Explaining Divided Cities in China." *Geoforum* 43: 158 – 168.

Mallee, Hein, 1995. "China's Household Registration System Under Reform." *Development and Change* 26: 1 – 29.

Marshall, T. H. 1950. *Citizenship and Social Class and Other Essays*. London: The Syndics Cambridge University Press.

Marx, Karl. 1963. *The Eighteenth Brumaire of Louis Bonaparte*. New York, NY: International Publishers.

Marx, Karl. 1992 *Capital*. Penguin.

Marx, Karl. 1995. *Poverty of Philosophy*. New York, NY: Prometheus Books.

Massey, Douglas S., Joaquin Arango, Graeme Hugo, Ali Kouaouci, Adela Pellegrino, and J. Edward Taylor. 1993. "Theories of International Migration: A Review and Appraisal." *Population and Development Review* 19 (3): 431 – 466.

Maxwell, Joseph Alex. 2005. *Qualitative Research Design: An Interactive Approach.* Thousand Oaks, California: Sage Publications, Inc.

Mayer, Karl Ulrich. 2009. "New Directions in Life Course Research." *Annual Review of Sociology* 35: 413 – 433.

McCall, George J. and Jerry L. Simmons. 1978. *Identities and Interactions.* New York, NY: Free Press.

Mead, George H. 1934. *Mind, Self and Society: From the Standpoint of a Social Behaviorist.* Chicago and London: The University of Chicago Press.

Meng, Xin and Chris Manning. 2010. "The Great Migration in China and Indonesia: Trends and Institutions." In Xin Meng, Chris Manning, Li Shi and Tadjuddin Noer Effendi (eds.), *The Great Transformation: Rural-Urban Migration in China and Indonesian*, pp. 1 – 19. Northampton, MA: Edward Elgar publishing, Inc.

Merriam, Sharan and Associates. 2002. *Qualitative Research in Practice: Examples for Discussion and Analysis.* San Francisco, California: Jossey-Bass.

Merton, Robert King. 1967. *On Theoretical Sociology: Five Essays, Old and New.* New York, NY: The Free Press.

Montinola, Gabriella, Yingyi Qiang, and Barry R. Weingast. 1996. "Federalism, Chinese Style: The Political Basis for Economic Success." *World Politics* 48 (1): 50 – 81.

Morawetz, David. 1978. *Twenty-Five Years of Economic Development, 1950 to 1975.* Baltimore, ML: Johns Hopkins University Press.

Mou, Jin, Jinquan Cheng, Sian M. Griffiths et al. 2011. "Internal Migration and Depressive Symptoms Among Migrant-Factory Workers in Shenzhen, China." *Journal of Community Psychology* 39 (2): 212 – 230.

Mouzelis, Nicos. 1995. *Sociological Theory: What Went Wrong?* London, UK: Routledge.

Mouzelis, Nicos. 1997. "Social and System Integration: Lockwood, Habermas, Giddens." *Sociology* 31 (1): 111 – 119.

Mouzelis, Nicos. 2008. *Modern and Postmodern Theorizing: Bridging the Divide.* New York, NY: Cambridge University Press.

Myerson, Rebecca, Yubo Hou, Huizhen Tang, Ying Cheng, Yan Wang and Zhuyuan Ye. 2010. "Home and Away: Chinese Migrant Workers' Between Two Worlds." *The Sociological Review* 58 (1): 26–44.

Naughton, Barry. 2007. *The Chinese Economy*. Cambridge, MA: MIT Press.

Naughton, Barry. 2008. "A Political Economy of China's Economic Transition." In Loren Brandt and Thomas Raswski (eds.), *China's Great Economic Transformation*, pp. 91–135. New York, NY: Cambridge University Press.

Nee, Victor. 1989. "A Theory of Market Transition: From Redistribution to Markets in State Socialism." *American Sociological Review* 54 (5): 663–681.

Nee, Victor. 1991. "Social Inequalities in Reforming State Socialism: Between Redistribution and Markets in China." *American Sociological Review* 56 (3): 267–282.

Nee, Victor. 1996. "The Emergence of a Market Society: Changing Mechanisms of Stratification in China." *American Journal of Sociology* 101 (4): 908–949.

Ngok, Kinglun. 2013. "Shaping Social Policy in the Reform Era in China." In Misa Izuhara (ed.), *Handbook on East Asian Social Policy*, pp. 105–125. Cheltenham and Northampton: Edward Elgar.

Niall Ferguson. 2008. *The Ascent of Money: A Financial History of the World*. New York: The Penguin Press.

North, Douglass C. 1981. *Structure and Change in Economic History*. New York, NY: W. W. Norton and Company, Inc.

North, Douglass C. and Robert Paul Thomas. 1973. *The Rise of the Western World: A New Economic History*. New York, NY: Cambridge University Press.

Oi, Jean C. 1999. "Two Decades of Rural Reform in China: An Overview and Assessment." *The China Quarterly* 159: 616–628.

O'Brien, Kevin and Lianjiang Li. 2006. *Rightful Resistance in Rural China*. Cambridge: Cambridge University Press.

Pai, Hsiao-Hung. 2012. *Scattered Sand: The Story of China's Rural Migrants*. Brooklyn, NY: Verso.

Parker, John. 2000. *Structuration*. Buckingham and Philadelphia: Open University

Press.

Parsons, Talcott, Robert F. Bales, and Edward A. Shils. 1953. *Working Papers in the Theory of Action.* Glencoe, IL: Free Press.

Parsons, Talcott. 1951. *The Social System.* New York: Free Press.

Parsons, Talcott. [1937] 1949. *The Structure of Social Action: A Study in Social Theory with Special Reference to a Group of Recent European Writers.* Glencoe, Ill.: Free Press.

Pei, Minxin. 2006. *China's Trapped Transition: The Limits of Development Autocracy.* Cambridge, Massachusetts and London, England: Harvard University Press.

Perkins, Dwight H. 1966. *Market Control and Planning in Communist China.* Cambridge, MA: Harvard University Press.

Polanyi, Karl. 2001a. *The Great Transformation: The Political and Economic Origins of Our Time.* Boston, MA: Beacon Press.

Polanyi, Karl. 2001b. "The Economy as Instituted Process." In Mark Granovetter and Richard Swedberg (eds.), *The Sociology of Economic Life*, pp. 31 – 50. Boulder, Colorado: Westview Press.

Portes, Alejandro and Ruben G. Rumbaut. 2001. *Legacies: The Story of the Immigrant Second Generation.* Berkeley, CA: University of California Press.

Portes, Alejandro. 1995. "Children of Immigrants: Segmented Assimilation and Its Determinants." In *the Economic Sociology of Immigration*, edited by A. Portes, pp. 248 – 280. New York: Russell Sage Foundation.

Pun, Ngai and Lu Huilin. 2010. "Unfinished Proletarianization: Self, Anger, and Class Action Among the Second Generation of Peasant-Workers in Present-Day China." *Modern China* 36 (5): 493 – 519.

Pun, Ngai, Chris King Chi Chan, and Jenny Chan. 2009. "The Role of the State, Labor Policy and Migrant Workers' Struggles in Globalized China." *Global Labour Journal* 1 (1): 132 – 151.

Pun, Ngai. 1999. "Becoming Dagongmei: The Politics of Identity and Difference in Reform China." *The China Journal* 42: 1 – 19.

Putterman, Louis. 1997. "On the Past and Future of China's Township and Village-Owned Enterprises." *World Development* 25 (10): 1639 – 1655.

Qiu, Peiyuan, Eric Caine, Yang Yang, Quan Chen, Jin Li, and Xiao Mao. 2011. "Depression and Associated Factors in Internal Migrant Workers in China." *Journal of Affective Disorders* 134: 198 – 207.

Radcliffe-Brown, A. R. 1952. *Structure and Function in Primitive Society.* Glencoe, IL: Free Press.

Ranis, Gustav. 2004. "Arthur Lewis' Contribution to Development Thinking and Policy." Discussion Paper No. 891, Economic Growth Center, Yale University. http://www.econ.yale.edu/growth_pdf/cdp891.pdf.

Ritzer, George. 2008. *The McDonaldization of Society.* Thousand Oaks, CA.: Pine Forge Press.

Ritzer, George. 2011. *Classical Sociological Theory.* New York, NY: McGraw-Hill.

Roulleau-Berger, Laurence. 2013. "Migration, Plural Economies, an New Stratifications in Europe and China." In Li Peilin and Laurence Roulleau-Berger (eds.), *China's Internal and International Migration*, pp. 259 – 274. New York, NY: Routledge.

Ruf, Gregory A. 1998. *Cadre and Kin: Power, Authority, and Corporatism in a West China Village*, 1937 – 1991. Stanford, CA: Stanford University Press.

Samers, Michael. 2004. "The 'Underground Economy' Immigration and Economic Development in the European Union: An Agnostic-Skeptic Perspective." *International Journal of Economic Development* 6 (3): 199 – 272.

Samers, Michael. 2010. *Migration.* New York, NY: Routledge.

Savage, Mike. 2000. *Class Analysis and Social Transformation.* Philadelphia, PA: Open University Press.

Sewell, William H. Jr. 1992. "A Theory of Structure: Duality, Agency and Transformation." *American Journal of Sociology* 98 (1): 1 – 29.

Shen, Xiaoping and Laurence J. C. Ma. 2005. "Privatization of Rural Industry and de facto Urbanization from Below in Souther Jiangsu, China." *Geoforum* 36: 761 – 777.

Shi, Shih-Jiunn. 2012. "Towards Inclusive Social Citizenship? Rethinking China's Social Security in the Trends towards Urban-Rural Harmonization." *Journal of Social Policy* 41 (4): 789 – 810.

Sia, Jia Rui Jeremy. "China's Household Registration System." *World Future Review June-July*: 45 – 47.

Sicular, Terry, Yue Ximing, Björn A. Gustafsson, and Li Shi. 2010. "How Large is China's Rural-Urban Income Gap?" In Martin King Whyte (ed.), *One Country, Two Societies: Rural-Urban Inequality in Contemporary China*, pp. 85 – 104. Cambridge, MA: Harvard University Press.

Silver, Beverly J. 2003. *Forces of Labor: Workers' Movements and Globalization Since 1870*. New York, NY: Cambridge University Press.

Silver, Beverly J. and Lu Zhang. 2009. "China as an Emerging Epicenter of World Labor Unrest." In Ho-fung Hung (ed.), *China and the Transformation of Global Capitalism*, pp. 174 – 187. Baltimore: MD: The Johns Hopkins University Press.

Sjoberg, Orjan. 1999. "Shortage, Priority and Urban Growth." *Urban Studies* 36 (13): 2217 – 2236.

Smart, Alan and Josephine Smart. 2001. "Local Citizenship: Welfare Reform Urban/Rural Status, and Exclusion in China." *Environment and Planning* 33: 1853 – 1869.

Smart, Josephine, Reeta Chowdari Tremblay, and Mostaem Billah. 2013. "Labor Migration, Citizenship, and Social Welfare in China and India." In Douglas J. Besharov and Karen Baehler (eds.), *Chinese Social Policy in a Time of Transition*, pp. 160 – 179. Oxford and New York: Oxford University Press.

Smith-Lovin, Lynn. 2003. "Self, Identity, and Interaction in an Ecology of Identities." In Peter J. Burke et al. (eds.), *Advances in Identity Theory and Research*, pp. 167 – 178. New York, NY: Kluwer/Plenum.

Solinger, Dorothy J. 1999. *Contesting Citizenship in Urban China: Peasant Migrants, the State, and the Logic of the Market*. Berkeley: University of California University.

Stark, Oded and David E. Bloom. 1985. "The New Economics of Labor Migration." *American Economic Review* 75 (2): 173 – 178.

Stark, Oded and J. Edward Taylor. 1991a. "Migration Incentives, Migration Types: The Role of Relative Deprivation." *The Economic Journal* 101 (408): 1163–1178.

Stark, Oded and J. Edward Taylor. 1991b. "Relative Deprivation and International Migration." *Demography* 26 (1): 1–14.

Stark, Oded and Shlomo Yitzhaki. 1988. "Labor Migration as a Response to Relative Deprivation." *Journal of Population Economics* 1 (1): 57–70.

Stryker, Sheldon and Peter J. Burke. 2000. "The Past, Present and Future of and Identity Theory." *Social Psychology Quarterly* 63: 284–297.

Stryker, Sheldon. 2002. *Symbolic Interactionism: A Social Structural Version*. Caldwell, NJ: Blackburn Press.

Swedberg, Richard and Mark Granovetter. 2001. "Introduction." In Mark Granovetter and Richard Swedberg (eds.), *The Sociology of Economic Life*, pp. 31–50. Boulder, Colorado: Westview Press.

Swedberg, Richard. 2005. "Markets in Society." In Neil J. Smelser and Richard Swedberg (eds.), *The Handbook of Economic Sociology*, pp. 233–253. Princeton, New Jersey: Princeton University Press.

Tang, Shuangshuang and Jianxi Feng. 2012. "Understanding the Settlement Intentions of the Floating Populations of the Floating Population in the Cities of Jiangsu Province, China." *Asian and Pacific Migration Journal* 21 (4): 509–532.

Tao, Ran, Shi Chen, Wang Hui, and Zhuang Guzhong. 2011. "Paradox of 'Lewis turning Point' and Coordinated Reforms of China's Hukou-Land-Fiscal System." *International Economic Review* 3: 120–147.

Taylor, Guy. 2011. *China's Floating Migrants: Updates from the 2005 1% Population Sample Survey*. Migration Studies Unit Working Paper, No. 2011/07, London School of Economics and Political Science.

Thomas, William Issac and Dorothy Swaine Thomas. 1928. *The Child in America: Behavior Problems and Programs*. New York, NY: Knopf.

Thompson, Dennis. 1970. *The Democratic Citizen*. Cambridge: Cambridge University Press.

Thompson, E. P. 1966. *The Making of the English Working Class*. New York: NY:

Vintage Books.

Tilly, Charles. 1998. Where Do Rights Come From? In Theda Skocpol (ed.), *Democracy, Revolution and History*, pp. 55 – 72. Ithaca and London: Cornell University Press.

Tsui, K. Yuen. 1991. "China's Regional Inequality, 1952 – 1985." *Journal of Comparative Economics* 15: 1 – 21.

Turner, Bryan S. 2009. T. H. Marshall, Social Rights and English National Identity. *Citizenship Studies* 13 (1): 65 – 73.

Turner, Jonathan H. 1988. *A Theory of Social Interaction*. Stanford, CA: Stanford University Press.

Turner, Jonathan H. 2004. *The Structure of Sociological Theory* (7th edition). Beijing: Peking University Press.

Unger, Jonathan. 2002. *The Transformation of Rural China*. Armonk, NY: M. E. Sharpe, Inc.

Walder, Andrew G. 1986. *Communist Neo-Traditionalism: Work and Authority in Chinese Industry*. Berkeley, CA: University of California Press.

Wang, Feiling. 2005. *Organizing Through Division and Exclusion: China's Hukou System*. Stanford, CA: Stanford University Press.

Wang, Feng, Xuejin Zuo, and Danching Ruan. 2002. "Rural Migrants in Shanghai: Living Under the Shadow of Socialism." *International Migration Review* 36 (2): 520 – 545.

Wang, Feng. 1997. "The Breakdown of the Great Wall: Recent Changes in the Houshold Registration System in China." In T. Scharping (ed.), *Floating Population and Migration in China: The Impact of Economic Reforms*, pp. 149 – 165. Hamburg: Institut Für Asienkunde.

Wang, Mark Y. and Jiaping Wu. 2010. "Migrant Workers in the Urban Labor Market of Shenzhen, China." *Environment and Planning* 42: 1457 – 1475.

Watson, Matthew. 2005. *Foundations of International Political Economy*. New York, NY: Palgrave Macmillan.

Weber, Max. 1978. *Economy and Society: An Outline of Interpretive Sociology*. Berkeley and Los Angeles: University of California Press.

Webster, Edward, Rob Lambert, and Andries Bezuidenhout. 2008. *Grounding Globalization: Labor in the Age of Insecurity*. Malden, MA: Blackwell Publishing.

Wei, Yehua and Laurence J. C. Ma. 1996. "Changing Patterns of Spatial Inequality in China, 1952 – 1990." *Third World Planning Review* 18 (2): 177 – 191.

Wellman, Barry. 1983. "Network Analysis: Some Basic Principles." *Sociological Theory* 1: 155 – 200.

White, Gordon. 1993. *Riding the Tiger: The Politics of Economic Reform in Post-Mao China*. Stanford, CA: Stanford University Press.

White, Harrison C. 2002. *Markets from Networks: Socioeconomic Models of Production*. Princeton and Oxford: Princeton University Press.

Whyte, Martin King. 2010. "The Paradoxes of Rural-Urban Inequality in Contemporary China." In Martin King Whyte (ed.), *One Country, Two Societies: Rural-Urban Inequality in Contemporary China*, pp. 1 – 25. Cambridge, MA: Harvard University Press.

Wills, Paul E. 1977. *Learning to Labour: How Working Class Kids Get Working Class Jobs*. Hants: Saxon House, Teakfield Limited.

Wingens, Matthias, Helga Valk, Michael Windzio, and Can Aybek. 2011. "The Sociological Life Course Approach and Research on Migration and Integration." In Matthias Wingens et al. (eds.), *A Life-Course Perspective on Migration and Integration*, pp. 1 – 26. New York, NY: Springer.

Wong, Christine P. W. and Richard M. Bird. 2008. "China's Fiscal System: A Work in Progress." In Loren Brandt and Thomas G. Rawski (eds.), *China's Great Economic Transformation*, pp. 429 – 466. New York, NY: Cambridge University Press.

Wong, Daniel Fu Keung, Chang Yingli, and He Xuesong. 2007. "Rural Migrant Workers in Urban China: Living a Marginalized Life." *International Journal of Social Welfare* 16: 32 – 40.

Wong, Linda. 1998. *Marginalization and Social Welfare in China*. London and New York: Routledge.

Wong, Linda. 2013. "From Apartheid to Semi-Citizenship: Chinese Migrant workers and Their Challenge to Social Policy." In Misa Izuhara (ed.),

Handbook on East Asian Social Policy, pp. 416 – 433. Cheltenham, UK and Northampton, MA: Edward Elgar.

Wright, Teresa. 2010. *Accepting Authoritarianism: State-Society Relations in China's Reform Era*. Stanford, CA: Stanford University Press.

Wu, Fulong. 2012. "Urbanization." In Tay, William S. and Alvin Y. So (eds.), *Handbook of Contemporary China*, pp. 237 – 262. Hackensack, NJ: World Scientific Publishing.

Wu, Jieh-min. 2010. "Rural Migrant Workers and China's Differential Citizenship: A Comparative Institutional Analysis." In Martin King Whyte (ed.), *One Country, Two Societies: Rural-Urban Inequality in Contemporary China*, pp. 55 – 81. Cambridge, MA: Harvard University Press.

Wu, Xiaogang. 2012. "Social Change." In Tay, William S. and Alvin Y. So (eds.), *Handbook of Contemporary China*, pp. 51 – 89. Hackensack, NJ: World Scientific Publishing.

Xu, Qingwen, Xinping Guan, and Fangfang Yao. 2011. "Welfare Program Participation among Rural-to-Urban Migrant Workers in China." *International Journal of Social Welfare* 20: 10 – 21.

Yang, Dennis and Cai Fang. 2003. "The Political Economy of China's Rural-Urban Divide." In Nick Hope, Dennis Yang, and Mu Yang (eds.), *How Far Across the River? Chinese Policy Reform at the Millennium*, pp. 389 – 416. Stanford, CA: Stanford University Press.

Yip, Winnie. 2010. "Disparities in Health Care and Health Status: The Rural-Urban Gap and Beyond." In Martin King Whyte (ed.), *One Country, Two Societies: Rural-Urban Inequality in Contemporary China*, pp. 147 – 165. Cambridge, MA: Harvard University Press.

Yue, Zhongshan, Shuzhuo Li, Marcus W. Feldman, and Haifeng Du. 2010. "Floating Choices: A Generational Perspective on Intentions of Rural-Urban Migrants in China." *Environment and Planning* 42: 545 – 562.

Zelizer, Viviana A. 2001. "Human Values and the Market: The Case of Life Insurance and Death in 19th – Century America." In Mark Granovetter and Richard Swedberg (eds.), *The Sociology of Economic Life*, pp. 146 – 162.

Boulder, Colorado: Westview Press.

Zhan, Shaohua. 2011. "What Determines Migrant Workers' Life Chances in Contemporary China? Hukou, Social Exclusion, and the Market." *Modern China* 37 (3): 243 – 285.

Zhang, Li, and Gui-xin Wang. 2010. "Urban Citizenship of Rural Migrants in Reform-era China." *Citizenship Studies* 14 (2): 145 – 166.

Zhang, Li. 2001. *Strangers in the City: Reconfigurations of Space, Power, and Social Networks Within China's Floating Population*. Stanford, CA: Stanford University Press.

Zhang, Li. 2011. "The Political Economy of Informal Settlements in Post-Socialist China: The Case of Chengzhongcun (s)." *Geoforum* 42: 473 – 483.

Zhang, Shuya and Guoliang Luo. 2013. "China's Migrant Workers: How Far from Being Citizens." *Asian Social Science* 9 (1): 171 – 178.

Zhu, Yu and Wenzhe Chen. 2010. "The Settlement Intention of China's Floating Population in the Cities: Recent Changes and Multifaceted Individual-level Determinants." *Population, Space and Place* 16 (4): 253 – 267.

Zhu, Yu. 2007. "China's Floating Population and their Settlement Intention in the Cities: Beyond the Hukou Reform." *Habitat International* 31 (1): 65 – 76.

Zinda, John. 2006. "Away from the Soil: Migration and Change in Rural China." *The Journal of the International Institute* 14 (1). http://hdl.handle.net/2027/spo.4750978.0014.107.

图书在版编目(CIP)数据

劳动光荣：农民工群体及其结构化/徐法寅著. -- 北京：社会科学文献出版社，2020.8
（当代中国社会变迁研究文库）
ISBN 978 - 7 - 5201 - 7131 - 1

Ⅰ.①劳…　Ⅱ.①徐…　Ⅲ.①民工 - 研究 - 中国　Ⅳ.①D669.2

中国版本图书馆 CIP 数据核字（2020）第 151786 号

当代中国社会变迁研究文库
劳动光荣：农民工群体及其结构化

著　　者 / 徐法寅

出 版 人 / 谢寿光
组稿编辑 / 谢蕊芬
责任编辑 / 赵　娜
文稿编辑 / 张真真

出　　版 / 社会科学文献出版社·群学出版分社（010）59366453
　　　　　　地址：北京市北三环中路甲 29 号院华龙大厦　邮编：100029
　　　　　　网址：www.ssap.com.cn

发　　行 / 市场营销中心（010）59367081　59367083
印　　装 / 三河市龙林印务有限公司

规　　格 / 开　本：787mm × 1092mm　1/16
　　　　　　印　张：13　字　数：209 千字

版　　次 / 2020 年 8 月第 1 版　2020 年 8 月第 1 次印刷
书　　号 / ISBN 978 - 7 - 5201 - 7131 - 1
定　　价 / 89.00 元

本书如有印装质量问题，请与读者服务中心（010 - 59367028）联系

版权所有 翻印必究